GMS INTENSIVE METHOD
Glossika Mass Sentences

Features: Sound files have A/B/C formats.

A Files	English - Target language 2x
B Files	English - space - Target 1x
C Files	Target language only 1x

Useful for students with more time to dedicate.

F... al... ev... fo... ...total of 1000 sentences in 104 days. Requires less than 20 minutes daily.

Useful for people with busy schedules and limited study time.

HOW TO USE

❶ To familiarise yourself with IPA and spelling, Glossika recommends using the book while listening to A or C sound files and going through all 1000 sentences on your first day. Then you can start your training.

❷ Set up your schedule. It's your choice, you can choose 20, 50 or 100 sentences for daily practice. We recommend completing the following four steps.

Training Step **1**: Try repeating the sentences with the same speed and intonation in the A sound files.

Training Step **2**: Dictation: use the C sound files (and pausing) to write out each sentence (in script or IPA or your choice). Use the book to check your answers.

Training Step **3**: Recording: record the sentences as best you can. We recommend recording the same sentences over a 3-day period, and staggering them with new ones.

Training Step **4**: Use the B sound files to train your interpretation skills. Say your translation in the space provided.

❷ Set up your schedule. You can listen to a single GSR file daily or even double up. One book typically takes 3-4 months to complete.

❸ You can accompany with the GMS training when you have extra time to practice.

Reminder

Don't forget that if you run into problems, just skip over it! Keep working through the sentences all the way to the end and don't worry about the ones you don't get. You'll probably get it right the second time round. Remember, one practice session separated by *one* sleep session yields the best results!

Glossika Mass Sentences

Polish

Fluency 3

Complete Fluency Course

Michael Campbell

Urszula Gwaj

Glossika

Glossika Mass Sentence Method

Polish Fluency 3

This edition published: DEC 2015
via license by Nolsen Bédon, Ltd.
Taipei, Taiwan

Authors: Michael Campbell, Urszula Gwaj
Chief Editor: Michael Campbell
Translator: Michael Campbell, Urszula Gwaj
Recording: Michael Campbell, Urszula Gwaj
Editing Team: Claudia Chen, Sheena Chen
Consultant: Percy Wong
Programming: Edward Greve
Design: Glossika team

glossika.com

Glossika Series

The following languages are available (not all are published in English):

Afroasiatic

AM Amharic
ARE Egyptian Arabic
HA Hausa
IV Hebrew
AR Modern Standard Arabic
ARM Moroccan Arabic

Altaic

AZ Azerbaijani
JA Japanese
KK Kazakh
KR Korean
MN Mongolian
UZ Uzbek

Austroasiatic

KH Khmer
VNN Vietnamese (Northern)
VNS Vietnamese (Southern)

Austronesian

AMP Amis
TYS Atayal
BNN Bunun
ILO Ilokano
SDQ Seediq
TGL Tagalog
THW Thao

Caucasian

Dravidian

KAN Kannada
MAL Malayalam
TAM Tamil
TEL Telugu

IE: Baltic

LAV Latvian
LIT Lithuanian

IE: Celtic

CYM Welsh

IE: Germanic

EN American English
DA Danish
NL Dutch
DE German
IS Icelandic
NO Norwegian
SV Swedish

IE: Indo-Iranian

BEN Bengali
PRS Dari Persian
GUJ Gujarati
HI Hindi
KUR Kurmanji Kurdish
MAR Marathi
NEP Nepali
FA Persian
PAN Punjabi (India)
SIN Sinhala
KUS Sorani Kurdish
TGK Tajik
UR Urdu

IE: Other

SQ Albanian
HY Armenian
EU Basque
EO Esperanto
EL Greek

IE: Romance

PB Brazilian Portuguese
ES Castilian Spanish
CA Catalan
PT European Portuguese
FR French
IT Italian
ESM Mexican Spanish
RO Romanian

IE: Slavic

BEL Belarusian
BOS Bosnian
HR Croatian
CS Czech
MK Macedonian
PL Polish
RU Russian
SRP Serbian
SK Slovak
SL Slovene
UKR Ukrainian

Kartuli

KA Georgian

Niger-Congo

SW Swahili
YO Yoruba

Sino-Tibetan

MY Burmese
YUE Cantonese
ZH Chinese
HAK Hakka
ZS Mandarin Chinese (Beijing)
WUS Shanghainese
MNN Taiwanese
WUW Wenzhounese

Tai-Kadai

LO Lao
TH Thai

Uralic

EST Estonian
FI Finnish
HU Hungarian

Glossika Levels

Many of our languages are offered at different levels (check for availability):

Intro Level	Fluency Level	Expression Level
Pronunciation Courses	Fluency	Business Courses
Intro Course	Daily Life	Intensive Reading
	Travel	
	Business Intro	

Getting Started

For Busy People & Casual Learners

- 20 minutes per day, 3 months per book
- Use the Glossika Spaced Repetition (GSR) MP3 files, 1 per day. The files are numbered for you.
- Keep going and don't worry if you miss something on the first day, you will hear each sentence more than a dozen times over a 5 day period.

For Intensive Study

- 1-2 hours per day, 1 month per book

Log on to our website and download the Self Study Planner at: glossika.com/howto.

Steps:

1. Prepare (GMS-A). Follow the text as you listen to the GMS-A files (in 'GLOSSIKA-XX-GMS-A'). Listen to as many sentences as you can, and keep going even when you miss a sentence or two. Try to focus on the sounds and matching them to the text.
2. Listen (GMS-A). Try to repeat the target sentence with the speaker the second time you hear it.
3. Write (GMS-C). Write down the sentences as quickly as you can, but hit pause when you need to. Check your answers against the text.
4. Record (GMS-C). Listen to each sentence and record it yourself. Record from what you hear, not from reading the text. You can use your mobile phone or computer to do the recording. Play it back, and try to find the differences between the original and your recording.
5. Interpret (GMS-B). Try to recall the target sentence in the gap after you hear it in English. Try to say it out loud, and pause if necessary.

Glossika Mass Sentence Method

Polish

Fluency 3

This GMS Fluency Series accompanies the GMS recordings and is a supplementary course assisting you on your path to fluency. This course fills in the fluency training that is lacking from other courses. Instead of advancing in the language via grammar, GMS builds up sentences and lets students advance via the full range of expression required to function in the target language.

GMS recordings prepare the student through translation and interpretation to become proficient in speaking and listening.

Glossika Spaced Repetition (GSR) recordings are strongly recommended for those who have trouble remembering the content. Through the hundred days of GSR training, all the text in each of our GMS publications can be mastered with ease.

What is Glossika?

From the creation of various linguists and polyglots headed by Michael Campbell, Glossika is a comprehensive and effective system that delivers speaking and listening training to fluency.

It's wise to use Glossika training materials together with your other study materials. Don't bet everything on Glossika. Always use as many materials as you can get your hands on and do something from all of those materials daily. These are the methods used by some of the world's greatest polyglots and only ensures your success.

If you follow all the guidelines in our method you can also become proficiently literate as well. But remember it's easier to become literate in a language that you can already speak than one that you can't.

Most people will feel that since we only focus on speaking and listening, that the Glossika method is too tough. It's possible to finish one of our modules in one month, in fact this is the speed at which we've been training our students for years: 2 hours weekly for 4 weeks is all you need to complete one module. Our students are expected to do at least a half hour on their own every day through listening, dictation, and recording. If you follow the method, you will have completed 10,000 sentence repetitions by the end of the month. This is sufficient enough to start to feel your fluency come out, but you still have a long way to go.

This training model seems to fit well with students in East Asia learning tough languages like English, because they are driven by the fact that they need a better job or have some pressing issue to use their English. This drive makes them want to succeed.

Non-East Asian users of the Glossika Mass Sentence (GMS) methods are split in two groups: those who reap enormous benefit by completing the course, and others who give up because it's too tough to stick to the schedule. If you feel like our training is too overwhelming or demands too much of your time, then I suggest you get your hands on our Glossika Spaced Repetition (GSR) audio files which are designed for people like you. So if you're ambitious, use GMS. If you're too busy or can't stick to a schedule, use GSR.

Glossika Levels

The first goal we have in mind for you is Fluency. Our definition of fluency is simple and easy to attain: speaking full sentences in one breath. Once you achieve fluency, then we work with you on expanding your expression and vocabulary to all areas of language competency. Our three levels correlate to the European standard:

- Introduction = A Levels
- Fluency = B Levels
- Expression = C Levels

The majority of foreign language learners are satisfied at a B Level and a few continue on. But the level at which you want to speak a foreign language is your choice. There is no requirement to continue to the highest level, and most people never do as a B Level becomes their comfort zone.

Glossika Publications

Each Glossika publication comes in four formats:

- Print-On-Demand paperback text
- E-book text (available for various platforms)
- Glossika Mass Sentence audio files
- Glossika Spaced Repetition audio files

Some of our books include International Phonetic Alphabet (IPA) as well. Just check for the IPA mark on our covers.

We strive to provide as much phonetic detail as we can in our IPA transcriptions, but this is not always possible with every language.

As there are different ways to write IPA, our books will also let you know whether it's an underlying pronunciation (phonemic) with these symbols: / /, or if it's a surface pronunciation (phonetic) with these symbols: [ ].

IPA is the most scientific and precise way to represent the sounds of foreign languages. Including IPA in language training guides is taking a step away from previous decades of language publishing. We embrace the knowledge now available to everybody via online resources like Wikipedia which allow anybody to learn the IPA: something that could not be done before without attending university classes.

To get started, just point your browser to Wikipedia's IPA page to learn more about pronouncing the languages we publish.

4 Secrets of the Mass Sentence Method

When learning a foreign language it's best to use full sentences for a number of reasons:

1. Pronunciation—In languages like English, our words undergo a lot of pronunciation and intonation changes when words get strung together in sentences which has been well analyzed in linguistics. Likewise it is true with languages like Chinese where the pronunciations and tones from individual words change once they appear in a sentence. By following the intonation and prosody of a native speaker saying a whole sentence, it's much easier to learn rather than trying to say string each word together individually.

2. Syntax—the order of words, will be different than your own language. Human thought usually occurs in complete ideas. Every society has developed a way to express those ideas linearly by first saying what happened (the verb), or by first saying who did it (the agent), etc. Paying attention to this will accustom us to the way others speak.

3. Vocabulary—the meanings of words, never have just one meaning, and their usage is always different. You always have to learn words in context and which words they're paired with. These are called collocations. To "commit a crime" and to "commit to a relationship" use two different verbs in most other languages. Never assume that learning "commit" by itself will give you the answer. After a lifetime in lexicography, Patrick Hanks "reached the alarming conclusion that words don't have meaning," but rather that "definitions listed in dictionaries can be regarded as presenting meaning potentials rather than meanings as such." This is why collocations are so important.

4. Grammar—the changes or morphology in words are always in flux. Memorizing rules will not help you achieve fluency. You have to experience them as a native speaker says them, repeat them as a native speaker would, and through mass amount of practice come to an innate understanding of the inner workings of a language's morphology. Most native speakers can't explain their own grammar. It just happens.

How to Use GMS and GSR

The best way to use GMS is to find a certain time of day that works best for you where you can concentrate. It doesn't have to be a lot of time, maybe just 30 minutes at most is fine. If you have more time, even better. Then schedule that time to be your study time every day.

Try to tackle anywhere from 20 to 100 sentences per day in the GMS. Do what you're comfortable with.

Review the first 50 sentences in the book to get an idea of what will be said. Then listen to the A files. If you can, try to write all the sentences down from the files as dictation without looking at the text. This will force you to differentiate all the sounds of the language. If you don't like using the A files, you can switch to the C files which only have the target language.

After dictation, check your work for any mistakes. These mistakes should tell you a lot that you will improve on the next day.

Go through the files once again, repeating all the sentences. Then record yourself saying all the sentences. Ideally, you should record these sentences four to five days in a row in order to become very familiar with them.

All of the activities above may take more than one day or one setting, so go at the pace that feels comfortable for you.

If this schedule is too difficult to adhere to, or you find that dictation and recording is too much, then take a more relaxed approach with the GSR files. The GSR files in most cases are shorter than twenty minutes, some go over due to the length of the sentences. But this is the perfect attention span that most people have anyway. By the end of the GSR files you should feel pretty tired, especially if you're trying to repeat everything.

The GSR files are numbered from Day 1 to Day 100. Just do one every day, as all the five days of review sentences are built in. It's that simple! Good luck.

Sentence Mining

Sentence mining can be a fun activity where you find sentences that you like or feel useful in the language you're learning. We suggest keeping your list of sentences in a spreadsheet that you can re-order how you wish.

It's always a good idea to keep a list of all the sentences you're learning or mastering. They not only encompass a lot of vocabulary and their actual usage, or "collocations", but they give you a framework for speaking the language. It's also fun to keep track of your progress and see the number of sentences increasing.

Based on many tests we've conducted, we've found that students can reach a good level of fluency with only a small number of sentences. For example, with just 3000 sentences, each trained 10 times over a period of 5 days, for a total of 30,000 sentences (repetitions), can make a difference between a completely mute person who is shy and unsure how to speak and a talkative person who wants to talk about everything. More importantly, the reps empower you to become a stronger speaker.

The sentences we have included in our Glossika courses have been carefully selected to give you a wide range of expression. The sentences in our fluency modules target the kinds of conversations that you have discussing day-to-day activities, the bulk of what makes up our real-life conversations with friends and family. For some people these sentences may feel really boring, but these sentences are carefully selected to represent an array of discussing events that occur in the past, the present and the future, and whether those actions are continuous or not, even in languages where such grammar is not explicitly marked—especially in these languages as you need to know how to convey your thoughts. The sentences are transparent enough that they give you the tools to go and create dozens of more sentences based on the models we give you.

As you work your way through our Fluency Series the sentences will cover all aspects of grammar without actually teaching you grammar. You'll find most of the patterns used in all the tenses and aspects, passive and active (or ergative as is the case in some languages we're developing), indirect speech, and finally describing events as if to a policeman. The sentences also present some transformational patterns you can look out for. Sometimes we have more than one way to say something in our own language, but maybe only one in a foreign language. And the opposite is true where we may only have one way to say something whereas a foreign language may have many.

Transformation Drills

A transformation is restating the same sentence with the same meaning, but using different words or phrasing to accomplish this. A transformation is essentially a translation, but inside the same language. A real example from Glossika's business module is:

- Could someone help me with my bags?
- Could I get a hand with these bags?

You may not necessarily say "hand" in a foreign language and that's why direct translation word-for-word can be dangerous. As you can see from these two sentences, they're translations of each other, but they express the same meaning.

To express yourself well in a foreign language, practice the art of restating everything you say in your mother language. Find more ways to say the same thing.

There are in fact two kinds of transformation drills we can do. One is transformation in our mother language and the other is transformation into our target language, known as translation.

By transforming a sentence in your own language, you'll get better at transforming it into another language and eventually being able to formulate your ideas and thoughts in that language. It's a process and it won't happen over night. Cultivate your ability day by day.

Build a bridge to your new language through translation. The better you get, the less you rely on the bridge until one day, you won't need it at all.

Translation should never be word for word or literal. You should always aim to achieve the exact same feeling in the foreign language. The only way to achieve this is by someone who can create the sentences for you who already knows both languages to such fluency that he knows the feeling created is exactly the same.

In fact, you'll encounter many instances in our GMS publications where sentences don't seem to match up. The two languages are expressed completely differently, and it seems it's wrong. Believe us, we've not only gone over and tested each sentence in real life situations, we've even refined the translations several times to the point that this is really how we speak in this given situation.

Supplementary Substitution Drills

Substitution drills are more or less the opposite of transformation drills. Instead of restating the same thing in a different way, you're saying a different thing using the exact same way. So using the example from above we can create this substitution drill:

- Could someone help me with my bags?
- Could someone help me with making dinner?

In this case, we have replaced the noun with a gerund phrase. The sentence has a different meaning but it's using the same structure. This drill also allows the learner to recognize a pattern how to use a verb behind a preposition, especially after being exposed to several instances of this type.

We can also combine transformation and substitution drills:

- Could someone help me with my bags?
- Could someone give me a hand with making dinner?

So it is encouraged that as you get more and more experience working through the Glossika materials, that you not only write out and record more and more of your own conversations, but also do more transformation and substitution drills on top of the sentences we have included in the book.

Memory, The Brain, and Language Acquisition

by Michael Campbell

We encounter a lot of new information every day that may or may not need to be memorized. In fact, we're doing it all the time when we make new friends, remembering faces and other information related to our friends.

After some experience with language learning you'll soon discover that languages are just like a social landscape. Except instead of interconnected friends we have interconnected words. In fact, looking at languages in this way makes it a lot more fun as you get familiar with all the data.

Since languages are natural and all humans are able to use them naturally, it only makes sense to learn languages in a natural way. In fact studies have found, and many students having achieved fluency will attest to, the fact that words are much easier to recognize in their written form if we already know them in the spoken form. Remember that you already own the words you use to speak with. The written form is just a record and it's much easier to transfer what you know into written form than trying to memorize something that is only written.

Trying to learn a language from the writing alone can be a real daunting task. Learning to read a language you already speak is not hard at all. So don't beat yourself up trying to learn how to read a complicated script like Chinese if you have no idea how to speak the language yet. It's not as simple as one word = one character. And the same holds true with English as sometimes many words make up one idea, like "get over it".

What is the relationship between memory and sleep? Our brain acquires experiences throughout the day and records them as memories. If these memories are too common, such as eating lunch, they get lost among all the others and we find it difficult to remember one specific memory from the others. More importantly such memories leave no impact or impression on us. However, a major event like a birth or an accident obviously leaves a bigger impact. We attach importance to those events.

Since our brain is constantly recording our daily life, it collects a lot of useless information. Since this information is both mundane and unimportant to us, our brain has a built-in mechanism to deal with it. In other words, our brains dump the garbage every day. Technically speaking our memories are connections between our nerve cells and these connections lose strength if they are not recalled or used again.

During our sleep cycles our brain is reviewing all the events of the day. If you do not recall those events the following day, the memory weakens. After three sleep cycles, consider a memory gone if you haven't recalled it. Some memories can be retained longer because you may have anchored it better the first time you encountered it. An anchor is connecting your memory with one of your senses or another pre-existing memory. During your language learning process, this won't happen until later in your progress. So what can you do in the beginning?

A lot of memory experts claim that making outrageous stories about certain things they're learning help create that anchor where otherwise none would exist. Some memory experts picture a house in their mind that they're very familiar with and walk around that house in a specific pre-arranged order. Then all the objects they're memorizing are placed in that house in specific locations. In order to recall them, they just walk around the house.

I personally have had no luck making outrageous stories to memorize things. I've found the house method very effective but it's different than the particular way I use it. This method is a form of "memory map", or spatial memory, and for me personally I prefer using real world maps. This probably originates from my better than average ability to remember maps, so if you can, then use it! It's not for everybody though. It really works great for learning multiple languages.

What do languages and maps have in common? Everything can be put on a map, and languages naturally are spoken in locations and spread around and change over time. These changes in pronunciations of words creates a word history, or etymology. And by understanding how pronunciations change over time and where populations migrated, it's quite easy to remember a large number of data with just a memory map. This is how I anchor new languages I'm learning. I have a much bigger challenge when I try a new language family. So I look for even deeper and longer etymologies that are shared between language families, anything to help me establish a link to some core vocabulary. Some words like "I" (think Old English "ic") and "me/mine" are essentially the same roots all over the world from Icelandic (Indo-European) to Finnish (Uralic) to Japanese (Altaic?) to Samoan (Austronesian).

I don't confuse languages because in my mind every language sounds unique and has its own accent and mannerisms. I can also use my memory map to position myself in the location where the language is spoken and imagine myself surrounded by the people of that country. This helps me adapt to their expressions and mannerisms, but more importantly, eliminates interference from other languages. And when I mentally set myself up in this way, the chance of confusing a word from another language simply doesn't happen.

When I've actually used a specific way of speaking and I've done it several days in a row, I know that the connections in my head are now strengthening and taking root. Not using them three days in a row creates a complete loss, however actively using them (not passively listening) three days in a row creates a memory that stays for a lifetime. Then you no longer need the anchors and the memory is just a part of you.

You'll have noticed that the Glossika training method gives a translation for every sentence, and in fact we use translation as one of the major anchors for you. In this way 1) the translation acts as an anchor, 2) you have intelligible input, 3) you easily start to recognize patterns. Pattern recognition is the single most important skill you need for learning a foreign language.

A lot of people think that translation should be avoided at all costs when learning a foreign language. However, based on thousands of tests I've given my students over a ten-year period, I've found that just operating in the foreign language itself creates a false sense of understanding and you have a much higher chance of hurting yourself in the long run by creating false realities.

I set up a specific test. I asked my students to translate back into their mother tongue (Chinese) what they heard me saying. These were students who could already hold conversations in English. I found the results rather shocking. Sentences with certain word combinations or phrases really caused a lot of misunderstanding, like "might as well" or "can't do it until", resulted in a lot of guesswork and rather incorrect answers.

If you assume you can think and operate in a foreign language without being able to translate what's being said, you're fooling yourself into false comprehension. Train yourself to translate everything into your foreign language. This again is an anchor that you can eventually abandon when you become very comfortable with the new language.

Finally, our brain really is a sponge. But you have to create the structure of the sponge. Memorizing vocabulary in a language that you don't know is like adding water to a sponge that has no structure: it all flows out.

In order to create a foreign language structure, or "sponge", you need to create sentences that are natural and innate. You start with sentence structures with basic, common vocabulary that's easy enough to master and start building from there. With less than 100 words, you can build thousands of sentences to fluency, slowly one by one adding more and more vocabulary. Soon, you're speaking with natural fluency and you have a working vocabulary of several thousand words.

If you ever learn new vocabulary in isolation, you have to start using it immediately in meaningful sentences. Hopefully sentences you want to use. If you can't make a sentence with it, then the vocabulary is useless.

Vocabulary shouldn't be memorized haphazardly because vocabulary itself is variable. The words we use in our language are only a tool for conveying a larger message, and every language uses different words to convey the same message. Look for the message, pay attention to the specific words used, then learn those words. Memorizing words from a wordlist will not help you with this task.

Recently a friend showed me his wordlist for learning Chinese, using a kind of spaced repetition flashcard program where he could download a "deck". I thought it was a great idea until I saw the words he was trying to learn. I tried explaining that learning these characters out of context do not have the meanings on his cards and they will mislead him into a false understanding, especially individual characters. This would only work if they were a review from a text he had read, where all the vocabulary appeared in real sentences and a story to tell, but they weren't. From a long-term point of view, I could see that it would hurt him and require twice as much time to re-learn everything. From the short-term point of view, there was definitely a feeling of progress and mastery and he was happy with that and I dropped the issue.

Polish Background and Pronunciation

- **Classification**: Indo-European Language Family - West Slavic Branch
- **Writing**: Latin

- **Consonants**:

/m p b f v n t d ts dz s z n t r d r l t͡ʂ d͡ʐ ʂ ʐ ʐ ɲ tɕ dʑ ɕ ʑ j ŋ kʲ gʲ xʲ k g x w/
Unvoiced stops (p, t, k) are not aspirated /p˭ t˭ k˭/ different from English.

- **Vowels**:

/i ɛ ɨ a u ɔ ɛ̃ ɔ̃/

- **Romanization**: Simplified orthography based on Czech spelling provided.

- **IPA**: Phonetic transcription
- **Intonation**: Predictable penultimate stress, except in Latin-based loanwords
- **Word Order**: Subject-Verb-Object
- **Adjective Order**: Adjective-Noun
- **Possessive Order**: Noun-Genitive
- **Adposition Order**: Preposition-Noun + Case Ending
- **Dependent Clause**: Dependent-Noun, Noun-Relative Clause
- **Verbs**: Tense (present, past), Aspect (perfect, imperfect), Mood (indicative, subjunctive)
- **Nouns**: 42 declensions: 3 genders, 7 cases, singular/plural
- **Pronouns**: 1st/2nd/3rd, masculine/feminine/neuter, singular/plural, reflexive, 6 conjugations in present tense and 10 in past tense.

Introduction to Polish

History

Polish first started to appear as a spoken language in the 9th century, however a writing system did not appear until relatively recent: the first standardizations starting to occur in the late 18th century and evolving several times until the 20th century when a national standard was set.

Polish is a West Slavic language and closely related to both Czech and Slovak. Other minority languages in the vicinity are closely related: Kashubian, Lower Sorbian, Upper Sorbian, and the now extinct Slovincian and Polabian.

Despite its similarities with Czech, Czech speakers can more easily understand Polish than Poles can understand Czech. Poles understand Slovak much easier than Czech. The reasons for this are mostly phonological and due to vocabulary use and accents in each language. A Czech person who has learned Polish will usually carry a noticeable Czech accent.

Here is the Polish phonological inventory:

Consonants	25 phonemic	30 phonetic
Vowels	7 phonemic	7 phonetic

Pronunciation

Aspirated vs Unaspirated

Polish does not have aspiration by default. English does have aspiration by default (phonemically), but English speakers make the unaspirated allophones involuntarily in fluent speech (phonetically). As an English speaker, you'll need to learn how to voluntarily control these allophones so you can say them accurately each time.

Every language has both a phonemic and phonetic pronunciation. An example of this in English is the American pronunciation of "better". The phonemic pronunciation is the dictionary pronunciation where <t> would be pronounced slowly and carefully with aspiration: /tʰ/. The phonetic pronunciation is how people normally pronounce the word in conversation at normal speed, so the <t> in "better" is pronounced as a flap: [ɾ]. This is known as an allophone. You can tell the difference between readings by the symbols used: // for phonemic, and [] for phonetic.

Polish, like all other Slavic and Romance languages of Europe, tends not to have any aspiration at all. So although you may discover many similar sounds with Mandarin Chinese in Polish, one of the major differences is that Chinese has aspiration and Polish does not, so that Polish <cz> corresponds with Mandarin <zh> rather than <ch> (rather, there is a shift in transcription since Mandarin lacks voicing and

Polish lacks aspiration). The following table shows the corresponding sounds in detail.

Polish-Mandarin Equivalents	Polish	Mandarin
Retroflex Fricative	sz	sh
Retroflex Fricative (+ Voice)	rz, ż	r
Retroflex Affricate (-Aspirate)	cz	zh
Alveopalatal Fricative	si, ś	xi
Alveopalatal Affricate (-Aspirate)	ci, ć	ji
Alveolar Fricative	s	s
Alveolar Affricate (-Aspirate)	c	z
Fricatives (+ Voice)	ź, z	No equivalent
Affricates (+ Voice)	dż , dź, dz	No equivalent
Affricates (+ Aspirate)	No equivalent	ch, qi, c

The default pronunciation in English is aspiration. However, American English also has unaspirated allophones, so that the the <k> in the word "kite" is aspirated and in "making" is unaspirated. British English does this in more colloquial varieties, however RP speakers still aspirate both. Both American and British speakers unaspirate <k> in "sky".

You can now apply this trick so that you can learn to pronounce all the unaspirated sounds of Polish. If you don't aspirate the second <ch> in "churches", then you have a good word to practice achieving close to the Polish <cz>. If you pronounce the <ch> in "teaches" without lip rounding, more on the tip of the tongue and without aspiration, then you're very close to the Polish <ć>.

Retroflex Series

The actual pronunciation of the retroflex series will vary from speaker to speaker, with some coming closer to English <sh> /ʃ/ while others are closer to the Russian <ш> or Chinese <sh> /ş/.

Let's look at a comparison of sounds across languages:

Retroflex	English	Polish	Czech	Russian
Fricative	(sh)	sz	š	ш
Fricative (+V)	(zh)	rz, ż	ř, ž	ж
Affricate	(ch)	cz	č	—
Affricate (+V)	(j, dge)	dż	(dž)	дж

Alveopalatal Series

Again, there may be some variation among speakers between palatal and alveopalatal pronunciation.

Let's do another comparison across languages:

Alveopalatalas	English	Polish	Czech	Russian
Fricative	—	ś, si	—	сь (щ)
Fricative (+V)	—	ź, zi	—	зь
Affricate	—	ć, ci	ť	ть, ч
Affricate (+V)	—	dź, dzi	(dz)	—
Nasal	—	ń, ni	ň	нь

Alveolar Series

The alveolar series will match more or less with the <ts> and <dz> sounds also found in English. The only difference is that these sounds cannot start words in English, whereas they can appear anywhere in Polish words.

Alveolars	English	Polish	Czech	Russian
Fricative	s	s	s	с(ъ)
Fricative (+V)	z	z	z	з(ъ)
Affricate	ts	c	c	ц(ъ)
Affricate (+V)	dz	dz	(dz)	—

Now a problem may spring to mind when you notice that both the Alveopalatals and Alveolars can be written with the same letters, that is <s, z, c>. Then how does one write a word that is supposed to be pronounced alveolar plus the vowel <i>? The fact is, few words native to Polish have such a pronunciation. But they do exist, and they usually come from Latin borrowings. In our course you'll come across words such as "restauracji", "policjańci" and "akcji". The insertion of the letter <j> between the consonant and <i> acts like a Russian hard sign, or at least something to prevent the <i> from changing the sound of <s, z, c> to an alveopalatal. It remains as a semivowel glide when followed by other letters. We'll bring up this rule again in the section under **Writing System**.

Pronunciation of Consonant Clusters

The pronunciation of consonant clusters in Polish is quite different than how they are pronounced in German, English or even Russian. Many languages of the world that allow large clusters do not actually fuse the clusters together, but instead pronounce each letter individually and clearly. In some cases a tiny schwa might be heard between letters which is often the case with French, but this hardly ever creeps into Polish.

There is a specific situation where you need to learn how to distinguish two very similar sounds, and this is the **Stop + Fricative vs Affricate Contrast**. In most fusional languages, simply adding a <t> to a <ch> or <sh> as in English "catch" or German "Quatsch" simply changes the fricative /ʃ/ into an affricate /tʃ/. In Polish there is a contrast between what was originally an affricate and what was put together from a stop plus fricative, and in the latter case each letter is pronounced separately and clearly. Example:

Polish	Modified Roman	IPA
trzy	třy	tʂɨ
czy	čy	t͡ʂɨ
drzwi	dřvi	dʐvi
jeżdżę	ježdžę	jɛʐd͡ʐɛ̃ʷ

Consonants

The following table lists the phonemic and phonetic inventory of Polish consonants in the International Phonetic Alphabet:

Polish	Phonemic IPA	Phonetic IPA
Stops	/pˠ b tˠ d kˠ g/	[pˠ b] [tˠ d] [kˠ g]
Fricatives	/f v s z ʂ z̢ ɕ ʑ x/	[f v] [s z] [ʂ z̢] [ɕ ʑ] [x ɣ]
Affricates	/tsˠ d̢z tɕˠ d̢ʑ t͡ʂˠ d͡z/	[tsˠ d̢z] [tɕˠ d̢ʑ] [t͡ʂˠ d͡z]
Liquids	/l r/	[l r]
Nasals	/m n/	[m ɱ n ŋ]
Approximants	/w j/	[w ʷ j ʲ]

Vowels

The vowel system of Polish is quite simple with just six core vowels. Diphthongs are rare and only appear in Latin-based borrowings. Most spellings that look like diphthongs at first glance, such as < ie, ia, io > are actually /j-/ glides or even palatalization of the previous consonant (see the section above titled **Alveopalatal Series**).

There is a one-to-one mapping of core vowels to syllables. In other words if two vowels come together as in the seven-syllable word "zainteresovany", then they are pronounced separately, if not with a slight glottal stop between them.

Two vowels can be pronounced nasal, and the nasal appears as a nasal consonant in the middle of words in the form of [-m, -n, -ɲ, -ŋ] depending on the following consonant. At the ends of words, nasals take on rounding which we transcribe in the IPA as a semivowel glide [-ʷ]. The vowels and their IPA are listed under the section **Writing System and Romanization > Sound Inventory**.

Special Feature: Voicing and Devoicing

Understanding the voicing quality of Polish letters is very important to achieving a proper pronunciation. The spelling of the word is only phonemic, representing the underlying phonemes, but what is actually pronounced out loud is phonetic, which undergoes changes based on where a letter occurs in a word. The changes greatly affect consonant clusters and also across word boundaries.

The voicing/devoicing rules are left-branching, so we'll need to learn how to do them in a specific order. Let's first start with **Onset Consonant Clusters** then tackle the issue of **Word Boundary Voicing Rules**, and finally **Word Final Devoicing**.

Voiced and Unvoiced Pairs

Voiced	Unvoiced
b	p
v	f
d	t
z	s
dz	c
ż	š
rz	š
dż	č
ź	ś
dź	ć
g	k
ɣ	x

Onset Consonant Clusters

General Rule: if any letter at the beginning of the word is unvoiced, then all the letters are pronounced unvoiced. Example:

Polish	Modified Roman	IPA
wczoraj	včoraj	ft͡ʂoraʲ
twoj	tvoj	tfoʲ

Word Boundary Voicing Rules

General Rule 1: If the onset of the following word begins with one of the following letters: <mnńlrłjaąeęiou>, then the voicing of the end of the previous word remains the same. Despite these onsets being voiced, they won't affect the previous word to voice. Examples:

Polish (Sentence #)	Modified Roman	IPA
jak miał (2515)	jak mjaw	jak mʲaʷ
masz na (2501)	maš na	maʂ na

General Rule 2: If the onset of the following word is completely devoiced, it also devoices the end of the previous word. And the opposite is true: if the onset of the following word is completely voiced, it also voices the end of the previous word. Examples:

Polish (Sentence #)	Modified Roman	IPA
jest dzisiaj (1)	jest dźiśaj	jɛzd ʥiɕaʲ
wyjdź wcześniej (2142)	vyjdź včeśńej	vɨ̯tɕ fʂɛɕnʲeʲ
mąż w przyszłym (1225)	mąž v přyšwym	mɔ̃nʂ f pʂɨʂʷɨm
przestępstw opartych (2885)	přestępstv opartyx	pʂɛstɛ̃mpstf ɔpartɨx

The last example may look a bit confusing, but it takes into account the **Word Final Devoicing Rule** described in the next section. The logic is as follows: 1. The following word starts with a voiced vowel. 2. The previous word ending remains unchanged with /-v/. 3. The previous word has a cluster containing unvoiced consonants, so they all become unvoiced resulting in [-f].

Word Final Devoicing

General Rule: All other conditions of keeping voicing at the end of a word having been met, the only thing left to do is to devoice the ending of the word. This will happen especially at the end of phrases and sentences. Even the dictionary pronunciation of words pronounced in isolation will automatically devoice the word endings.

As described in the last section, the devoicing rule also applies when there are mixed voiced and unvoiced consonants that are unaffected by a following word starting with a vowel, nasal or liquid (as in example 2 below found in Sentence 2886). Examples:

Polish	Modified Roman	IPA
gwiazd	gvʲazd	gvʲast
samobójstw	samobujstv	samɔbuʲstf

Intonation

The stress in the Western Slavic, unlike their Eastern Slavic neighbors, is very regular. However, there is a stark contrast between Polish and Czech/Slovak: stress is always penultimate (second to last syllable) in Polish, whereas it's always on the first syllable in Czech and Slovak.

There are a few exceptions to this rule. Polish has borrowed a lot of Latin-based vocabulary, such as "muzyka" where the stress follows the same pattern as in Romance languages. If you are familiar with Latin-based vocabulary such as these, then this shouldn't pose a problem for you. So, instead of saying "muZYka", it should be "MUzyka". And of course, English "music" has stress in the same position.

The other exception to the rule occurs in a limited number of conditional conjugations of verbs. Let's take the verb "czytać" (to read) for example. The stress in the conditional will always fall on the -TA- syllable regardless of the length of word. Practice reading the following verb paradigm aloud:

czytałbym, czytałabym, czytalibyśmy, czytałybyśmy, czytałbyś, czytałabyś, czytalibyście, czytałybyście, czytałby, czytałaby, czytałoby, czytaliby, czytałyby

Writing System and Romanization

Polish, for a very long period of time, did not have a unified writing system. Orthographic reforms started occurring in the late 18th century continuing through to the 20th century with the last major reform in 1936.

Since the writing system grew inDependently of its closest Slavic neighbors, the writing system has little in common with Czech or Slavic. However, if the orthography were changed slightly, one would suddenly discover a lot of cognates with Czech and Slavic that were previously unrecognizable.

This publication does provide a modified writing system (which we will call a "romanization" in line with our other publications even though Polish is already written in Roman script), and this modified spelling is in no way an attempt to replace Polish spelling. Polish spelling is widely known among students who like to learn foreign languages to be unapproachable and unnecessarily difficult.

At first glance the spelling appears daunting. Polish spelling actually is very regular and we will lay out some logical steps for pronouncing anything you come across. In contrast with its Slavic neighbors, Polish prefers to use digraphs instead of a single letter with diacriticals (cz instead of č). If in doubt, the narrow IPA transcription provided in this series will of course be of immense benefit to students.

Palatalization

Palatalization in Polish is written with the letter <i> which may be counterintuitive if you're used to other Slavic languages that use <j>.

This letter <i> coalesces with the previous consonant if it's a sibilant (s, c, z) and the letter <i> then disappears. There are actually two possible spellings in Polish for exactly the same pronunciation. Compare the following identical forms:

sia, sie	= śa, śe
zia, zie	= źa, źe
cia, cie	= ća, će
dzia, dzie	= dźa, dźe

As mentioned earlier the **Pronunciation: Alveolar Series** heading, we discussed how to prevent palatalization in certain spellings, so let's take a look.

s + /i/	= sji
z + /i/	= zji
c + /i/	= cji
dz + /i/	= dzji

Our modified Romanization actually unify both of these spellings into one in order to eliminate confusion. The modified Romanization only uses the letter <j> as it is used in IPA and most of the other Slavic languages, in other words as a palatal semivowel.

Sound Inventory

The following table shows all the correspondences between Polish, our modified romanization, the **International Phonetic Alphabet**.

Polish	Modified Romanization	IPA
b	b	p˕
p	p	b
d	d	t˕
t	t	d
g	g	g
k	k	k˕
f	f	f
v	v	v
s	s	s
z	z	z
sz	š	ʂ
rz	ř	z̪
ż	ž	z̪
ś, si	ś	ç
ź, zi	ź	ʑ
h	h	x
c	c	ts˕
dz	dz	d͡z
ć, ci	ć	tç˕
dź	dź	d͡z
dż	dž	d͡z̪
cz	č	t͡ʂ˕
l	l	l
m	m	m
n	n	n
ń	nj	nʲ
r	r	r

Polish	Modified Romanization	IPA
ł	w	w
j, i	j	j
a	a	a
e	e	ɛ
i	i	i
o	o	o
u, ó	u	u
y	y	ɨ
ą	ą	ɔ̃ʷ
ę	ę	ɛ̃ʷ

Grammar

Word Order Typology

Polish declines pronouns, nouns, adjectives into seven cases with distinction for masculine, feminine, neuter, plural, and animate and inanimate in the accusative case. The word order is typically Subject-Verb-Object.

Prepositions

English	Polish	Case of Noun to Follow
in (location)	w, we	locative
on (location)	na	locative
onto (direction)	na	accusative
with (a person)	z, ze	instrumental
from, out of	z, ze	genitive
to	od	genitive
from	do	genitive

English	Polish	Case of Noun to Follow
for (reason, benefit)	dla	genitive
about	o	locative
before (location)	przed	instrumental
in front of (location)	za	instrumental
behind (location)	nad	instrumental
over (location)	pod	instrumental
through	prez	accusative
against	przeciw	dative
opposite	naprzeciw	genitive
after	po	locative
next to	przy	locative
without	bez	genitive
along	wśród	instrumental
between	między	instrumental
along	wzdłuż	genitive

Adjectives

Adjectives precede nouns. Here are some common declensions for three adjectives: same, different, every.

same (adj)	masculine	feminine	neuter	plural
Nom	sam	sama	samo	same
Gen	samego	samej	samego	samych
Dat	samym	samą	samym	samymi
Acc (person)	samego	samą	samego	samych
Acc (thing)	samy	samą	same	same
Inst	samym	samą	samym	samymi
Loc	samym	samej	samym	samych

different (adj)	masculine	feminine	neuter	plural
Nom	inny	inna	inne	inni / inne
Gen	innego	innej	innego	innych
Dat	innemu	innej	innemu	innym
Acc (person)	innego	inną	inne	innych
Acc (thing)	inny	inną	inne	inne
Inst	innym	inną	innym	innymi
Loc	innym	innej	innym	innych

every (adj)	masculine	feminine	neuter	plural
Nom	każdy	każda	każde	każdy / każde
Gen	każdego	każdej	każdego	każdych
Dat	każdemu	każdej	każdemu	każdym
Acc (person)	każdego	każdą	każde	każdych
Acc (thing)	każdy	każdą	każde	każde
Inst	każdym	każdą	każde	każdymi
Loc	każdym	każdej	każdym	każdych

Comparatives add: -szy Superlatives add the prefix naj- and the suffix -szy.

Interrogatives

English	Polish	Declensions
who	kto	kogo, D komu, I/L kim
what	co	G czego, D czemu, A co, I/L czym
where	gdzie	dokąd (to where), skąd (from where)
when	kiedy	
how	jak	
how many/much	ile	
how long	jak długo	
how often	jak często	

English	Polish	Declensions
why	dlaczego	
which	który	declines like adjectives

Pronouns

English	Polish	Declensions
I	ja	mnie, mnie, -mi, mną
you	ty	ciebie, -cię, tobie, -ci, tobą, tobie
he	on	jego/niego, -go, jemu/niemu, -mu, nim
she	ona	jej/niej, ją/nią, nią, niej
it	ono	je/nie, jej/niej, ją/nią, nią, niej
we	my	nas, nam, nami
you (pl)	wy	was, wam, wami
they (masc)	oni	ich/nich, im/nim, nimi, nich
they (fem/n)	one	je, nie, ich/nich, im/nim, nimi, nich

Poessessive pronouns are declined like adjectives: mój (my), twój (your), nasz (our), wasz (your).

The reflexive pronoun that you will often encounter is się and also appears as siebie, D/L sobie, I sobą.

Nouns

The declensional morphology of nouns is quite complex as they vary from masculine to feminine to neuter and plural in all cases. The most important thing is to learn the endings in context of the sentences that you're practicing throughout the course.

Verbs

Verbs in Polish conjugate as follows:

Present	Singular	Plural
I / we	-m	-my
you / you	-sz	-cie
he / they	-	-ją
she / they	-	-ją

Past	Singular (M/F)	Plural (M/F)
I / we	-łem/łam	-liśmy/łyśmy
you / you	-łeś/łaś	-liście/łyście
he / they	-ł	-li
she / they	-ła	-ły
it / they	-ło	-li

Using the "will" verb for the future, or you can use the present tense of perfective verbs.

Future	Singular	Plural
I / we	będę	będziemy
you / you	będziesz	będziecie
he/she/it / they	będzie	będą

Vocabulary: Polish

Prepositions

about	o
above	powyżej
according to	zgodnie z
across	przez
after	za, po
against	przed, przeciwko
among	między
around	około
as	jako
as far as	o ile
as well as	oraz
at	w
because of	z powodu
before	przed
behind	za
below	poniżej
beneath	pod
beside	przy
between	między
beyond	poza
but	ale
by	przez
close to	w pobliżu
despite	mimo

down	w dół
due to	ze względu na
during	podczas
except	poza
except for	z wyjątkiem
far from	z dala od
for	dla
from	z
in	na
in addition to	oprócz
in front of	przed
in spite of	wbrew
inside	wewnątrz
inside of	wewnątrz
instead of	zamiast
into	w
near	blisko
near to	blisko
next	obok
next to	obok
of	z
on	na
on behalf of	na rzecz
on top of	na szczycie
opposite	naprzeciwko
out	poza
outside	poza
outside of	poza
over	przez

per	za, na
plus	plus
prior to	przed
round	naokoło
since	ponieważ, od, odkąd
than	niż
through	przez
till	do
to	do
toward	ku
under	pod
unlike	inaczej
until	do
up	w górę
via	przez
with	z
within	w ciągu
without	bez

Interrogatives

how	jak, w jaki sposób
what	co
who	kto
why	dlaczego
where	gdzie

Adjectives

a few	kilka

bad	zły
big	duży
bitter	gorzki
clean	czysty
correct	poprawny
dark	ciemny
deep	głęboki
difficult	trudny
dirty	brudny
dry	suchy
easy	łatwy
empty	pusty
expensive	drogi
fast	szybki
few	mało, niewiele
foreign	zagraniczny
fresh	świeży
full	pełny
good	dobry
hard	twardy
heavy	ciężki
inexpensive	tani
light	lekki
little	mało, niewiele
local	lokalny
long	długi
many	wiele
much	dużo, wiele
narrow	wąski

new	nowy
noisy	hałaśliwy
old	stary
part	część
powerful	potężny
quiet	cichy
salty	słony
short person	krótki
slow	powolny
small	mały
soft	miękki
some	kilka, parę
sour	kwaśny
spicy	pikantny
sweet	słodki
tall	wysoki
thick	gruby
thin	cienki
very	bardzo
weak	słaby
wet	mokry
whole	cały
wide	szeroki
wrong	zły, niewłaściwy, błędny
young	młody

Adverbs

absolutely	absolutnie

ago	temu
almost	prawie
alone	sam
already	już
always	zawsze
anywhere	gdziekolwiek
away	stąd, daleko od
barely	ledwo
carefully	dokładnie
everywhere	wszędzie
fast	szybko
frequently	często
hard	twardo
hardly	ledwo
here	tutaj
home	do domu
immediately	natychmiast
last night	ubiegłej nocy
lately	ostatnio
later	później
mostly	głównie
never	nigdy
next week	w przyszłym tygodniu
now	teraz
nowhere	nigdzie
occasionally	sporadycznie
out	na zewnątrz
over there	tam
pretty	całkiem, dosyć, niemal

quickly	szybko
quite	całkiem
rarely	rzadko
really	faktycznie
recently	niedawno
right now	już, teraz
seldom	rzadko
slowly	powoli
sometimes	czasami
soon	wkrótce
still	jeszcze
then	następnie
there	tam
this morning	dziś rano
today	dzisiaj
together	razem
tomorrow	jutro
tonight	dzisiaj wieczorem
usually	zwykle
very	bardzo
well	dobrze
yesterday	wczoraj
yet	jeszcze

Conjunctions

also	także
and	i
because	dlatego

but	ale
furthermore	ponadto
however	jednak
or (in questions)	lub
or else, otherwise	albo, inaczej
so	także
so that	tak, że

Glossika Mass Sentences

GMS #2001 - 2100

2001

EN Can you remind me to call Sandra tomorrow?

PL Możesz mi przypomnieć, żebym jutro zadzwonił
(♀zadzwoniła) do Sandry?

ROM Možeš mi přypomńeć, žebym jutro zadzvońiw
(♀zadzvońiwa) do Sandry?

IPA [mɔʐɛʂ mi pʂɨpɔmnʲɛtɕ | ʐɛbɨm jutrɔ zadzvɔnʲiᵂ
(zadzvɔnʲiwa) dɔ sandrɨ ||]

2002

EN Who taught you to drive?

PL Kto nauczył cię prowadzić samochód?

ROM Kto naučyw ćę provadźić samoxud?

IPA [ktɔ nautʂɨᵂ tɕɛ̃ᵂ prɔvadʑitɕ samɔxut ||]

2003

EN I didn't move the piano by myself. I got somebody to
help me.

PL Nie przeniosłem (♀przeniosłam) pianina sam
(♀sama). Wziąłem (♀wzięłam) kogoś do pomocy.

ROM Ńe přeńoswem (♀přeńoswam) pjańina sam
(♀sama). Vźąwem (♀vźęwam) kogoś do pomocy.

IPA [nʲɛ pʂɛnʲɔsʷɛm (pʂɛnʲɔsʷam) pʲanʲina sam (sama) ||
vʑɔ̃wɛm (vʑɛ̃wam) kɔgɔʑ dɔ pɔmɔtsɨ ||]

2004

EN Diego said the switch was dangerous, and warned me not to touch it.

PL Diego powiedział, że wtyczka jest niebezpieczna i ostrzegł mnie, żeby jej nie dotykać.

ROM Diego povjedźaw, że vtyčka jest ńebezpječna i ostřegw mńe, żeby jej ńe dotykać.

IPA [(...) pɔvʲɛʥaw | ʐɛ ftɨt͡ʂka jest nʲɛbɛspʲɛt͡ʂna i ɔstʂɛgw mnʲɛ | ʐɛbɨ jeʲ nʲɛ dɔtɨkat͡ɕ ||]

2005

EN I was warned not to touch the switch.

PL Ostrzeżono mnie, żeby nie dotykać wtyczki.

ROM Ostřeżono mńe, żeby ńe dotykać vtyčki.

IPA [ɔstʂɛʐɔnɔ mnʲɛ | ʐɛbɨ nʲɛ dɔtɨkat͡ɕ ftɨt͡ʂki ||]

2006

EN Stan suggested I ask you for advice.

PL Stan zasugerował, żebym poprosił (♀poprosiła) o radę.

ROM Stan zasugerovaw, żebym poprośiw (♀poprośiwa) o radę.

IPA [stan zasugɛrɔvaw | ʐɛbɨm pɔprɔɕiw (pɔprɔɕiwa) ɔ radɛ̃w ||]

2007

EN I wouldn't advise staying in that hotel. > I wouldn't advise anybody to stay in that hotel.

PL Nie radziłbym (♀radziłabym) nocować w tym hotelu. > Nie radziłbym (♀radziłabym) nikomu nocować w tym hotelu.

ROM Ńe radźiwbym (♀radźiwabym) nocovać v tym xotelu. > Ńe radźiwbym (♀radźiwabym) ńikomu nocovać v tym xotelu.

IPA [nʲɛ raʥiʷbɨm (raʥiwabɨm) nɔtsɔvatɕ f tɨm xɔtɛlu ‖ > nʲɛ raʥiʷbɨm (raʥiwabɨm) nʲikɔmu nɔtsɔvatɕ f tɨm xɔtɛlu ‖]

2008

EN They don't allow parking in front of the building. > They don't allow people to park in front of the building.

PL Oni nie pozwalają parkować przed budynkiem. > Oni nie pozwalają ludziom parkować przed budynkiem.

ROM Ońi ńe pozvalają parkovać před budynkjem. > Ońi ńe pozvalają ludźom parkovać před budynkjem.

IPA [ɔnʲi nʲɛ pɔzvalaʲɔ̃ʷ parkɔvatɕ pʂɛd budɨnkʲɛm ‖ > ɔnʲi nʲɛ pɔzvalaʲɔ̃ʷ luʥɔm parkɔvatɕ pʂɛd budɨnkʲɛm ‖]

2009

EN Parking isn't allowed in front of the building. > You aren't allowed to park in front of the building.

PL Parkowanie przed budynkiem nie jest dozwolone. > Nie możesz parkować przed budynkiem.

ROM Parkovańe před budynkjem ńe jest dozvolone. > Ńe možeš parkovać před budynkjem.

IPA [parkɔvanʲɛ pʂɛd budɨnkʲɛm nʲɛ jɛzd dɔzvɔlɔnɛ || > nʲɛ mɔʐɛʂ parkɔvatɕ pʂɛd budɨnkʲɛm ||]

2010

EN I made him promise that he wouldn't tell anybody what happened.

PL Sprawiłem (♀sprawiłam), że obiecał mi, że nie powie nikomu, co się stało.

ROM Spraviwem (♀spraviwam), że objecaw mi, že ńe povje ńikomu, co śę stawo.

IPA [spraviwɛm (spraviwam) | ʐɛ ɔbʲɛtsaʷ mi | ʐɛ nʲɛ pɔvʲɛ nʲikɔmu | tsɔ ɕɛ̃ʷ stawɔ ||]

2011

EN Hot weather makes me feel tired.

PL Upalna pogoda sprawia, że czuję się zmęczony (♀zmęczona).

ROM Upalna pogoda spravja, że čuję śę zmęčony (♀zmęčona).

IPA [upalna pɔgɔda spravʲa | ʐɛ t͡ʂuʲɛ̃ʷ ɕɛ̃ʷ zmɛ̃nt͡ʂɔnɨ (zmɛ̃nt͡ʂɔna) ||]

2012

EN Her parents wouldn't let her go out alone.

PL Jej rodzice nie pozwoliliby jej wyjść samej.
ROM Jej rodźice ńe pozvoliliby jej vyjść samej.
IPA [jeʲ rɔʥitsɛ nʲɛ pɔzvɔlilibɨ jeʲ vɨ̯ʲɕtɕ sameʲ ‖]

2013

EN Let me carry your bag for you.

PL Pozwól mi ponieść twoją torbę.
ROM Pozvul mi pońeść tvoją torbę.
IPA [pɔzvul mi pɔnʲɛɕtɕ tfɔʲɔ̃ʷ tɔrbɛ̃ʷ ‖]

2014

EN We were made to wait for two (2) hours.

PL Sprawiono, że musieliśmy (♀musiałyśmy) czekac dwie godziny.
ROM Spravjono, że muśeliśmy (♀muśawyśmy) čekac dvje godźiny.
IPA [spravʲɔnɔ | ʑɛ muɕɛliɕmɨ (muɕawɨɕmɨ) t͡ʂɛkaʥ dvʲɛ gɔʥinɨ ‖]

2015

EN My lawyer said I shouldn't say anything to the police.
> My lawyer advised me not to say anything to the police.

PL Mój prawnik powiedział, że nie powinienem (♀powinnam) mówić nic policji. > Mój prawnik doradził, żebym nie mówił (♀mówiła) nic policji.

ROM Muj pravńik povjedźaw, že ńe povińenem (♀povinnam) muvić ńic polici. > Muj pravńik doradźiw, žebym ńe muviw (♀muviwa) ńic polici.

IPA [muʲ pravnʲik pɔvʲeʥaw | zɛ nʲɛ pɔvinʲɛnɛm (pɔvinnam) muvitɕ nʲits pɔlitsi || > muʲ pravnʲig dɔraʥiw | zɛbɨm nʲɛ muviʷ (muviwa) nʲits pɔlitsi ||]

2016

EN I was told that I shouldn't believe everything he says.
> I was warned not to believe anything he says.

PL Powiedziano mi, że nie powinienem (♀powinnam) wierzyć we wszystko, co on mówi. > Ostrzeżono mnie, żebym nie wierzył (♀wierzyła) w nic, co on mówi.

ROM Povjedźano mi, že ńe povińenem (♀povinnam) vjeřyć ve všystko, co on muvi. > Ostřežono mńe, žebym ńe vjeřyw (♀vjeřywa) v ńic, co on muvi.

IPA [pɔvʲeʥanɔ mi | zɛ nʲɛ pɔvinʲɛnɛm (pɔvinnam) vʲeʐɨʥ ve fʂistkɔ | tsɔ ɔn muvi || > ɔstʂɛʐɔnɔ mnʲɛ | zɛbɨm nʲɛ vʲeʐɨʷ (vʲeʐɨwa) v nʲits | tsɔ ɔn muvi ||]

2017

EN If you have a car, you're able to get around more easily. > Having a car enables you to get around more easily.

PL Jeśli masz samochód, możesz poruszać się łatwiej po mieście. > Posiadanie samochodu umożliwia ci łatwiejsze poruszanie się po mieście.

ROM Jeśli maš samoxud, možeš porušać šę watvjej po mješće. > Pośadańe samoxodu umožlivja ći watvjejše porušańe šę po mješće.

IPA [jɛɕli maʂ samɔxut | mɔʐɛʂ pɔruʂatɕ ɕɛ̃ʷ watɕ⁽ʲ⁾ɛʲ pɔ mʲɛɕtɕɛ || > pɔɕadanʲɛ samɔxɔdu umɔʐlivʲa tɕi watɕ⁽ʲ⁾eʲʂɛ pɔruʂanʲɛ ɕɛ̃ʷ pɔ mʲɛɕtɕɛ ||]

2018

EN I know I locked the door. I clearly remember locking it. > I remembered to lock the door, but I forgot to shut the windows.

PL Wiem, że zamknąłem (♀zamknęłam) drzwi. Dobrze pamiętam, że je zamknąłem (♀zamknęłam). > Pamiętam, że zamknąłem (♀zamknęłam) drzwi, ale zapomniałem (♀zapomniałam) zamknąć okna.

ROM Vjem, že zamknąwem (♀zamknęwam) dřvi. Dobře pamjętam, že je zamknąwem (♀zamknęwam). > Pamjętam, že zamknąwem (♀zamknęwam) dřvi, ale zapomńawem (♀zapomńawam) zamknąć okna.

IPA [vʲɛm | ʐɛ zamknɔ̃wɛm (zamknɛ̃wam) dʑvi || dɔbʐɛ pamjɛ̃tam | ʐɛ jɛ zamknɔ̃wɛm (zamknɛ̃wam) || > pamjɛ̃tam | ʐɛ zamknɔ̃wɛm (zamknɛ̃wam) dʑvi | alɛ zapɔmnʲawɛm (zapɔmnʲawam) zamknɔ̃ɲtɕ ɔkna ||]

2019

EN He could remember driving along the road just before the accident, but he couldn't remember the accident itself.

PL On pamiętał, że jechał ulicą krótko przed wypadkiem, ale nie pamiętał samego wypadku.

ROM On pamjętaw, że jexaw ulicą krutko před vypadkjem, ale ńe pamjętaw samego vypadku.

IPA [ɔn pamjɛ̃taᵂ | zɛ jɛxaᵂ ulitsɔ̃ᵂ krutkɔ pʂɛd vɨpatkʲɛm | alɛ nʲɛ pamjɛ̃taᵂ samɛgɔ vɨpatku ||]

2020

EN Please remember to mail the letter on your way to work.

PL Pamiętaj proszę, żeby wysłać list po drodze do pracy.

ROM Pamjętaj proszę, żeby vyswać list po drodze do pracy.

IPA [pamjɛ̃taʲ prɔʂɛ̃ᵂ | zɛbɨ vɨsᵂatɕ list pɔ drɔdʑɛ dɔ pratsɨ ||]

2021

EN I now regret saying what I said. I shouldn't have said it.

PL Żałuję teraz tego, co powiedziałem (♀powiedziałam). Nie powinienem był (♀powinnam była) tego mówić.

ROM Žawuję teraz tego, co povjedźawem (♀povjedźawam). Ńe povińenem byw (♀povinnam bywa) tego muvić.

IPA [z̪awuʲɛ̃ʷ tɛras tɛgɔ | tsɔ pɔvʲɛd͡ʑawɛm (pɔvʲɛd͡ʑawam) || nʲɛ pɔvinʲɛnɛm bɨʷ (pɔvinnam bɨwa) tɛgɔ muvit͡ɕ ||]

2022

EN It began to get cold, and he regretted not wearing his coat.

PL Zaczęło się ochładzać i on żałował, że nie założył płaszcza.

ROM Začẽwo śę oxwadzać i on žawovaw, že ńe zawożyw pwašča.

IPA [zat͡ʂɛ̃wɔ ɕɛ̃ʷ ɔxʷad͡zat͡ɕ i ɔn z̪awɔvaʷ | zɛ nʲɛ zawɔzɨʷ pʷaʂt͡ʂa ||]

2023

EN We regret to inform you that we cannot offer you the job.

PL Żałujemy, że powiedzieliśmy, że nie możemy zaoferować ci pracy.

ROM Žawujemy, že povjedźeliśmy, že ńe možemy zaoferovać ći pracy.

IPA [z̦awujɛmi | ʑɛ pɔvʲɛd̦ʑɛliçmi | ʑɛ nʲɛ mɔʑɛmi zaɔfɛrɔvațɕ țɕi pratsɨ ||]

2024

EN The president went on talking for hours.

PL Prezydent mówił godzinami.

ROM Prezydent muviw godźinami.

IPA [prɛzɨdɛnt muviʷ gɔd̦ʑinami ||]

2025

EN After discussing the economy, the president then went on to talk about foreign policy.

PL Po przedyskutowaniu gospodarki, prezydent przeszedł do rozmowy o polityce zagranicznej.

ROM Po předyskutovańu gospodarki, prezydent přešedw do rozmovy o polityce zagrańičnej.

IPA [pɔ pʂɛdɨskutɔvanʲu gɔspɔdarki | prɛzɨdɛnt pʂɛʂɛdw dɔ rɔzmɔvɨ ɔ politɨt͡sɛ zagranʲit͡ʂnɛʲ ||]

2026

EN We need to change. We can't go on living like this.

PL Potrzebujemy zmiany. Nie możemy dalej tak żyć.
ROM Potřebujemy zmjany. Ńe možemy dalej tak žyć.
IPA [pɔtʂɛbujɛmɨ zmʲanɨ || nʲɛ mɔʐɛmɨ dalɛʲ tag ʑɨtɕ ||]

2027

EN Don't bother locking the door. I'll be right back.

PL Nie musisz zamykać drzwi. Zaraz wrócę.
ROM Ńe muśiš zamykać dřvi. Zaraz vrucę.
IPA [nʲɛ muɕiʐ zamɨkadʑ dʐvi || zaraz vrutsɛ̃ʷ ||]

2028

EN I lent you some money a few months ago. — Are you sure? I don't remember you lending me money.

PL Pożyczyłem (♀pożyczyłam) ci pieniądze kilka miesięcy temu. — Jesteś pewny (♀pewna)? Nie pamiętam, żebyś pożyczał (♀pożyczała) mi pieniądze.
ROM Požyčywem (♀požyčywam) ći pjeńądze kilka mjeśęcy temu. — Jesteś pevny (♀pevna)? Ńe pamjętam, żebyś požyčaw (♀požyčawa) mi pjeńądze.
IPA [pɔʑɨt͡ʂɨwem (pɔʑɨt͡ʂɨwam) tɕi pʲɛnʲɔ̃ndʑɛ kilka mʲɛɕɛ̃ntsɨ temu || — jestɛɕ pɛvnɨ (pɛvna) || nʲɛ pamjɛ̃ntam | ʐɛbɨɕ pɔʑɨt͡ʂaʷ (pɔʑɨt͡ʂawa) mi pʲɛnʲɔ̃ndʑɛ ||]

2029

EN Did you remember to call your mother? — Oh no, I completely forgot. I'll call her tomorrow.

PL Pamiętałeś (♀pamiętałaś), żeby zadzwonić do twojej mamy? — O nie, zupełnie zapomniałem (♀zapomniałam). Zadzwonię do niej jutro.

ROM Pamjętaweś (♀pamjętawaś), żeby zadzvońić do tvojej mamy? — O ńe, zupewńe zapomńawem (♀zapomńawam). Zadzvonę do ńej jutro.

IPA [pamjɛ̃ntawɛç (pamjɛ̃ntawaç) | zɛbɨ zadzvɔnʲidʑ dɔ tfɔjeʲ mamɨ || — ɔ nʲɛ | zupeʷnʲɛ zapɔmnʲawɛm (zapɔmnʲawam) || zadzvɔnʲɛ̃ʷ dɔ nʲeʲ jutrɔ ||]

2030

EN Chandra joined the company nine (9) years ago and became assistant manager after two (2) years.

PL Chandra dołączyła do firmy dziewięć lat temu i po dwóch latach została asystentem menedżera.

ROM Chandra dowąčywa do firmy dźevjęć lat temu i po dvux latax zostawa asystentem menejera.

IPA [(…) dɔʷɔ̃ntʂɨwa dɔ firmɨ dʑevjɛ̃nʲtɕ lat tɛmu i pɔ dvux latay zɔstawa asɨstɛntem mɛnɛdʐɛra ||]

2031

EN A few years later, he went on to become the manager of the company.

PL Kilka lat później on został menedżerem firmy.

ROM Kilka lat puźńej on zostaw menejerem firmy.

IPA [kilka lat puʐnʲeʲ ɔn zɔstaʷ mɛnɛdʐɛrem firmɨ ||]

2032

EN I tried to keep my eyes open, but I couldn't.

PL Próbowałem (♀próbowałam) trzymać oczy otwarte, ale nie mogłem (♀mogłam).

ROM Prubovavem (♀prubovawam) třymać oč̌y otvarte, ale ńe mogwem (♀mogwam).

IPA [prubɔvawɛm (prubɔvawam) tʂimatɕ ɔ͡tʂi ɔtfartɛ | alɛ nʲɛ mɔgʷɛm (mɔgʷam) ||]

2033

EN Please try to be quiet when you come home. Everyone will be asleep.

PL Spróbuj proszę być cicho, kiedy wrócisz do domu. Wszyscy będą spać.

ROM Sprubuj prošę być ćixo, kjedy vrućiš do domu. Všyscy będą spać.

IPA [sprubuʲ prɔʂɛ̃ʷ bitɕ tɕixɔ | kʲedɨ vrutɕiz̥ dɔ dɔmu || fʂistsɨ bɛ̃ndɔ̃ʷ spatɕ ||]

2034

EN We couldn't find anywhere to stay. We tried every hotel in town, but they were all full.

PL Nie mogliśmy (mogłyśmy) znaleźć noclegu. Sprawdzaliśmy (♀sprawdzałyśmy) każdy hotel w mieście, ale wszystkie były pełne.

ROM Ńe mogliśmy (mogwyśmy) znaleźć noclegu. Spravdzaliśmy (♀spravdzawyśmy) każdy xotel v mjeśće, ale všystkje bywy pewne.

IPA [nʲɛ mɔgliɕmɨ (mɔgʷiɕmɨ) znalɛɕtɕɛ nɔtslɛgu || spravʥaliɕmɨ (spravʥawiɕmɨ) kazʥɨ xɔtɛl v mʲɛɕtɕɛ | alɛ fʂɨstkʲɛ bɨwɨ pɛʷnɛ ||]

2035

EN The photocopier doesn't seem to be working. — Try pressing the green button.

PL Wygląda na to, że kserokopiarka nie działa. — Spróbuj nacisnąć zielony przycisk.

ROM Vygląda na to, że kserokopjarka ńe dźawa. — Sprubuj naćisnąć źelony přyćisk.

IPA [viglõnda na tɔ | zɛ ksɛrɔkɔpʲarka nʲɛ ʥawa || — sprubuʲ natɕisnõɲʥ ʐɛlɔnɨ pʂɨtɕisk ||]

2036

EN I need to get more exercise. > I need to start working out more.

PL Potrzebuję więcej ćwiczeń. > Muszę zacząć ćwiczyć więcej.

ROM Potřebuję vjęcej ćvičeń. > Mušę zaćąć ćvičyć vjęcej.

IPA [pɔtʂɛbujʲɛ̃ʷ vjɛ̃ntsɛʲ tɕfitʂɛnʲ ‖ > muʂɛ̃ʷ zatʂɔ̃ɲtɕ tɕfitʂ̑idʐ vjɛ̃ntsɛʲ ‖]

2037

EN He needs to work harder if he wants to make progress.

PL On musi pracować ciężej, jeśli chce zrobić postęp.

ROM On muśi pracovać ćężej, jeśli xce zrobić postęp.

IPA [ɔn muɕi pratsɔvatɕ tɕɛ̃nʐɛʲ | jɛɕli xtsɛ zrɔbitɕ pɔstɛ̃mp ‖]

2038

EN My cellphone needs to be charged. > My cellphone needs charging.

PL Mój telefon komórkowy musi zostać naładowany. > Mój telefon komórkowy potrzebuje ładowania.

ROM Muj telefon komurkovy muśi zostać nawadovany. > Muj telefon komurkovy potřebuje wadovańa.

IPA [muʲ tɛlɛfɔn kɔmurkɔvɨ muɕi zɔstatɕ nawadɔvanɨ ‖ > muʲ tɛlɛfɔn kɔmurkɔvɨ pɔtʂɛbuje wadɔvanʲa ‖]

2039

EN Do you think my pants need to be washed? > Do you think my pants need washing?

PL Myślisz, że moje spodnie powinny być wyprane? > Myślisz, że moje spodnie potrzebują prania?

ROM Myśliš, že moje spodńe powinny być vyprane? > Myśliš, že moje spodńe potřebują prańa?

IPA [mi̧cliş | ʐɛ mɔjɛ spɔdnʲɛ pɔvinni bi̧ʣ vi̧pranɛ || > mi̧cliş | ʐɛ mɔjɛ spɔdnʲɛ pɔtşɛbuʲɔ̃ʷ pranʲa ||]

2040

EN They needed help to clean up after the party, so everybody helped clean up.

PL Oni (♀one) potrzebowali (♀potrzebowały) pomocy przy sprzątaniu po imprezie, więc każdy pomagał sprzątać.

ROM Ońi (♀one) potřebovali (♀potřebovawy) pomocy přy spřątańu po impreźe, vjęc każdy pomagaw spřątać.

IPA [ɔnʲi (ɔnɛ) pɔtşɛbɔvali (pɔtşɛbɔvawi̧) pɔmɔtsi̧ pşi spşɔ̃tanʲu pɔ imprɛʐɛ | vjɛ̃nts kaʐdi̧ pɔmagaʷ spşɔ̃tatç ||]

2041

EN   I need your help to move this table. > Do you think
you could help me move this table?

PL   Potrzebuję twojej pomocy przy przeniesieniu tego
stołu. > Myślisz, że mógłbyś (♀mogłabyś) mi
pomóc przenieść ten stół?

ROM Potřebuję tvojej pomocy přy přeńeśeńu tego stowu.
> Myśliš, že mugwbyś (♀mogwabyś) mi pomuc
přeńeść ten stuw?

IPA [pɔtʂɛbuʲɛ̃ʷ tfɔjeʲ pɔmɔtsɨ pʂɨ pʂɛnʲɛɕɛnʲu tɛgɔ stɔwu
|| > miɕliʂ | ʐɛ mukwbiɕ (mɔgʷabiɕ) mi pɔmuts
pʂɛnʲɛɕtɕ tɛn stuʷ ||]

2042

EN   I don't like him, but he has a lot of problems. I can't
help feeling sorry for him.

PL   Nie lubię go, ale on ma dużo problemów. Nie dam
rady mu nie współczuć.

ROM Ńe lubję go, ale on ma dužo problemuv. Ńe dam
rady mu ńe vspuwčuć.

IPA [nʲɛ lubjɛ̃ʷ gɔ | alɛ ɔn ma duʐɔ prɔblɛmuf || nʲɛ dam
radɨ mu nʲɛ fspuʷtʂutɕ ||]

2043

EN She tried to be serious, but she couldn't help laughing.

PL Ona próbowała być poważna, ale nie mogła się powstrzymać od śmiechu.

ROM Ona prubovava być povażna, ale ńe mogwa śę povstřymać od śmjexu.

IPA [ɔna prubɔvava bɨtɕ pɔvaʐɲa | alɛ nʲɛ mɔɡʷa ɕɛ̃ pɔfstʂɨmatɕ ɔt ɕmʲexu ||]

2044

EN I'm sorry I'm so nervous. I can't help it.

PL Przepraszam, że jestem zdenerwowany (♀zdenerwowana). Nie mogę tego powstrzymać.

ROM Přeprašam, że jestem zdenervovany (♀zdenervovana). Ńe mogę tego povstřymać.

IPA [pʂɛpraʂam | ʐɛ jɛstɛm zdɛnɛrvɔvanɨ (zdɛnɛrvɔvana) || nʲɛ mɔɡɛ̃ʷ tɛɡɔ pɔfstʂɨmatɕ ||]

2045

EN Do you like getting up early? > Do you like to get up early?

PL Lubisz wstawać wcześnie?

ROM Lubiš vstavać včeśńe?

IPA [lubiʂ fstavatɕ ft͡ʂɛɕɲʲɛ ||]

2046

EN Vadim hates flying. > Vadim hates to fly.

PL   Vadim nienawidzi latać.
ROM Vadim ńenavidźi latać.
IPA [(…) nʲɛnavidʑi latatɕ ||]

2047

EN I love meeting people. > I love to meet people.

PL   Kocham spotykać ludzi.
ROM Koxam spotykać ludźi.
IPA [kɔxam spɔtɨkatɕ ludʑi ||]

2048

EN I don't like being kept waiting. > I don't like to be kept waiting.

PL   Nie lubię czekać.
ROM Ńe lubję čekać.
IPA [nʲɛ lubjɛ̃ʷ t͡ʂɛkatɕ ||]

2049

EN I don't like friends calling me at work. > I don't like friends to call me at work.

PL   Nie lubię, kiedy przyjaciele dzwonią do mnie w pracy.
ROM Ńe lubję, kjedy přyjaćele dzvoną do mńe v pracy.
IPA [nʲɛ lubjɛ̃ʷ | kʲedɨ pʂijatɕɛlɛ dzvonʲɔ̃ʷ do mnʲɛ f pratsɨ ||]

2050

EN Silvia likes living in London.

PL Silvia lubi mieszkać w Londynie.
ROM Silvia lubi mješkać v Londyńe.
IPA [(…) lubi mʲɛ̨ʂkadʑ v lɔndɨnʲɛ ‖]

2051

EN The office I worked at was horrible. I hated working there.

PL Biuro, w którym pracowałem (♀ pracowałam) było okropne. Nienawidziłem (♀ nienawidziłam) tam pracować.
ROM Bjuro, v kturym pracovawem (♀ pracovawam) bywo okropne. Ńenavidźiwem (♀ ńenavidźiwam) tam pracovać.
IPA [bʲurɔ | f kturɨm pratsɔvawɛm (pratsɔvawam) bɨwɔ ɔkrɔpnɛ ‖ nʲenaviʥiwɛm (nʲenaviʥiwam) tam pratsɔvatɕ ‖]

2052

EN It's not my favorite job, but I like cleaning the kitchen as often as possible.

PL To nie jest moja ulubiona praca, ale lubię sprzątać kuchnię tak często, jak to możliwe.
ROM To ńe jest moja ulubjona praca, ale lubję spřątać kuxńę tak często, jak to možlive.
IPA [tɔ nʲɛ jest mɔja ulubʲɔna pratsa | alɛ lubjɛ̃ʷ spʂɔ̃ntatɕ kuxnʲɛ̃ʷ tak t͡ʂɛ̃nstɔ | jak tɔ mɔʐlivɛ ‖]

2053

EN I enjoy cleaning the kitchen. > I don't mind cleaning the kitchen.

PL Podoba mi się sprzątanie kuchni. > Nie mam nic przeciwko sprzątaniu kuchni.

ROM Podoba mi śę spřątańe kuxńi. > Ńe mam ńic přećivko spřątańu kuxńi.

IPA [pɔdɔba mi ɕɛ̃ʷ spʂɔ̃ntanʲɛ kuxnʲi || > nʲɛ mam nʲits pʂɛtɕifkɔ spʂɔ̃ntanʲu kuxnʲi ||]

2054

EN I'd love to meet your family.

PL Chciałbym (♀chciałabym) poznać twoją rodzinę.

ROM Xćawbym (♀xćawabym) poznać tvoją rodźinę.

IPA [xtɕaʷbɨm (xtɕawabɨm) pɔznatɕ tfɔjɔ̃ʷ rɔdʑinɛ̃ʷ ||]

2055

EN Would you prefer to have dinner now or later? — I'd prefer later.

PL Wolałbyś (♀wolałabyś) zjeść kolację teraz, czy później? — Wolałbym (♀wolałabym) później.

ROM Volawbyś (♀volawabyś) zjeść kolację teraz, čy puźńej? — Volawbym (♀volawabym) puźńej.

IPA [vɔlaʷbɨɕ (vɔlawabɨɕ) zʲɛɕtɕ kɔlatsjɛ̃ʷ tɛras | t͡ʂɨ puʐnʲɛj || — vɔlaʷbɨm (vɔlawabɨm) puʐnʲɛj ||]

2056

EN Would you mind closing the door, please? — Not at all.

PL Mógłbyś (♀ mogłabyś) zamknąć drzwi? — Oczywiście.

ROM Mogwbyś (♀ mogwabyś) zamknąć dřvi? — Očyviśće.

IPA [mɔkwbɨɕ (mɔgʷabɨɕ) zamknɔ̃ɲʥ dzvi || — ɔʈʂiviɕʨɛ ||]

2057

EN It's too bad we didn't see Hideki when we were in Tokyo. I would have liked to have seen him again.

PL Szkoda, że nie widzieliśmy (♀ widziałyśmy) Hideki, kiedy byliśmy (♀ byłyśmy) w Tokio. Chciałem (♀ chciałam) zobaczyć go znowu.

ROM Škoda, że ńe vidźeliśmy (♀ vidźawyśmy) Hideki, kjedy byliśmy (♀ bywyśmy) v Tokjo. Xćawem (♀ xćawam) zobačyć go znovu.

IPA [ʂkɔda | ʐɛ nʲɛ viʥɛliɕmɨ (viʥawiɕmɨ) (…) | kʲɛdɨ biliɕmɨ (biwiɕmɨ) f tɔkʲɔ || xʨawɛm (xʨawam) zɔbaʈʂiʥ gɔ znɔvu ||]

2058

EN We'd like to have gone on vacation, but we didn't have enough money.

PL Chcieliśmy (♀chciałyśmy) pojechać na wakacje, ale nie mieliśmy (♀miałyśmy) wystarczająco pieniędzy.

ROM Xćeliśmy (♀xćawyśmy) pojexać na vakacje, ale ńe mjeliśmy (♀mjawyśmy) vystarčająco pjeńędzy.

IPA [xtɕɛliɕmɨ (xtɕawiɕmɨ) pɔjexatɕ na vakatsʲɛ | alɛ nʲɛ mʲɛliɕmɨ (mʲawiɕmɨ) vistart͡saʲɔ̃ntsɔ pʲɛnʲɛ̃nd͡ʑɨ ||]

2059

EN Poor Hanako! I would hate to have been in her position.

PL Biedna Hanako! Nie chciałbym (♀chciałabym) być na jej miejscu.

ROM Bjedna Hanako! Ńe xćawbym (♀xćawabym) być na jej mjejscu.

IPA [bʲedna (…) || nʲɛ xtɕawᵛbɨm (xtɕawabɨm) bɨtɕ na jeʲ mʲeʲstsu ||]

2060

EN I'd love to have gone to the party, but it was impossible.

PL Chciałem (♀chciałam) iść na imprezę, ale to było niemożliwe.

ROM Xćawem (♀xćawam) iść na imprezę, ale to bywo ńemožlive.

IPA [xtɕawem (xtɕawam) iɕtɕ na imprɛzɛ̃ᵛ | alɛ tɔ bɨwɔ nʲemɔʑlivɛ ||]

2061

EN I prefer driving over traveling by train. > I prefer to drive rather than travel by train.

PL Wolę jeździć samochodem niż pociągiem.
ROM Volę jeźdźić samoxodem ńiž poćągjem.
IPA [vɔlɛ̃ʷ jɛʐʥitɕ samɔxɔdɛm nʲiʂ pɔtɕɔ̃ŋgʲɛm ||]

2062

EN Tamara prefers to live in the country rather than in the city.

PL Tamara woli żyć na wsi niż w mieście.
ROM Tamara voli žyć na vśi ńiž v mjeśće.
IPA [(…) vɔli zɨtɕ na fɕi nʲiz̪ v mʲɛɕtɕɛ ||]

2063

EN I'd prefer to stay at home tonight rather than go to the movies. > I'd rather stay at home tonight than go to the movies.

PL Wolałbym (♀wolałabym) zostać w domu dziś wieczorem niż iść do kina. > Wołabym (♀wolałabym) raczej zostać w domu dziś wieczorem niż iść do kina.
ROM Volawbym (♀volawabym) zostać v domu dźiś vječorem ńiž iść do kina. > Vowabym (♀volawabym) račej zostać v domu dźiś vječorem ńiž iść do kina.
IPA [vɔlaʷbɨm (vɔlawabɨm) zɔstaʨ v dɔmu ʥiʐ vʲɛ̑t͡sɔrɛm nʲiz̪ iʐʥ dɔ kina || > vɔwabɨm (vɔlawabɨm) rat͡sɛʲ zɔstaʨ v dɔmu ʥiʐ vʲɛ̑t͡sɔrɛm nʲiz̪ iʐʥ dɔ kina ||]

2064

EN I'm tired. I'd rather not go out tonight, if you don't mind.

PL Jestem zmęczony (♀zmęczona). Wolałbym (♀wolałabym) raczej nie wychodzić dziś wieczorem, jeśli nie masz nic przeciwko.

ROM Jestem zmęčony (♀zmęčona). Volawbym (♀volawabym) račej ńe vyxodźić dźiś vječorem, jeśli ńe maš ńic přećivko.

IPA [jɛstɛm zmɛ̃nt͡ʂɔnɨ (zmɛ̃nt͡ʂɔna) || vɔlaᵂbɨm (vɔlawabɨm) rat͡ʂɛʲ nʲɛ vɨxɔdʑidʑ dʑiz vʲet͡ʂɔrɛm | jɛɕli nʲɛ maʂ nʲits pʂɛt͡ɕifkɔ ||]

2065

EN I'll fix your car tomorrow. — I'd rather you did it today.

PL Naprawię twój samochód jutro. — Wolałbym (♀wolałabym), żebyś raczej zrobił (♀zrobiła) to dziś.

ROM Napravję tvuj samoxud jutro. — Volawbym (♀volawabym), żebyś račej zrobiw (♀zrobiwa) to dźiś.

IPA [napravjɛ̃ᵂ tfuʲ samɔxud jutrɔ || — vɔlaᵂbɨm (vɔlawabɨm) | zɛbɨɕ rat͡ʂɛʲ zrɔbiᵂ (zrɔbiwa) tɔ d͡ʑiɕ ||]

2066

EN Should I tell them, or would you rather they didn't know? — No, I'll tell them.

PL Powinienem (♀powinnam) im powiedzieć, czy wolałbyś (♀wolałabyś), żeby nie wiedzieli? — Nie, ja im powiem.

ROM Povińenem (♀povinnam) im povjedźeć, čy volawbyś (♀volawabyś), żeby ńe vjedźeli? — Ńe, ja im povjem.

IPA [pɔvinʲɛnɛm (pɔvinnam) im pɔvʲɛdʑɛtɕ | t͡ʂɨ vɔlaʷbɨɕ (vɔlawabɨɕ) | ʐɛbɨ nʲɛ vʲɛdʑɛli || — nʲɛ | ja im pɔvʲɛm ||]

2067

EN I'd rather you didn't tell anyone what I said.

PL Wolałbym (♀wolałabym) raczej, żebyś nikomu nie mówił (♀mówiła) co powiedziałem (♀powiedziałam).

ROM Volawbym (♀volawabym) račej, żebyś ńikomu ńe muviw (♀muviwa) co povjedźawem (♀povjedźawam).

IPA [vɔlaʷbɨm (vɔlawabɨm) rat͡ʂɛʲ | ʐɛbɨɕ nʲikɔmu nʲɛ muviʷ (muviwa) tsɔ pɔvʲɛdʑawɛm (pɔvʲɛdʑawam) ||]

2068

EN   I'd prefer to take a taxi rather than walk home.

PL   Wolałbym (♀wolałabym) wziąć taksówkę niż iść
     piechotą do domu.
ROM Volawbym (♀volawabym) vźąć taksuvkę ńiż iść
     pjexotą do domu.
IPA [vɔlaᵂbɨm (vɔlawabɨm) vʑɔ̃ńtɕ taksufkɛ̃ᵂ nʲiz̜ ićtɕ
     pʲɛxɔtɔ̃ᵂ dɔ dɔmu ||]

2069

EN   I'd prefer to go swimming rather than playing
     basketball.

PL   Wolałbym (♀wolałabym) iść popływać niż grać w
     koszykówkę.
ROM Volawbym (♀volawabym) iść popwyvać ńiż grać v
     košykuvkę.
IPA [vɔlaᵂbɨm (vɔlawabɨm) ićtɕ pɔpᵂɨvatɕ nʲiz̜ gratɕ f
     kɔʂɨkufkɛ̃ᵂ ||]

2070

EN Are you going to tell Vladimir what happened or would you rather I told him? — No, I'll tell him.

PL Zamierzasz powiedzieć Vladimirowi, co się stało, czy wolisz, żebym ja mu powiedział (♀powiedziała)? — Nie, ja mu powiem.

ROM Zamjeřaš povjedźeć Vladimirovi, co śę stawo, čy voliš, žebym ja mu povjedźaw (♀povjedźawa)? — Ńe, ja mu povjem.

IPA [zamʲɛʑaʂ pɔvʲɛʥɛʥ vladimirɔvi | tsɔ ɕɛ̃ʷ stawɔ | t͡ʂɨ vɔliʂ | zɛbɨm ja mu pɔvʲɛʥaʷ (pɔvʲɛʥawa) || — nʲɛ | ja mu pɔvʲɛm ||]

2071

EN Before going out, I called Jianwen.

PL Przed wyjściem zadzwonię do Jianwen.

ROM Před vyjśćem zadzvońę do Jianwen.

IPA [pʂɛd vɨⁱʨtɕem zadzvɔnʲɛ̃ʷ dɔ (...) ||]

2072

EN What did you do after finishing school?

PL Co zrobiłeś (♀zrobiłaś) po skończeniu szkoły?

ROM Co zrobiweś (♀zrobiwaś) po skońćeńu škowy?

IPA [tsɔ zrɔbiwɛɕ (zrɔbiwaɕ) pɔ skɔnˈt͡ʂɛnʲu ʂkɔwɨ ||]

2073

EN   The burglars got into the house by breaking a window and climbing in.

PL   Włamywacze wspięli się do domu przez rozbite okno.

ROM Vwamyvače vspjęli śę do domu přez rozbite okno.

IPA [vʷamɨvat͡ʂɛ fspjɛ̃ʷli ɕɛ̃ʷ dɔ dɔmu pʂɛz rɔzbitɛ ɔknɔ ||]

2074

EN   You can improve your language skills by reading more.

PL   Możesz poprawić swoje umiejętności językowe przez czytanie.

ROM Možeš popravić svoje umjejętnośći językove přez čytańe.

IPA [mɔʐɛʂ pɔpravit͡ɕ sfɔjɛ umʲɛʲɛ̃ndnɔɕt͡ɕi jɛ̃nzɨkɔvɛ pʂɛs t͡ʂɨtanʲɛ ||]

2075

EN   She made herself sick by not eating properly.

PL   Ona sprawiła, że zachorowała przez nieodpowiednie odżywianie.

ROM Ona spraviwa, že zaxorovawa přez ńeodpovjedńe ojyvjańe.

IPA [ɔna spraviwa | ʐɛ zaxɔrɔvawa pʂɛz nʲɛɔtpɔvʲɛdnʲɛ ɔd͡ʑɨvʲanʲɛ ||]

2076

EN Many accidents are caused by people driving too fast.

PL Wiele wypadków jest powodowanych przez ludzi jeżdżących zbyt szybko.

ROM Vjele vypadkuv jest povodovanyx přez ludźi ježjącyx zbyt šybko.

IPA [vʲɛlɛ vɨpatkuv jɛst pɔvɔdɔvanɨx pʂɛz ludʑi jɛzd͡zɔ̃ntsɨɣ zbɨt ʂɨpkɔ ||]

2077

EN We ran ten (10) kilometers without stopping.

PL Biegliśmy (♀biegłyśmy) dziesięć kilometrów bez przerwy.

ROM Bjegliśmy (♀bjegwyśmy) dźeśęć kilometruv bez přervy.

IPA [bʲɛɡliɕmɨ (bʲɛɡʷɨɕmɨ) d͡ʑɛɕɛ̃ⁿtɕ kilɔmɛtruv bɛs pʂɛrvɨ ||]

2078

EN It was a stupid thing to say. I said it without thinking.

PL To było głupie. Powiedziałem (♀powiedziałam) to bezmyślnie.

ROM To bywo gwupje. Povjedźawem (♀povjedźawam) to bezmyślńe.

IPA [tɔ bɨwɔ ɡʷupʲɛ || pɔvʲɛd͡ʑawɛm (pɔvʲɛd͡ʑawam) tɔ bɛzmɨɕlnʲɛ ||]

2079

EN She needs to work without people disturbing her.

PL Ona musi pracować bez ludzi, którzy jej przeszkadzają.

ROM Ona muśi pracovać bez ludźi, ktuřy jej přeškadzają.

IPA [ɔna muɕi pratsɔvadʑ bɛz ludʑi | ktuʑɨ jeʲ pʂɛʂkadʑaʲɔ̃ʷ ||]

2080

EN I have enough problems of my own without having to worry about yours.

PL Mam wystarczająco swoich problemów bez martwienia się twoimi.

ROM Mam vystarčająco svoix problemuv bez martvjeńa śę tvoimi.

IPA [mam vɨstartʂaʲɔ̃ntsɔ sfɔix prɔblɛmuv bɛz martfʲɛnʲa ɕɛ̃ʷ tfɔimi ||]

2081

EN Would you like to meet for lunch tomorrow? — Sure, let's do lunch.

PL Chciałbyś (♀chciałabyś) spotkać się jutro na lunch? — Pewnie, zjedzmy lunch.

ROM Xćawbyś (♀xćawabyś) spotkać śę jutro na lunx? — Pevńe, zjedzmy lunx.

IPA [xtɕaʷbɨɕ (xtɕawabɨɕ) spɔtkatɕ ɕɛ̃ʷ jutrɔ na lunx || — pɛvnʲɛ | zʲɛdʑmɨ lunx ||]

2082

EN Are you looking forward to the weekend? — Yes, I am.

PL Nie możesz się doczekać weekendu? — Tak.
ROM Ńe možeš śę dočekać veekendu? — Tak.
IPA [nʲɛ mɔʐɛʂ ɕɛ̃ʷ dɔt͡ʂɛkad͡ʑ vɛɛkɛndu || — tak ||]

2083

EN Why don't you go out instead of sitting at home all the time?

PL Dlaczego nie wyjdziesz zamiast siedzieć w domu cały czas?
ROM Dlačego ńe vyjdźeš zamjast śedźeć v domu cawy čas?
IPA [dlat͡ʂɛgɔ nʲɛ vɨjd͡ʑɛz̪ zamʲast ɕɛd͡ʑɛd͡ʑ v dɔmu t͡sawɨ t͡ʂas ||]

2084

EN We got into the exhibition without having to wait in line.

PL Dostaliśmy się na wystawę bez czekania w kolejce.
ROM Dostaliśmy śę na vystavę bez čekańa v kolejce.
IPA [dɔstaliɕmɨ ɕɛ̃ʷ na vɨstavɛ̃ʷ bɛs t͡ʂɛkanʲa f kɔlɛʲt͡sɛ ||]

2085

EN Victor got himself into financial trouble by borrowing too much money.

PL Victor wpadł w kłopoty finansowe pożyczając zbyt dużo pieniędzy.

ROM Victor vpadw v kwopoty finansove pożyčajac zbyt dužo pjeńędzy.

IPA [(…) fpadw f kʷɔpotɨ finansɔvɛ pɔʑʧṣaʲɔ̃ncʑ zbɨd duzↄ pʲɛnʲɛ̃ncʑɨ ||]

2086

EN Ramona lives alone. She's lived alone for fifteen (15) years. It's not strange for her.

PL Ramona mieszka sama. Ona mieszka sama od piętnastu lat. To nie jest dla niej nic dziwnego.

ROM Ramona mješka sama. Ona mješka sama od pjętnastu lat. To ńe jest dla ńej ńic dźivnego.

IPA [(…) mʲɛʂka sama || ɔna mʲɛʂka sama ɔt pjɛ̃ndnastu lat || tɔ nʲɛ jɛzd dla nʲɛʲ nʲicʑ cʑivnɛgɔ ||]

2087

EN She's used to it. She's used to living alone.

PL Ona jest do tego przyzwyczajona. Ona jest przyzwyczajona do życia samej.

ROM Ona jest do tego přyzvyčajona. Ona jest přyzvyčajona do žyća samej.

IPA [ɔna jɛzd dↄ tɛgↄ pṣizvɨʧ͡ṣajona || ɔna jɛst pṣizvɨʧ͡ṣajona dↄ zↄitca samɛʲ ||]

2088

EN I bought some new shoes. They felt strange at first
    because I wasn't used to them.

PL Kupiłem (♀kupiłam) nowe buty. Na początku
    czułem (♀czułam) się w nich dziwnie, bo nie byłem
    (♀byłam) do nich przyzwyczajony
    (♀przyzwyczajona).

ROM Kupiwem (♀kupiwam) nove buty. Na počątku
    čuwem (♀čuwam) śę v ńix dźivńe, bo ńe bywem
    (♀bywam) do ńix přyzvyčajony (♀přyzvyčajona).

IPA [kupiwɛm (kupiwam) nɔvɛ butɨ || na pɔt͡ʂɔ̃ntku
    t͡ʂuwɛm (t͡ʂuwam) ɕɛ̃ʷ v nʲiɣ d͡ʑivnʲɛ | bɔ nʲɛ bɨwɛm
    (bɨwam) dɔ nʲix pʂɨzvít͡ʂajɔnɨ (pʂɨzvít͡ʂajɔna) ||]

2089

EN Our new apartment is on a very busy street. I expect
    we'll get used to the noise, but for now it's very
    annoying.

PL Nasze nowe mieszkanie jest przy bardzo ruchliwej
    ulicy. Myślę, że przyzwyczaimy się do tego hałasu,
    ale teraz to jest bardzo denerwujące.

ROM Naše nove mješkańe jest přy bardzo ruxlivej ulicy.
    Myślę, że přyzvyčaimy śę do tego xawasu, ale teraz
    to jest bardzo denervujące.

IPA [naʂɛ nɔvɛ mʲɛʂkanʲɛ jɛst pʂɨ bardʑɔ ruxlivɛʲ ulitsɨ ||
    mʲɕlɛ̃ʷ | zɛ pʂɨzvít͡ʂaimɨ ɕɛ̃ʷ dɔ tɛgɔ xawasu | alɛ
    tɛras tɔ jɛzd bardʑɔ dɛnɛrvuʲɔ̃ntsɛ ||]

2090

EN Jamaal has a new job. He has to get up much earlier now than before. He finds it difficult because he isn't used to getting up so early.

PL Jamaal ma nową pracę. On musi wstawać dużo wcześniej niż kiedyś. Jest to dla niego trudne, ponieważ nie jest przyzwyczajony do wstawania tak wcześnie.

ROM Jamaal ma nová pracę. On muśi vstavać dužo včeśńej ńiž kjedyś. Jest to dla ńego trudne, pońevaž ńe jest přyzvyčajony do vstavańa tak včeśńe.

IPA [(…) ma nɔvɔ̃ʷ pratsɛ̃ʷ ‖ ɔn muɕi fstavadʑ duzɔ ft͡ɕɛɕnʲɛʲ nʲiʂ kʲɛdiɕ ‖ jɛst tɔ dla nʲɛgɔ trudnɛ | pɔnʲɛvaz̦ nʲɛ jɛst pʂɨzvit͡ʂajɔnɨ dɔ fstavanʲa tak ft͡ɕɛɕnʲɛ ‖]

2091

EN Malika's husband is often away. She doesn't mind. She's used to him being away.

PL Mąż Maliki często wyjeżdża. Ona nie ma nic przeciwko. Ona jest przyzwyczajona do tego, że on jest daleko.

ROM Mąż Maliki często vyježja. Ona ńe ma ńic přećivko. Ona jest přyzvyčajona do tego, że on jest daleko.

IPA [mɔ̃nz̦ maliki t͡ʂɛ̃nstɔ vɨjɛz͡dʑa ‖ ɔna nʲɛ ma nʲits pʂɛt͡ɕifkɔ ‖ ɔna jɛst pʂɨzvit͡ʂajɔna dɔ tɛgɔ | z̦ɛ ɔn jɛzd dalɛkɔ ‖]

2092

EN Keiko had to get used to driving on the left when she moved back to Japan.

PL Keiko musiała przyzwyczaić się do jeżdżenia po lewej stronie, kiedy przeprowadziła się do Japonii.

ROM Keiko muśawa přyzvyčaić śę do ježǰeńa po levej strońe, kjedy přeprovadźiwa śę do Japońii.

IPA [(…) muɕawa pʂɨzvɨt͡ʂaitɕ ɕɛ̃ʷ dɔ jɛʐd͡ʐɛnʲa pɔ lɛvɛʲ strɔnʲɛ | kʲɛdɨ pʂɛprɔvadʑiwa ɕɛ̃ʷ dɔ japɔnʲii ||]

2093

EN I'm used to driving on the left because I grew up in England.

PL Jestem przyzwyczajony (♀przyzwyczajona) do jeżdżenia po lewej stronie, ponieważ dorastałem (♀dorastałam) w Anglii.

ROM Jestem přyzvyčajony (♀přyzvyčajona) do ježǰeńa po levej strońe, pońevaž dorastawem (♀dorastawam) v Anglii.

IPA [jɛstɛm pʂɨzvɨt͡ʂajɔnɨ (pʂɨzvɨt͡ʂajɔna) dɔ jɛʐd͡ʐɛnʲa pɔ lɛvɛʲ strɔnʲɛ | pɔnʲɛvaʐ dɔrastawɛm (dɔrastawam) v anglii ||]

2094

EN I used to drive to work every day, but these days I usually ride my bike.

PL Kiedyś jeździłem (♀jeździłam) codziennie do pracy samochodem, ale teraz zazwyczaj jeżdżę rowerem.

ROM Kjedyś jeźdźiwem (♀jeźdźiwam) codźenńe do pracy samoxodem, ale teraz zazvyčaj ježję roverem.

IPA [kʲɛdiɕ jɛʑɟʑiwɛm (jɛʑɟʑiwam) tsɔʥɛnnʲɛ dɔ pratsɨ samɔxɔdɛm | alɛ tɛraz zazvɨt͡ʂaʲ jɛʑɟʑɛ̃ʷ rɔvɛrɛm ||]

2095

EN We used to live in a small town, but now we live in Los Angeles.

PL Kiedyś mieszkaliśmy w małym miasteczku, ale teraz mieszkamy w Los Angeles.

ROM Kjedyś mješkaliśmy v mawym mjastečku, ale teraz mješkamy v Los Angeles.

IPA [kʲɛdiɕ mʲɛʂkaliɕmɨ v mawɨm mʲastɛt͡ʂku | alɛ tɛraz mʲɛʂkamɨ f (…) ||]

2096

EN We talked about the problem.

PL Rozmawialiśmy o tym problemie.

ROM Rozmavjaliśmy o tym problemje.

IPA [rɔzmavʲaliɕmɨ ɔ tɨm prɔblɛmʲɛ ||]

2097

EN You should apologize for what you said.

PL Powinieneś (♀powinnaś) przeprosić za to, co powiedziałeś (♀powiedziałaś).
ROM Povińeneś (♀povinnaś) přeprośić za to, co povjedźaweś (♀povjedźawaś).
IPA [pɔvinʲɛnɛɕ (pɔvinnaɕ) pʂɛprɔɕidʑ za tɔ | tsɔ pɔvʲɛdʑawɛɕ (pɔvʲɛdʑawaɕ) ‖]

2098

EN You should apologize for not telling the truth.

PL Powinieneś (♀powinnaś) przeprosić za to, że nie powiedziałeś (♀powiedziałaś) prawdy.
ROM Povińeneś (♀povinnaś) přeprośić za to, že ńe povjedźaweś (♀povjedźawaś) pravdy.
IPA [pɔvinʲɛnɛɕ (pɔvinnaɕ) pʂɛprɔɕidʑ za tɔ | zɛ nʲɛ pɔvʲɛdʑawɛɕ (pɔvʲɛdʑawaɕ) pravdɨ ‖]

2099

EN Have you succeeded in finding a job yet?

PL Udało ci się już znaleźć pracę?
ROM Udawo ći śę już znaleźć pracę?
IPA [udawɔ tɕi ɕɛ̃ʷ juz̪ znalɛɕtɕ pratsɛ̃ʷ ‖]

2100

EN They insisted on paying for dinner.

PL Oni (♀one) nalegali (♀nalegały) na to, że zapłacą za kolację.

ROM Oni (♀one) nalegali (♀nalegawy) na to, że zapwacą za kolację.

IPA [ɔnʲi (ɔnɛ) nalɛgali (nalɛgawɨ) na tɔ | z̪ɛ zapʷatsɔ̃ʷ za kɔlatsjɛ̃ʷ ||]

GMS #2101 - 2200

2101

EN I'm thinking of buying a house.

PL Myślę o kupieniu domu.

ROM Myślę o kupjeńu domu.

IPA [miçlɛ̃ʷ ɔ kupʲɛnʲu dɔmu ‖]

2102

EN I wouldn't dream of asking them for money.

PL Ani mi się śni prosić ich (♀je) o pieniądze.

ROM Ańi mi śę śni prośić ix (♀je) o pjeńądze.

IPA [anʲi mi çɛ̃ʷ çnʲi prɔçitç ix (jɛ) ɔ pʲɛnʲɔ̃ndze ‖]

2103

EN He doesn't approve of swearing.

PL On nie akceptuje przeklinania.

ROM On ńe akceptuje překlinańa.

IPA [ɔn nʲɛ aktsɛptujɛ pʂɛklinanʲa ‖]

2104

EN We've decided against moving to Australia.

PL Zdecydowaliśmy się nie przeprowadzać do Australii.
ROM Zdecydovaliśmy śę ńe přeprovadzać do Australii.
IPA [zdɛtsɨdɔvaliɕmɨ ɕɛ̃ʷ nʲɛ pʂɛprɔvaʣaʥ dɔ australii ||
]

2105

EN Do you feel like going out tonight?

PL Masz (♀macie) ochotę wyjść dziś wieczorem?
ROM Maš (♀maće) oxotę vyjść dźiś vječorem?
IPA [maʂ (matɕɛ) ɔxɔtɛ̃ʷ vɨjʥ ʥiʑ vʲɛt͡ʂɔrɛm ||]

2106

EN I'm looking foward to meeting her.

PL Nie mogę się doczekać spotkania z nią.
ROM Ńe mogę śę dočekać spotkańa z ńą.
IPA [nʲɛ mɔgɛ̃ʷ ɕɛ̃ʷ dɔt͡ʂɛkatɕ spɔtkanʲa z nʲɔ̃ʷ ||]

2107

EN I congratulated Mira on getting a new job.

PL Pogratulowałem (♀pogratulowałam) Mirze dostania nowej pracy.
ROM Pogratulovavem (♀pogratulovavam) Miře dostańa novej pracy.
IPA [pɔgratulɔvavɛm (pɔgratulɔvavam) mizɛ dɔstanʲa nɔvɛʲ pratsɨ ||]

2108

EN They accused us of telling lies.

PL Oni oskarżyli (♀one oskarżyły) nas o kłamstwa.
ROM Ońi oskaržyli (♀one oskaržywy) nas o kwamstva.
IPA [ɔnʲi ɔskarżʲli (ɔnɛ ɔskarżʲwʲ) nas ɔ kʷamstfa ‖]

2109

EN Nobody suspected the employee of being a spy.

PL Nikt nie podejrzewał pracownika o bycie szpiegiem.
ROM Ńikt ńe podejřevaw pracovńika o byće špjegjem.
IPA [nʲikt nʲɛ pɔdɛʲzɛvaʷ pratsɔvnʲika ɔ bɨtɕɛ ʂpʲɛgʲɛm ‖]

2110

EN What prevented you from coming to see us?

PL Co powstrzymało cię od przyjścia do nas?
ROM Co povstřymawo će od přyjśća do nas?
IPA [tsɔ pɔfstʂɨmawɔ tɕɛ̃ʷ ɔt pʂɨʲɕtɕa dɔ nas ‖]

2111

EN The noise keeps me from falling asleep.

PL Hałas nie daje mi zasnąć.
ROM Xawas ńe daje mi zasnąć.
IPA [xawas nʲɛ dajɛ mi zasnɔ̃ɲtɕ ‖]

2112

EN The rain didn't stop us from enjoying our vacation.

PL Deszcz nie powstrzymał nas od korzystania z wakacji.

ROM Dešč ńe povstřymaw nas od kořystańa z vakaci.

IPA [dɛʂt͡ʂ nʲɛ pɔfstʂima^w nas ɔt kɔʑistanʲa z vakatsi ||]

2113

EN I forgot to thank them for helping me.

PL Zapomniałem (♀zapomniałam) podziękować im za pomoc.

ROM Zapomńawem (♀zapomńawam) podźękovać im za pomoc.

IPA [zapɔmnʲawɛm (zapɔmnʲawam) pɔd͡ʑɛ̃ŋkɔvatɕ im za pɔmɔts ||]

2114

EN Please excuse me for not returning your call.

PL Proszę, wybacz, że nie oddzwoniłem (♀oddzwoniłam).

ROM Prošę, vybač, że ńe oddzvońiwem (♀oddzvońiwam).

IPA [prɔʂɛ̃^w | vibat͡ʂ | ʑɛ nʲɛ ɔdd͡zvɔnʲiwɛm (ɔdd͡zvɔnʲiwam) ||]

2115

EN There's no point in having a car if you never use it.

PL Nie ma sensu mieć samochodu, jeśli go nigdy nie
    używasz.

ROM Ńe ma sensu mjeć samoxodu, jeśli go ńigdy ńe
     užyvaš.

IPA [nʲɛ ma sɛnsu mʲɛtɕ samɔxɔdu | jɛɕli gɔ nʲigdɨ nʲɛ
     uʑɨvaʂ ‖]

2116

EN There was no point in waiting any longer, so we left.

PL Nie było sensu czekać dłużej, więc poszliśmy
    (♀poszłyśmy).

ROM Ńe bywo sensu čekać dwużej, vjęc pośliśmy
     (♀pošwyśmy).

IPA [nʲɛ bɨwɔ sɛnsu t͡ʂɛkadʑ dʷuʑɛʲ | vjɛ̃nts pɔɕliɕmɨ
     (pɔʂʷɨɕmɨ) ‖]

2117

EN There's nothing you can do about the situation, so
    there's no use worrying about it.

PL Nic się nie da zrobić w tej sytuacji, więc nie ma
    sensu się martwić.

ROM Ńic śę ńe da zrobić v tej sytuaci, vjęc ńe ma sensu śę
     martvić.

IPA [nʲits ɕɛ̃ʷ nʲɛ da zrɔbitɕ f teʲ sɨtuatsi | vjɛ̃nts nʲɛ ma
     sɛnsu ɕɛ̃ʷ martfitɕ ‖]

2118

EN I live only a short walk from here, so it's not worth taking a taxi.

PL Mieszkam jedynie parę kroków stąd, więc nie warto brać taksówki.

ROM Mješkam jedyńe parę krokuv stąd, vjęc ńe varto brać taksuvki.

IPA [mʲɛʂkam jɛdɨnʲɛ parɛ̃ʷ krɔkuf stɔ̃nt | vjɛ̃nts nʲɛ vartɔ bratɕ taksufki ||]

2119

EN Our flight was very early in the morning, so it wasn't worth going to bed.

PL Nasz lot był bardzo wcześnie rano, więc nie warto było iść spać.

ROM Naš lot byw bardzo včeśńe rano, vjęc ńe varto bywo iść spać.

IPA [naʂ lɔd bɨʷ bardzɔ ft͡ʂɛɕnʲɛ ranɔ | vjɛ̃nʲtɕ nʲɛ vartɔ bɨwɔ iɕtɕ spatɕ ||]

2120

EN What was the movie like? Was it worth seeing?

PL Jak tam film? Warto było zobaczyć?

ROM Jak tam film? Varto bywo zobačyć?

IPA [jak tam film || vartɔ bɨwɔ zɔbat͡ʂɨtɕ ||]

2121

EN Thieves broke into the house, but there was nothing worth stealing.

PL Złodzieje włamali się do domu, ale nic nie było warte kradzieży.

ROM Zwodźeje vwamali śę do domu, ale ńic ńe bywo varte kradźeży.

IPA [zʷɔd͡ʑɛjɛ vʷamali ɕɛ̃ʷ dɔ dɔmu | alɛ nʲits nʲɛ bɨwɔ vartɛ krad͡ʑɛzʲ ‖]

2122

EN I had no trouble finding a place to live.

PL Nie miałem (♀miałam) problemu ze znalezieniem mieszkania.

ROM Ńe mjawem (♀mjawam) problemu ze znaleźeńem mješkańa.

IPA [nʲɛ mʲawɛm (mʲawam) prɔblɛmu zɛ znalɛʑɛnʲɛm mʲɛ̧skanʲa ‖]

2123

EN Did you have any trouble getting a visa?

PL Miałeś (♀miałaś) problemy z otrzymaniem wizy?

ROM Mjaweś (♀mjawaś) problemy z otřymańem vizy?

IPA [mʲawɛɕ (mʲawaɕ) prɔblɛmɨ z ɔt͡ʂɨmanʲɛm vizɨ ‖]

2124

EN People often have a lot of trouble reading my handwriting.

PL Ludzie często mają problem z rozczytaniem mojego charakteru pisma.

ROM Ludźe często mają problem z rozčytańem mojego xarakteru pisma.

IPA [ludʑɛ t͡ʂɛ̃nstɔ maʲɔ̃ʷ prɔblɛm z rɔst͡ʂɨtanʲɛm mɔjɛgɔ xaraktɛru pisma ‖]

2125

EN I had trouble finding a place to live. > I had difficulty finding a place to live.

PL Miałem (♀miałam) problem ze znalezieniem mieszkania. > Miałem (♀miałam) trudność ze znalezieniem mieszkania.

ROM Mjawem (♀mjawam) problem ze znaleźeńem mješkańa. > Mjawem (♀mjawam) trudność ze znaleźeńem mješkańa.

IPA [mʲawɛm (mʲawam) prɔblɛm zɛ znalɛʑɛnʲɛm mʲɛʂkanʲa ‖ > mʲawɛm (mʲawam) trudnɔʑd͡ʑ zɛ znalɛʑɛnʲɛm mʲɛʂkanʲa ‖]

2126

EN He spent hours trying to repair the clock.

PL On spędził godziny, próbując naprawić zegar.

ROM On spędźiw godźiny, prubując napravić zegar.

IPA [ɔn spɛ̃nʲd͡ʑiʷ gɔd͡ʑinɨ | prubuʲɔ̃nts napravid͡ʑ zɛgar ‖]

2127

EN I waste a lot of time daydreaming.

PL Zmarnowałem (♀zmarnowałam) mnóstwo czasu
bujając w obłokach.

ROM Zmarnovawem (♀zmarnovawam) mnustvo času
bujając v obwokax.

IPA [zmarnɔvawɛm (zmarnɔvawam) mnustfɔ t͡ʂasu
buja^{j}ɔ̃nd͡ʑ v ɔb^{w}ɔkax ||]

2128

EN How often do you go swimming?

PL Jak często chodzisz pływać?

ROM Jak często xodźiš pwyvać?

IPA [jak t͡ʂɛ̃nstɔ xɔd͡ʑiʂ p^{w}ɨvat͡ɕ ||]

2129

EN When was the last time you went shopping?

PL Kiedy ostatnio byłeś (♀byłaś) na zakupach?

ROM Kjedy ostatńo byweś (♀bywaś) na zakupax?

IPA [k^{j}ɛdɨ ɔstatn^{j}ɔ bɨwɛɕ (bɨwaɕ) na zakupax ||]

2130

EN I have a problem remembering people's names.

PL Mam problem z zapamiętaniem imion.

ROM Mam problem z zapamjętańem imjon.

IPA [mam prɔblɛm z zapamjɛ̃ntan^{j}ɛm im^{j}ɔn ||]

2131

EN She had no difficulty getting a job.

PL Ona nie miała trudności ze znalezieniem pracy.
ROM Ona ńe mjawa trudnośći ze znaleźeńem pracy.
IPA [ɔna nʲɛ mʲawa trudnɔçtɕi zɛ znaleʑenʲɛm pratsɨ ‖]

2132

EN You won't have any trouble getting a ticket for the game.

PL Nie będziesz miał problemu z dostaniem biletu na mecz.
ROM Ńe będźeš mjaw problemu z dostańem biletu na meč.
IPA [nʲɛ bɛ̃nʲd͡ʑɛʂ mʲaʷ problemu z dɔstanʲɛm biletu na mɛt͡ʂ ‖]

2133

EN I think you waste too much time watching television.

PL Myślę, że marnujesz za dużo czasu na oglądanie telewizji.
ROM Myślę, že marnuješ za dužo času na oglądańe televizi.
IPA [mɨɕlɛ̃ʷ | zɛ marnujɛʐ za duʐɔ t͡ʂasu na ɔglɔ̃ndanʲɛ televizi ‖]

2134

EN   It's hard to find a place to park downtown.

PL   Ciężko jest znaleźć miejsce parkingowe w mieście.
ROM Ćężko jest znaleźć mjejsce parkingove v mjeśće.
IPA [tɕɛ̃nʂkɔ jɛzd znalɛɕtɕ mʲɛʲstsɛ parkingɔve v mʲɛɕtɕɛ ‖
     ]

2135

EN   I get lonely if there's nobody to talk to.

PL   Czuję się samotny (♀ samotna), jeśli nie ma nikogo
     do rozmowy.
ROM Čuję śę samotny (♀ samotna), jeśli ńe ma ńikogo do
     rozmovy.
IPA [t͡ʂuʲɛ̃ʷ ɕɛ̃ʷ samɔdnɨ (samɔdna) | jɛɕli nʲɛ ma nʲikɔgɔ
     dɔ rɔzmɔvɨ ‖]

2136

EN   I need something to open this bottle with.

PL   Potrzebuję czegoś do otwarcia butelki.
ROM Potřebuję čegoś do otvarća butelki.
IPA [pɔtʂɛbuʲɛ̃ʷ t͡ʂɛgɔʑ dɔ ɔtfartɕa butɛlki ‖]

2137

EN They gave us some money to buy some food.

PL Oni dali nam trochę pieniędzy, żeby kupić jedzenie.
ROM Ońi dali nam troxę pjeńędzy, żeby kupić jedzeńe.
IPA [ɔnʲi dali nam trɔxɛ̃ʷ pʲɛnʲɛ̃nʥɨ | z̨ɛbɨ kupitɕ jɛʥɛnʲɛ
    ||]

2138

EN Do you have much opportunity to practice your
    foreign language?

PL Czy masz dużo możliwości, żeby trenować język
    obcy?
ROM Čy maš dużo možlivośći, żeby trenovać język obcy?
IPA [t͡ʂɨ maz̦ duʑɔ mɔz̦livɔɕtɕi | z̨ɛbɨ trɛnɔvatɕ jɛ̃nzɨk ɔptsɨ
    ||]

2139

EN I need a few days to think about your proposal.

PL Potrzebuję kilku dni, żeby pomyśleć o twojej
    propozycji.
ROM Potřebuję kilku dńi, żeby pomyśleć o tvojej
    propozyci.
IPA [pɔt͡ʂɛbuʲɛ̃ʷ kilku dnʲi | z̨ɛbɨ pɔmɨɕlɛtɕ ɔ tfɔjeʲ
    prɔpɔzɨtsi ||]

2140

EN Since there weren't any chairs for us to sit on, we had to sit on the floor.

PL Ponieważ nie było dla nas żadnych krzeseł do siedzenia, musieliśmy siedzieć na podłodze.

ROM Pońevaž ńe bywo dla nas žadnyx křesew do śedzeńa, muśeliśmy śedźeć na podwodze.

IPA [pɔnʲɛvaz̺ nʲɛ bɨwɔ dla naz z̺adnɨx ks̺ɛsɛʷ dɔ ɕɛʥɛnʲa | muɕɛliɕmɨ ɕɛʥɛʨ na pɔdʷɔʥɛ ||]

2141

EN I hurried so that I wouldn't be late.

PL Spieszyłem (♀spieszyłam) się, żeby się nie spóźnić.

ROM Spješywem (♀spješywam) śę, žeby śę ńe spuźńić.

IPA [spʲɛs̺ɨwɛm (spʲɛs̺ɨwam) ɕɛ̃ʷ | z̺ɛbɨ ɕɛ̃ʷ nʲɛ spuʑnʲiʨ ||]

2142

EN Leave early so that you won't miss the bus.

PL Wyjdź wcześniej, żeby nie spóźnić się na autobus.

ROM Vyjdź vćeśńej, žeby ńe spuźńić śę na autobus.

IPA [vɨʲʨ f͡ts̺ɛɕnʲɛʲ | z̺ɛbɨ nʲɛ spuʑnʲiʨ ɕɛ̃ʷ na autɔbus ||]

2143

EN She's learning English so that she can study in Australia.

PL Ona uczy się angielskiego, żeby móc studiować w Australii.

ROM Ona učy śę angjelskjego, żeby muc studjovać v Australii.

IPA [ɔna utʂ̑ɪ ɕɛ̃ʷ angʲɛlskʲɛgɔ | ʐɛbɪ muts studʲɔvadʑ v australii ||]

2144

EN We moved to the city so that we could see our children more often.

PL Przeprowadziliśmy się do tego miasta, żebyśmy mogli widzieć częściej nasze dzieci.

ROM Přeprovadźiliśmy śę do tego mjasta, żebyśmy mogli vidźeć čęśćej naše dźeći.

IPA [pʂɛprɔvadʑiliɕmɪ ɕɛ̃ʷ dɔ tɛgɔ mʲasta | ʐɛbɪɕmɪ mɔgli vidʑɛtɕ t͡ʂɛ̃ʲɕtɕɛʲ naʂɛ dʑɛtɕi ||]

2145

EN I put on warmer clothes so I wouldn't feel cold.

PL Zakładam cieplejsze ubrania, żeby nie było mi zimno.

ROM Zakwadam ćeplejše ubrańa, żeby ńe bywo mi źimno.

IPA [zakʷadam tɕɛplɛʲʂɛ ubranʲa | ʐɛbɪ nʲɛ bɪwɔ mi ʑimnɔ ||]

2146

EN I left Kenji my phone number so he'd be able to contact me.

PL Zostawiłem (♀ zostawiłam) Kenji mój numer telefonu, żeby mógł skontaktować się ze mną.

ROM Zostaviwem (♀ zostaviwam) Kenji muj numer telefonu, żeby mugw skontaktovać śę ze mną.

IPA [zɔstaviwɛm (zɔstaviwam) (…) muʲ numɛr tɛlɛfɔnu | zɛbɨ mugw skɔntaktɔvatɕ ɕɛ̃ʷ zɛ mnɔ̃ʷ ||]

2147

EN We whispered so that nobody could hear our conversation.

PL Szeptaliśmy (♀ szeptałyśmy), żeby nikt nie usłyszał naszej rozmowy.

ROM Šeptaliśmy (♀ šeptawyśmy), żeby ńikt ńe uswyšaw našej rozmovy.

IPA [ʂɛptaliɕmɨ (ʂɛptawɨɕmɨ) | zɛbɨ nʲikt nʲɛ usʷɨʂaʷ naʂɛʲ rɔzmovɨ ||]

2148

EN Please arrive early so that we'll be able to start the meeting on time.

PL Proszę, przyjedź wcześniej, żebyśmy mogli zacząć spotkanie o czasie.

ROM Prošę, přyjedź včeśńej, żebyśmy mogli začąć spotkańe o čaśe.

IPA [prɔʂɛ̃ʷ | pʂijɛtɕ ftʂɛɕnʲeʲ | zɛbɨɕmɨ mɔgli zatʂɔ̃ɲtɕ spɔtkanʲɛ ɔ tʂaɕɛ ||]

2149

EN Sanjit locked the door so that he wouldn't be disturbed.

PL Sanjit zamknął drzwi, żeby nikt mu nie przeszkadzał.

ROM Sanjit zamknąw dřvi, żeby ńikt mu ńe přeškadzaw.

IPA [(…) zamknɔ̃w dzvi | zɛbɨ nʲikt mu nʲɛ pʂɛʂkadʑaw ||
]

2150

EN I slowed down so that the car behind me could pass.

PL Zwolniłem (♀zwolniłam), żeby autobus za mną mógł mnie wyprzedzić.

ROM Zvolńiwem (♀zvolńiwam), żeby autobus za mną mugw mńe vypředźić.

IPA [zvɔlnʲiwɛm (zvɔlnʲiwam) | zɛbɨ autɔbuz za mnɔ̃w mugw mnʲɛ vɨpʂɛdʑitɕ ||]

2151

EN Do you think it's safe to drink this water? > Do you think this water is safe to drink?

PL Myślisz, że bezpiecznie jest pić tę wodę? > Myślisz, że ta woda jest bezpieczna do picia?

ROM Myśliš, że bezpječńe jest pić tę vodę? > Myśliš, że ta voda jest bezpječna do pića?

IPA [mɨɕliʂ | zɛ bɛspʲetʂnʲɛ jest pitɕ tɛ̃w vɔdɛ̃w || > mɨɕliʂ | zɛ ta vɔda jezd bɛspʲetʂna dɔ pitɕa ||]

2152

EN It was impossible to answer the questions on the exam. > They were impossible to answer.

PL Niemożliwe było odpowiedzieć na pytania na egzaminie. > One były niemożliwe do odpowiedzenia.

ROM Ńemožlive bywo odpovjedźeć na pytańa na egzamińe. > One bywy ńemožlive do odpovjedzeńa.

IPA [nʲemɔʐl̪ive bɨwɔ ɔtpɔvʲeʥɛtɕ na pɨtanʲa na ɛgzaminʲɛ || > ɔnɛ bɨwɨ nʲemɔʐl̪ive dɔ ɔtpɔvʲeʥenʲa ||]

2153

EN It's interesting to talk to Veda. > She's interesting to talk to.

PL Interesujące jest rozmawiać z Vedą. > Ona jest interesująca do rozmowy.

ROM Interesujące jest rozmavjać z Vedą. > Ona jest interesująca do rozmovy.

IPA [intɛresuʲɔ̃ntsɛ jest rɔzmavʲaʥ z vedɔ̃ʷ || > ɔna jest intɛresuʲɔ̃ntsa dɔ rɔzmɔvɨ ||]

2154

EN This is a difficult question for me to answer.

PL To jest trudne pytanie.

ROM To jest trudne pytańe.

IPA [tɔ jest trudnɛ pɨtanʲɛ ||]

2155

EN It was nice of you to take me to the airport.

PL Miło z twojej strony, że zabrałeś (♀zabrałaś) mnie na lotnisko.

ROM Miwo z tvojej strony, że zabraweś (♀zabrawaś) mńe na lotńisko.

IPA [miwɔ s tfɔjeʲ strɔnɨ | ʑɛ zabraweʨ (zabrawaʨ) mnʲɛ na lɔtnʲiskɔ ||]

2156

EN It's foolish of Liting to quit her job when she needs the money.

PL Zwolnienie się z pracy jest głupie ze strony Liting, kiedy ona potrzebuje pieniędzy.

ROM Zvolńeńe śę z pracy jest gwupje ze strony Liting, kjedy ona potřebuje pjeńędzy.

IPA [zvɔlnʲenʲɛ ɕɛ̃w s pratsɨ jɛzd gʷupʲɛ ze strɔnɨ (…) | kʲedɨ ɔna pɔtʂebuje pʲenʲɛ̃ʥɨ ||]

2157

EN I think it was very unfair of him to criticize me.

PL Myślę, że krytykowanie mnie było nie fair z jego strony.

ROM Myślę, że krytykovańe mńe bywo ńe fair z jego strony.

IPA [mɨɕlɛ̃w | ʑɛ kritikɔvanʲɛ mnʲɛ bɨwɔ nʲɛ fair z jegɔ strɔnɨ ||]

2158

EN I was sorry to hear that your father is ill.

PL Przykro mi było słyszeć, że twój tato jest chory.
ROM Přykro mi bywo swyšeć, že tvuj tato jest xory.
IPA [pşɨkrɔ mi bɨwɔ sʷɨşɛtɕ | zɛ tfuʲ tatɔ jɛst xɔrɨ ‖]

2159

EN Was Adrian surprised to see you?

PL Czy Adrian był zaskoczony, że cię widzi?
ROM Čy Adrian byw zaskočony, že ćę vidźi?
IPA [t͡ʂɨ (…) bɨʷ zaskɔt͡ʂɔnɨ | zɛ tɕɛ̃ʷ vidʑi ‖]

2160

EN It was a long and tiring trip. We were glad to get home.

PL To była długa i męcząca wycieczka. Cieszymy się, że dotarliśmy do domu.
ROM To bywa dwuga i męčąca vyćečka. Ćešymy śę, že dotarliśmy do domu.
IPA [tɔ bɨwa dʷuga i mɛ̃nt͡ʂɔntsa vɨtɕɛt͡ʂka ‖ tɕɛʂɨmɨ ɕɛ̃ʷ | zɛ dɔtarliɕmɨ dɔ dɔmu ‖]

2161

EN If I have any more news, you'll be the first person to know.

PL Jeśli będę mieć więcej wiadomości, będziesz pierwszą osobą, która się dowie.

ROM Jeśli będę mjeć vjęcej vjadomośći, będźeš pjervšą osobą, ktura śę dovje.

IPA [jeçli bɛ̃ndɛ̃ʷ mʲɛdʑ vjɛ̃ntsɛʲ vʲadɔmɔçtɕi | bɛ̃nʲdʑɛʂ pʲɛrfʂɔ̃ʷ ɔsɔbɔ̃ʷ | ktura çɛ̃ʷ dɔvʲɛ ||]

2162

EN The next plane to arrive at Gate Four (4) will be Flight five-one-two (512) from Beijing.

PL Następny samolot, który przyleci do bramki czwartej to lot pięćset dwanaście z Pekinu.

ROM Następny samolot, ktury přyleći do bramki čvartej to lot pjęćset dvanaśće z Pekinu.

IPA [nastɛ̃mpnɨ samolɔt | kturɨ pʂiletɕi dɔ bramki t͡ʂfartɛʲ tɔ lɔt pjɛ̃nʲtɕsed dvanaçtɕɛ s pɛkinu ||]

2163

EN Everybody was late except me. I was the only one to arrive on time.

PL Każdy był spóźniony oprócz mnie. Byłem (♀byłam) jedyny (♀jedyna) na czas

ROM Każdy byw spuźńony opruč mńe. Bywem (♀bywam) jedyny (♀jedyna) na čas

IPA [kaʑdɨ bɨʷ spuʑnʲonɨ ɔprut͡ʂ mnʲɛ || bɨwɛm (bɨwam) jɛdinɨ (jɛdina) na t͡ʂas]

2164

EN Anastasia's a very good student. She's bound to pass the exam.

PL Anastasia jest bardzo dobrą studentką. Ona na pewno zda ten egzamin.

ROM Anastasia jest bardzo dobrą studentką. Ona na pevno zda ten egzamin.

IPA [(…) jɛzd bardzɔ dɔbrɔ̃ʷ studɛntkɔ̃ʷ || ɔna na pɛvnɔ zda tɛn ɛgzamin ||]

2165

EN I'm likely to get home late tonight.

PL Prawdopodobnie wrócę do domu późno dziś wieczorem.

ROM Pravdopodobńe vrucę do domu puźno dźiś vječorem.

IPA [pravdɔpɔdɔbnʲɛ vrutsɛ̃ʷ dɔ dɔmu puʑnɔ dʑiʑ vʲet͡ʂɔrɛm ||]

2166

EN I was the second customer to complain to the restaurant manager.

PL Byłem (♀byłam) drugim klientem, który skarżył się kierownikowi restauracji.

ROM Bywem (♀bywam) drugim kljentem, ktury skarżyw śę kjerovńikovi restauraci.

IPA [bɨwɛm (bɨwam) drugim klʲɛntɛm | kturɨ skarʐɨʷ çɛ̃ʷ kʲerɔvnʲikɔvi rɛstauratsi ||]

2167

EN That chair is not safe to stand on.

PL To krzesło nie jest bezpieczne do stawania na nim.
ROM To křeswo ńe jest bezpječne do stavańa na ńim.
IPA [tɔ kṣɛsʷɔ nʲɛ jɛzd bɛspʲe͡tṣnɛ dɔ stavanʲa na nʲim ‖]

2168

EN After such a long trip, you're bound to be tired.

PL Na pewno jesteś zmęczony (♀zmęczona) po długiej wycieczce.
ROM Na pevno jesteś zmęčony (♀zmęčona) po dwugjej vyćečce.
IPA [na pɛvnɔ jɛstɛʐ zmɛ̃nt͡ṣɔnɨ (zmɛ̃nt͡ṣɔna) pɔ dʷugʲe͡ʲ vɨt͡ɕe͡tṣtsɛ ‖]

2169

EN Since the holiday begins this Friday, there's likely going to be a lot of traffic on the roads.

PL Ponieważ wakacje zaczynają się w piątek, prawdopodobnie będzie duży ruch na drogach.
ROM Pońevaž vakacje začynają śę v pjątek, pravdopodobńe będźe duży rux na drogax.
IPA [pɔnʲevaz̦ vakats͡ʲɛ zat͡ṣɨna͡ʲɔ̃w t͡ɕɛ̃w f pjɔ̃ntɛk | pravdɔpɔdɔbnʲe bɛ̃nʲd͡ʑɛ duzɨ rux na drɔgax ‖]

2170

EN This part of town is dangerous. People are afraid to walk here at night.

PL Ta część miasta jest niebezpieczna. Ludzie boją się chodzić tu nocą.

ROM Ta čęść mjasta jest ńebezpječna. Ludźe boją śę xodźić tu nocą.

IPA [ta t͡ʂɛ̃nʲɕtɕ mʲasta jɛst nʲɛbɛspʲɛt͡ʂna || ludʑɛ bɔʲɔ̃ʷ ɕɛ̃ʷ xɔdʑitɕ tu nɔtsɔ̃ʷ ||]

2171

EN Aleksey was afraid to tell his parents what happened.

PL Aleksey bał się powiedzieć rodzicom, co się stało.

ROM Aleksey baw śę povjedźeć rodźicom, co śę stawo.

IPA [(…) baʷ ɕɛ̃ʷ pɔvʲɛdʑɛtɕ rɔdʑitsɔm | tsɔ ɕɛ̃ʷ stawɔ ||]

2172

EN The sidewalk was icy, so we walked very carefully. We were afraid of falling.

PL Chodnik był oblodzony, więc szliśmy (♀szłyśmy) bardzo ostrożnie. Baliśmy się (♀bałyśmy się), że upadniemy.

ROM Xodńik byw oblodzony, vjęc šliśmy (♀šwyśmy) bardzo ostrožńe. Baliśmy śę (♀bawyśmy śę), že upadńemy.

IPA [xɔdnʲig bɨʷ ɔblɔdzɔnɨ | vjɛ̃nts ʂliɕmɨ (ʂʷɨɕmɨ) bardzɔ ɔstrɔʐnʲɛ || baliɕmɨ ɕɛ̃ʷ (bawɨɕmɨ ɕɛ̃ʷ) | ʐɛ upadnʲɛmɨ ||]

2173

EN I don't like dogs. I'm always afraid of getting bitten.

PL Nie lubię psów. Zawsze boję się ugryzienia.

ROM Ńe lubję psuv. Zavše boję śę ugryźeńa.

IPA [nʲɛ lubjɛ̃ʷ psuf || zafʂɛ bɔʲɛ̃ʷ ɕɛ̃ʷ ugrɨʑɛnʲa ||]

2174

EN I was afraid to go near the dog because I was afraid of getting bitten.

PL Bałem się (♀bałam się) podejść do psa, ponieważ bałem się (♀bałam się) ugryzienia.

ROM Bawem śę (♀bawam śę) podejść do psa, pońevaž bawem śę (♀bawam śę) ugryźeńa.

IPA [bawɛm ɕɛ̃ʷ (bawam ɕɛ̃ʷ) pɔdɛʲʑʥ dɔ psa | pɔnʲɛvaʐ bawɛm ɕɛ̃ʷ (bawam ɕɛ̃ʷ) ugrɨʑɛnʲa ||]

2175

EN Let me know if you're interested in joining the club.

PL Daj mi znać, jeśli jesteś zainteresowany dołączeniem do klubu.

ROM Daj mi znać, jeśli jesteś zainteresovany dowąćeńem do klubu.

IPA [daʲ mi znatɕ | jɛɕli jɛstɛʑ zaintɛrɛsɔvanɨ dɔʷɔ̃nt͡ʂɛnʲɛm dɔ klubu ||]

2176

EN I tried to sell my car, but nobody was interested in buying it.

PL Próbowałem (♀próbowałam) sprzedać mój samochód, ale nikt nie był zainteresowany jego kupnem.

ROM Prubovawem (♀prubovawam) spředać muj samoxud, ale ńikt ńe byw zainteresovany jego kupnem.

IPA [prubɔvawɛm (prubɔvawam) sps̫ɛdatɕ muᶦ samɔxut | alɛ nᶦikt nᶦɛ bɨʷ zainterɛsɔvani jɛgɔ kupnɛm ||]

2177

EN I was interested to hear that Arturo quit his job. — I, on the other hand, was surprised to hear it.

PL Byłem zaciekawiony (♀byłam zaciekawiona) tym, że Arturo zwolnił się z pracy. — Byłem (♀byłam) jednak zaskoczony (♀zaskoczona).

ROM Bywem zaćekavjony (♀bywam zaćekavjona) tym, że Arturo zvolńiw śę z pracy. — Bywem (♀bywam) jednak zaskočony (♀zaskočona).

IPA [bɨwɛm zatɕɛkavᶦɔnɨ (bɨwam zatɕɛkavᶦɔna) tim | zɛ (…) zvɔlnᶦiʷ ɕẽʷ s pratsɨ || — bɨwɛm (bɨwam) jɛdnag zaskɔt͡ʂɔnɨ (zaskɔt͡ʂɔna) ||]

2178

EN Ask Anna for her opinion. I'd be interested to know what she thinks.

PL Zapytaj Annę o jej opinię. Jestem ciekawy (♀ciekawa), co ona myśłi.

ROM Zapytaj Annę o jej opińę. Jestem ćekavy (♀ćekava), co ona myświ.

IPA [zapɨtaʲ annɛ̃ʷ ɔ jeʲ ɔpinʲɛ̃ʷ || jɛstɛm tɕɛkavɨ (tɕɛkava) | tsɔ ɔna mɨɕʷi ||]

2179

EN I was sorry to hear that Boris lost his job.

PL Przykro mi było słyszeć, że Boris stracił pracę.

ROM Přykro mi bywo swyšeć, że Boris straćiw pracę.

IPA [pʂɨkrɔ mi bɨwɔ sʷɨʂɛtɕ | zɛ (...) stratɕiʷ pratsɛ̃ʷ ||]

2180

EN I've enjoyed my stay here. I'll be sorry to leave.

PL Podobało mi się tutaj. Przykro mi, że wyjeżdżam.

ROM Podobawo mi śę tutaj. Přykro mi, że vyježjam.

IPA [pɔdɔbawɔ mi ɕɛ̃ʷ tutaʲ || pʂɨkrɔ mi | zɛ vɨjɛʐd͡ʑam ||]

2181

EN I'm sorry to call you so late, but I need to ask you something.

PL Przepraszam, że dzwonię tak późno, ale muszę cię o coś zapytać.

ROM Přeprašam, že dzvoňę tak puźno, ale mušę ćę o coś zapytać.

IPA [pʂɛpraʂam | zɛ dʑvɔnʲɛ̃ʷ tak puʑnɔ | alɛ muʂɛ̃ʷ tɕɛ̃ʷ ɔ tsɔʑ zapɨtatɕ ‖]

2182

EN I'm sorry for shouting at you yesterday. > I'm sorry I shouted at you yesterday.

PL Przepraszam, że wczoraj na ciebie krzyczałem (♀krzyczałam). > Przepraszam, że wczoraj na ciebie krzyczałem (♀krzyczałam).

ROM Přeprašam, že včoraj na ćebje křyčawem (♀křyčawam). > Přeprašam, že včoraj na ćebje křyčawem (♀křyčawam).

IPA [pʂɛpraʂam | zɛ ft͡ʂɔraʲ na tɕɛbʲɛ kʂɨt͡ʂawɛm (kʂɨt͡ʂawam) ‖ > pʂɛpraʂam | zɛ ft͡ʂɔraʲ na tɕɛbʲɛ kʂɨt͡ʂawɛm (kʂɨt͡ʂawam) ‖]

2183

EN We weren't allowed to leave the building. > We were prevented from leaving the building.

PL Nie pozwolono nam opuścić budynku. > Powstrzymano nas przed opuszczeniem budynku.

ROM Ńe pozvolono nam opuśćić budynku. > Povstřymano nas před opuščeńem budynku.

IPA [nʲɛ pɔzvɔlɔnɔ nam ɔpuɕtɕidʑ budɨnku || > pɔfstʂɨmanɔ nas pʂɛd ɔpuʂtʂɛnʲɛm budɨnku ||]

2184

EN Daisuke failed to solve the problem, whereas Aiko succeeded in solving the problem.

PL Daisuke nie udało się rozwiązać problemu, podczas gdy Aiko udało się rozwiązać problem.

ROM Daisuke ńe udawo śę rozvjązać problemu, podčas gdy Aiko udawo śę rozvjązać problem.

IPA [(…) nʲɛ udawɔ ɕɛ̃ʷ rɔzvjɔ̃nzatɕ prɔblɛmu | pɔt͡ʂaz gdɨ (…) udawɔ ɕɛ̃ʷ rɔzvjɔ̃nzatɕ prɔblɛm ||]

2185

EN Fabio promised to buy me lunch. > Fabio insisted on buying me lunch.

PL Fabio obiecał kupić mi lunch. > Fabio nalegał, żeby kupić mi lunch.

ROM Fabio objecaw kupić mi lunx. > Fabio nalegaw, żeby kupić mi lunx.

IPA [(…) ɔbʲɛtsaʷ kupitɕ mi lunx || > (…) nalɛgaʷ | ʑɛbɨ kupitɕ mi lunx ||]

2186

EN I saw Donna get into her car and drive away.

PL Widziałem (♀widziałam) Donnę jak wsiadła do samochodu i odjechała.

ROM Vidźawem (♀vidźawam) Donnę jak vśadwa do samoxodu i odjexawa.

IPA [vidʑawɛm (vidʑawam) dɔnnɛ̃ʷ jak fɕadʷa dɔ samɔxɔdu i ɔdʲɛxawa ||]

2187

EN I saw Fyodor waiting for a bus.

PL Widziałem (♀widziałam) Fiodora jak czekał na autobus.

ROM Vidźawem (♀vidźawam) Fjodora jak čekaw na autobus.

IPA [vidʑawɛm (vidʑawam) fʲɔdɔra jak t͡ʂɛkaʷ na autɔbus ||]

2188

EN I saw him fall off his bike.

PL Widziałem (♀widziałam) jak spadł z roweru.

ROM Vidźawem (♀vidźawam) jak spadw z roveru.

IPA [vidʑawɛm (vidʑawam) jak spadw z rɔvɛru ||]

2189

EN Did you see the accident happen?

PL Widziałeś (♀widziałaś) jak wydarzył się ten wypadek?
ROM Vidźaweś (♀vidźawaś) jak vydařyw śę ten vypadek?
IPA [vidʑawɛɕ (vidʑawaɕ) jag vɨdazɨ̇ʷ ɕɛ̃ʷ tɛn vɨpadɛk ||]

2190

EN I saw him walking along the street.

PL Widziałem (♀widziałam) jak szedł ulicą.
ROM Vidźawem (♀vidźawam) jak šedw ulicą.
IPA [vidʑawɛm (vidʑawam) jak ʂɛdw ulitsɔ̃ʷ ||]

2191

EN I didn't hear you come in.

PL Nie słyszałem (♀słyszałam) jak wszedłeś (♀weszlaś).
ROM Ńe swyšawem (♀swyšawam) jak všedweś (♀vešlaś).
IPA [nʲɛ sʷɨʂawɛm (sʷɨʂawam) jak fʂɛdʷɛɕ (vɛʂlaɕ) ||]

2192

EN Xenia suddenly felt somebody touch her on the shoulder.

PL Xenia nagle poczuła, że ktoś dotyka jej ramienia.
ROM Xenia nagle počuwa, že ktoś dotyka jej ramjeńa.
IPA [(…) naglɛ pɔt͡ʂuwa | ʐɛ ktɔʑ dɔtɨka jeʲ ramʲɛnʲa ||]

2193

EN Did you notice anyone go out?

PL Czy zauważyłeś (♀zauważyłaś), że ktoś wyszedł?
ROM Čy zauvažyweś (♀zauvažywaś), že ktoś vyšedw?
IPA [t͡ʂɨ zauvaʑɨwɛɕ (zauvaʑɨwaɕ) | ʐɛ ktɔʐ vɨʂɛdw ||]

2194

EN I could hear it raining.

PL Słyszałem (♀słyszałam), że pada deszcz.
ROM Swyšawem (♀swyšawam), že pada dešč.
IPA [sʷɨʂawɛm (sʷɨʂawam) | ʐɛ pada dɛʂt͡ʂ ||]

2195

EN The missing children were last seen playing near the river.

PL Zaginione dzieci były ostatnio widziane bawiące się nad rzeką.
ROM Zagińone dźeći bywy ostatńo vidźane bavjące śę nad řeką.
IPA [zaɡinʲɔnɛ d͡ʑɛt͡ɕi bɨwɨ ɔstatnʲɔ vid͡ʑanɛ bavjɔ̃ntsɛ ɕɛ̃ʷ nad ʐɛkɔ̃ʷ ||]

2196

EN Can you smell something burning?

PL Czujesz, że coś się pali?
ROM Čuješ, że coś śę pali?
IPA [t͡ʂujɛʂ | ʐɛ tsɔɕ ɕɛ̃ʷ pali ||]

2197

EN I found Franz in my room reading my email.

PL Znalazłem (♀znalazłam) Franza w moim pokoju, czytającego mój email.

ROM Znalazwem (♀znalazwam) Franza v moim pokoju, čytającego muj email.

IPA [znalazᵂɛm (znalazᵂam) franza v mɔim pɔkɔju | t͡ʂɨtaʲɔ̃ntsɛgɔ muʲ ɛmail ||]

2198

EN Everyone heard the bomb explode.

PL Każdy słyszał eksplozję bomby.

ROM Každy swyšaw eksplozję bomby.

IPA [kaʐdɨ sᵂɨʂaᵂ ɛksplɔzjɛ̃ᵂ bɔmbɨ ||]

2199

EN I heard someone slamming the door in the middle of the night.

PL Słyszałem (♀słyszałam) kogoś trzaskającego drzwiami w środku nocy.

ROM Swyšawem (♀swyšawam) kogoś třaskającego dřvjami v środku nocy.

IPA [sᵂɨʂawɛm (sᵂɨʂawam) kɔgɔɕ t͡ʂaskaʲɔ̃ntsɛgɔ dzʑʲami f ɕrɔtku nɔtsɨ ||]

2200

EN Heidi hurt her knee playing volleyball.

PL Heidi skaleczyła się w kolano grając w siatkówkę.
ROM Heidi skalečywa śę v kolano grając v śatkuvkę.
IPA [(…) skalɛt͡ʂɨwa ɕɛ̃ʷ f kɔlanɔ graʲɔ̃nts f ɕatkufkɛ̃ʷ ‖]

GMS #2201 - 2300

2201

EN Takahiro's in the kitchen making coffee.

PL Takahiro jest w kuchni i robi kawę.
ROM Takahiro jest v kuxńi i robi kavę.
IPA [(...) jɛst f kuxnʲi i rɔbi kavɛ̃ʷ ||]

2202

EN A man ran out of the house shouting.

PL Mężczyzna wybiegł z domu krzycząc.
ROM Mężčyzna vybjegw z domu křyčąc.
IPA [mɛ̃ŋʂt͡ʂɨzna vɨbʲɛgw z dɔmu kʂɨt͡ʂɔ̃nts ||]

2203

EN Do something! Don't just stand there doing nothing.

PL Zrób (♀zróbcie) coś! A nie stoisz (♀stoicie) nie robiąc nic.
ROM Zrub (♀zrubće) coś! A ńe stoiš (♀stoiće) ńe robjąc ńic.
IPA [zrup (zruptɕɛ) tsɔɕ || a nʲɛ stɔiʂ (stɔitɕɛ) nʲɛ rɔbjɔ̃nts nʲits ||]

2204

EN Did you cut yourself shaving?

PL Zaciąłeś się podczas golenia?
ROM Zaćąweś śę podčas goleńa?
IPA [zatɕɔ̃wɛɕ ɕɛ̃ᵂ po͡tʂaz gɔlɛnʲa ‖]

2205

EN Be careful when crossing the street.

PL Bądź ostrożny (♀ostrożna) przechodząc przez ulicę.
ROM Bądź ostrożny (♀ostrožna) přexodząc přez ulicę.
IPA [bɔ̃ɲdʑ ɔstrɔʐnɨ (ɔstrɔʐna) pʂɛxɔ͡dzɔ̃nts pʂɛz ulitɕɛ̃ᵂ ‖]

2206

EN Having finally found a hotel, we looked for some place to have dinner.

PL Po znalezieniu hotelu, szukaliśmy miejsca, gdzie moglibyśmy zjeść obiad.
ROM Po znaleźeńu xotelu, šukaliśmy mjejsca, gdźe moglibyśmy zjeść objad.
IPA [pɔ znalɛʑɛnʲu xɔtelu | ʂukaliɕmɨ mʲeʲstsa | gʥɛ mɔglibɨɕmɨ zʲeɕtɕ ɔbʲat ‖]

2207

EN After getting off work, she went straight home.

PL Po wyjściu z pracy, poszła prosto do domu.
ROM Po vyjśću z pracy, pošwa prosto do domu.
IPA [pɔ vɨʲɕtɕu s pratsɨ | pɔʂʷa prɔstɔ dɔ dɔmu ‖]

2208

EN Taking a key out of his pocket, he unlocked the door.

PL Wyjął klucz z kieszeni i otworzył drzwi.
ROM Vyjąw kluč z kješeńi i otvořyw dřvi.
IPA [vɨʲɔ̃w kluʈʂ s kʲɛʂɛnʲi i ɔtfɔʐɨʷ dz̺vi ‖]

2209

EN Feeling tired, I went to bed early.

PL Czułem się zmęczony (♀czułam się zmęczona), więc
    poszedłem (♀poszłam) spać wcześnie.
ROM Čuwem śę zmęčony (♀čuwam śę zmęčona), vjęc
    pošedwem (♀pošwam) spać včeśńe.
IPA [t͡ʂuwɛm ɕɛ̃ʷ zmɛ̃nt͡ʂɔnɨ (t͡ʂuwam ɕɛ̃ʷ zmɛ̃nt͡ʂɔna) |
    vjɛ̃nt͡s pɔʂɛdʷɛm (pɔʂʷam) spat͡ɕ ft͡ʂɛɕnʲɛ ‖]

2210

EN Being unemployed means he doesn't have much
    money.

PL Bycie bezrobotnym oznacza, że on nie ma zbyt dużo
    pieniędzy.
ROM Byće bezrobotnym označa, że on ńe ma zbyt dużo
    pjeńędzy.
IPA [bɨt͡ɕɛ bɛzrɔbɔdnɨm ɔznat͡ʂa | ʐɛ ɔn nʲɛ ma zbɨd duʐɔ
    pʲɛnʲɛ̃nd͡ʑɨ ‖]

2211

EN Not having a car can make getting around difficult in some places.

PL Brak samochodu sprawia, że poruszanie się w niektórych miejscach jest trudne.

ROM Brak samoxodu spravja, że porušańe śę v ńekturyx mjejscax jest trudne.

IPA [brak samɔxɔdu sprav^{j}a | zɛ pɔruʂan^{j}ɛ ɕɛ̃^{w} v n^{j}ɛkturɨx m^{j}ɛ^{j}stsax jɛst trudnɛ ||]

2212

EN Having already seen the movie twice, I didn't want to go again with my friends.

PL Widziałem (♀widziałam) ten film już dwa razy, więc nie chciałem (♀chciałam) iść na niego znowu z moimi przyjaciółmi.

ROM Vidźawem (♀vidźawam) ten film już dva razy, vjęc ńe xćawem (♀xćawam) iść na ńego znovu z moimi přyjaćuwmi.

IPA [vid͡ʑawɛm (vid͡ʑawam) tɛn film juz̪ dva razɨ | vjɛ̃ts n^{j}ɛ xt͡ɕawɛm (xt͡ɕawam) iɕt͡ɕ na n^{j}ɛgɔ znɔvu z mɔimi pʂijat͡ɕu^{w}mi ||]

2213

EN Not being able to speak the local language meant that I had trouble communicating.

PL Nie mówiłem (♀mówiłam) w tamtejszym języku, co oznaczało, że miałem (♀miałam) problem z komunikacją.

ROM Ńe muviwem (♀muviwam) v tamtejšym języku, co označawo, že mjawem (♀mjawam) problem z komuńikacją.

IPA [nʲɛ muviwɛm (muviwam) f tamteʲʂim jɛ̃nziku | tsɔ ɔznat͡ʂawɔ | zɛ mʲawɛm (mʲawam) prɔblɛm s kɔmunʲikatsjɔ̃ʷ ||]

2214

EN Being a vegetarian, Mitsuko doesn't eat any kind of meat.

PL Mitsuko jest wegetarianinem, więc nie je mięsa.

ROM Mitsuko jest vegetarjańinem, vjęc ńe je mjęsa.

IPA [(…) jɛzd vɛgetarʲanʲinɛm | vjɛ̃ts nʲɛ jɛ mjɛ̃nsa ||]

2215

EN The police want to talk to anybody who saw the accident.

PL Policja chciała rozmawiać z kimkolwiek, kto widział wypadek.

ROM Policja xćawa rozmavjać z kimkolvjek, kto vidźaw vypadek.

IPA [pɔlitsʲa xtɕawa rɔzmavʲatɕ s kimkɔlvʲɛk | ktɔ vidʑaʷ vipadɛk ||]

2216

EN The new city hall isn't a very beautiful building. Most people don't like it.

PL Nowy ratusz nie jest zbyt pięknym budynkiem. Większości ludzi się nie podoba.

ROM Novy ratuš ńe jest zbyt pjęknym budynkjem. Vjękšośći ludźi śę ńe podoba.

IPA [nɔvɨ ratuʂ nʲɛ jɛzd zbɨt pjɛ̃ŋknɨm budɨnkʲɛm || vjɛ̃ŋkʂɔɕt͡ɕi lud͡ʑi ɕɛ̃ʷ nʲɛ pɔdɔba ||]

2217

EN The people were injured in the accident.

PL Ludzie zostali ranni w wypadku.

ROM Ludźe zostali rańńi v vypadku.

IPA [lud͡ʑɛ zɔstali rannʲi v vɨpatku ||]

2218

EN Do the police know the cause of the explosion?

PL Czy policja zna przyczynę wybuchu?

ROM Čy policja zna přyčynę vybuxu?

IPA [t͡ʂɨ pɔlitsʲa zna pʂɨt͡ʂɨnɛ̃ʷ vɨbuxu ||]

2219

EN The police are looking for the stolen car.

PL Policja szuka skradzionego samochodu.

ROM Policja šuka skradźonego samoxodu.

IPA [pɔlitsʲa ʂuka skrad͡ʑɔnɛgɔ samɔxɔdu ||]

2220

EN I need my glasses, but I can't find them.

PL Potrzebuję moich okularów, ale nie mogę ich znaleźć.

ROM Potřebuję moix okularuv, ale ńe mogę ix znaleźć.

IPA [pɔtʂɛbujẽʷ mɔix ɔkularuf | alɛ nʲɛ mɔgẽʷ iɣ znalɛɕtɕ ||]

2221

EN I'm going to buy some new jeans today.

PL Zamierzam dziś kupić nowe jeansy.

ROM Zamjeřam dźiś kupić nove jeansy.

IPA [zamʲɛʐam dʑiɕ kupitɕ nɔvɛ jeansɨ ||]

2222

EN Did you hear a noise just now?

PL Słyszałeś (♀słyszałaś) właśnie jakiś hałas?

ROM Swyšaweś (♀swyšawaś) vwaśńe jakiś xawas?

IPA [sʷɨʂawɛɕ (sʷɨʂawaɕ) vʷaɕnʲɛ jakiɕ xawas ||]

2223

EN I can't work here. There's too much noise.

PL Nie mogę tu pracować. Tu jest za dużo hałasu.

ROM Ńe mogę tu pracovać. Tu jest za dužo xawasu.

IPA [nʲɛ mɔgẽʷ tu pratsɔvatɕ || tu jɛzd za duʐɔ xawasu ||]

2224

EN There's a hair in my soup.

PL W mojej zupie jest włos.
ROM V mojej zupje jest vwos.
IPA [v mɔjɛʲ zupʲɛ jɛzd vʷɔs ||]

2225

EN You've got very long hair.

PL Masz bardzo długie włosy.
ROM Maš bardzo dwugje vwosy.
IPA [maʐ bardʐɔ dʷugʲɛ vʷɔsɨ ||]

2226

EN You can stay with us. We have a spare room.

PL Możesz u nas zostać. Mamy wolny pokój.
ROM Možeš u nas zostać. Mamy volny pokuj.
IPA [mɔʐɛʂ u naz zɔstatɕ || mamɨ vɔlnɨ pɔkuʲ ||]

2227

EN You can't sit here. There isn't any room.

PL Nie możesz tu siedzieć. Nie ma tu miejsca.
ROM Ńe možeš tu śedźeć. Ńe ma tu mjejsca.
IPA [nʲɛ mɔʐɛʂ tu ɕɛdʑɛtɕ || nʲɛ ma tu mʲɛʲstsa ||]

2228

EN I had some interesting experiences while I was traveling.

PL Miałem (♀miałam) kilka interesujących doświadczeń kiedy podróżowałem (♀podróżowałam).

ROM Mjawem (♀mjawam) kilka interesującyx dośvjadčeń kjedy podružovawem (♀podružovawam).

IPA [mʲawɛm (mʲawam) kilka intɛrɛsuʲɔ̃ntsɨɣ dɔɕfatt͡ʂɛnʲ kʲɛdɨ pɔdruʐɔvawɛm (pɔdruʐɔvawam) ‖]

2229

EN They offered me the job because I had a lot of experience.

PL Oni zaoferowali mi pracę, ponieważ miałem (♀miałam) duże doświadczenie.

ROM Ońi zaoferovali mi pracę, pońevaž mjawem (♀mjawam) duže dośvjadčeńe.

IPA [ɔnʲi zaɔfɛrɔvali mi pratsɛ̃ʷ | pɔnʲɛvaʐ mʲawɛm (mʲawam) duʐɛ dɔɕfatt͡ʂɛnʲɛ ‖]

2230

EN I'm going to go buy a loaf of bread.

PL Zamierzem kupić bochenek chleba.

ROM Zamjeřem kupić boxenek xleba.

IPA [zamʲɛʐɛm kupit͡ɕ bɔxɛnɛk xlɛba ‖]

2231

EN Enjoy your vacation. I hope you have good weather.

PL Baw się dobrze na wakacjach. Mam nadzieję, że będzie ładna pogoda.

ROM Bav śę dobře na vakacjax. Mam nadźeję, že będźe wadna pogoda.

IPA [baf çɛ̃ʷ dɔbzɛ na vakatsʲax ‖ mam nadʑɛʲɛ̃ʷ | zɛ bɛ̃nʲdʑɛ wadna pɔgɔda ‖]

2232

EN Where are you going to put all your furniture?

PL Gdzie zamierzasz ustawić wszystkie twoje meble?

ROM Gdźe zamjeřaš ustavić všystkje tvoje meble?

IPA [gdʑɛ zamʲɛzaʂ ustavitɕ fʂɨstkʲɛ tfɔjɛ mɛblɛ ‖]

2233

EN Let me know if you need more information.

PL Daj mi znać, jeśli będziesz potrzebować więcej informacji.

ROM Daj mi znać, jeśli będźeš potřebovać vjęcej informaci.

IPA [daʲ mi znatɕ | jɛçli bɛ̃nʲdʑɛʂ pɔtʂɛbɔvadʑ vjɛ̃ntsɛʲ infɔrmatsi ‖]

2234

EN The news was very depressing.

PL Wiadomości były bardzo dołujące.
ROM Vjadomośći bywy bardzo dowujące.
IPA [vʲadɔmɔɕt͡ɕi bɨwɨ bardzɔ dɔwuʲɔ̃ntsɛ ||]

2235

EN They spend a lot of money on travel.

PL Oni (♀one) wydają dużo pieniędzy na podróże.
ROM Ońi (♀one) vydają dużo pjeńędzy na podruže.
IPA [ɔnʲi (ɔnɛ) vɨdaʲɔ̃ʷ duʑɔ pʲɛnʲɛ̃nd͡ʑɨ na pɔdruʑɛ ||]

2236

EN We had a very good trip.

PL Mieliśmy dobrą wycieczkę.
ROM Mjeliśmy dobrą vyćečkę.
IPA [mʲɛliɕmɨ dɔbrɔ̃ʷ vɨt͡ɕɛt͡ʂkɛ̃ʷ ||]

2237

EN It's a nice day today. > It's nice weather today.

PL Ładny dzisiaj dzień. > Ładna dziś pogoda.
ROM Wadny dźiśaj dźeń. > Wadna dźiś pogoda.
IPA [wadnɨ d͡ʑiɕaʲ d͡ʑɛnʲ || > wadna d͡ʑiɕ pɔgɔda ||]

2238

EN We had a lot of bags and suitcases. > We had a lot of baggage.

PL Mieliśmy mnóstwo toreb i walizek. > Mieliśmy dużo bagażu.

ROM Mjeliśmy mnustvo toreb i valizek. > Mjeliśmy dużo bagažu.

IPA [mʲeliɕmi mnustfɔ tɔrɛb i valizɛk || > mʲeliɕmi duzɔ bagaʑu ||]

2239

EN These chairs are mine. > This furniture is mine.

PL Te krzesła są moje. > Ten mebel jest mój.

ROM Te křeswa są moje. > Ten mebel jest muj.

IPA [tɛ kʂesʷa sɔ̃ʷ mɔjɛ || > tɛn mɛbɛl jɛst muʲ ||]

2240

EN That's a good suggestion. > That's good advice.

PL To jest dobra sugestia. > To jest dobra rada.

ROM To jest dobra sugestja. > To jest dobra rada.

IPA [tɔ jɛzd dɔbra sugestʲa || > tɔ jɛzd dɔbra rada ||]

2241

EN My neighbor drives an SUV.

PL Mój sąsiad (♀moja sąsiadka) jeździ samochodem
terenowym.

ROM Muj sąśad (♀moja sąśadka) jeźdźi samoxodem
terenovym.

IPA [muʲ sɔ̃ɲɕat (mɔja sɔ̃ɲɕatka) jɛʑdʑi samɔxɔdɛm
tɛrɛnɔvɨm ||]

2242

EN My neighbor is an FBI agent.

PL Mój sąsiad (♀moja sąsiadka) jest agentem
(♀agentką) FBI.

ROM Muj sąśad (♀moja sąśadka) jest agentem (♀agentką)
FBI.

IPA [muʲ sɔ̃ɲɕat (mɔja sɔ̃ɲɕatka) jɛst agɛntɛm (agɛntkɔ̃ʷ)
fpi ||]

2243

EN He got a university degree.

PL On ma dyplom uniwersytetu.

ROM On ma dyplom uńiversytetu.

IPA [ɔn ma dɨplɔm unʲivɛrsɨtɛtu ||]

2244

EN He was an NYU student.

PL On był studentem Uniwersytetu Nowojorskiego.
ROM On byw studentem Uńiversytetu Novojorskjego.
IPA [ɔn bɨʷ studɛntɛm unʲiversɨtɛtu nɔvɔjɔrskʲɛgɔ ||]

2245

EN If you want to leave early, you have to ask for permission.

PL Jeśli chcesz wyjść wcześniej, musisz zapytać o pozwolenie.
ROM Jeśli xceš vyjść včeśńej, muśiš zapytać o pozvoleńe.
IPA [jeɕli xtsɛz̪ vɨʲɕtɕ ft͡ʂɛɕnʲeʲ | muɕiz̪ zapɨtatɕ ɔ pɔzvɔlɛnʲɛ ||]

2246

EN I don't think Marco will get the job, because he doesn't have enough experience.

PL Nie sądzę, że Marco dostanie tę pracę, ponieważ on nie ma wystarczająco doświadczenia.
ROM Ńe sądzę, że Marco dostańe tę pracę, pońevaž on ńe ma vystarčająco dośvjadčeńa.
IPA [nʲɛ sɔnd͡zɛ̃ʷ | z̪ɛ (...) dɔstanʲɛ tɛ̃ʷ pratsɛ̃ʷ | pɔnʲevaz̪ on nʲɛ ma vɨstart͡ʂaʲɔ̃ntsɔ dɔɕfʲatt͡ʂɛnʲa ||]

2247

EN Can I talk to you? I need some advice.

PL Mogę z tobą porozmawiać? Potrzebuję rady.
ROM Mogę z tobą porozmavjać? Potřebuję rady.
IPA [mɔgɛ̃ʷ s tɔbɔ̃ʷ pɔrɔzmavʲatɕ || pɔtʂɛbuʲɛ̃ʷ radɨ ||]

2248

EN I'd like some information about hotels in Paris.

PL Chciałbym (♀chciałabym) dowiedzieć się czegoś o hotelach w Paryżu.
ROM Xćawbym (♀xćawabym) dovjedźeć śę čegoś o xotelax v Paryžu.
IPA [xtɕaʷbɨm (xtɕawabɨm) dɔvʲɛdʑɛtɕ ɕɛ̃ʷ t͡ʂɛgɔɕ ɔ xɔtɛlax f parɨʐu ||]

2249

EN English has one (1) alphabet with twenty-six (26) letters.

PL Angielski ma jeden alfabet z dwudziestoma sześcioma literami.
ROM Angjelski ma jeden alfabet z dvudźestoma šeśćoma literami.
IPA [angʲɛlski ma jɛdɛn alfabɛd z dvudʑɛstɔma ʂɛɕt͡ɕɔma litɛrami ||]

2250

EN English has a lot of vocabulary.

PL Angielski ma dużo słownictwa.
ROM Angjelski ma dužo swovńictva.
IPA [aŋgʲelski ma duzɔ sʷɔvnʲitstfa ‖]

2251

EN Today I learned twenty (20) new vocabulary words.

PL Dzisiaj nauczyłem się (♀ nauczyłam się) dwudziestu
nowych słów.
ROM Dźiśaj naučywem śę (♀ naučywam śę) dvudźestu
novyx swuv.
IPA [dʑiɕaʲ naut͡ɕɨwɛm ɕɛ̃ʷ (naut͡ɕɨwam ɕɛ̃ʷ) dvudʑestu
nɔvɨx sʷuf ‖]

2252

EN I've got a new job, and it's hard work.

PL Mam nową pracę i jest to ciężka praca.
ROM Mam nová pracę i jest to ćężka praca.
IPA [mam nɔvɔ̃ʷ pratsɛ̃ʷ i jest tɔ tɕɛ̃ŋʂka pratsa ‖]

2253

EN I need some money to buy some food.

PL Potrzebuję pieniędzy, żeby kupić jedzenie.
ROM Potřebuję pjeńędzy, žeby kupić jedzeńe.
IPA [pɔtʂɛbuʲɛ̃ʷ pʲenʲɛ̃ndʑɨ ǀ zɛbɨ kupitɕ jedzenʲɛ ‖]

2254

EN We met a lot of interesting people at the party.

PL Spotkaliśmy wielu ciekawych ludzi na imprezie.
ROM Spotkaliśmy vjelu ćekavyx ludźi na impreźe.
IPA [spɔtkaliɕmɨ vʲelu tɕɛkavɨx ludʑi na imprɛʑɛ ‖]

2255

EN I'm going to open a window to get some fresh air.

PL Zamierzam otworzyć okno, żeby zaczerpnąć trochę
świeżego powietrza.
ROM Zamjeřam otvořyć okno, żeby začerpnąć troxę
śvježego povjetřa.
IPA [zamʲeʑam ɔtfɔʑɨtɕ ɔknɔ | ʐɛbɨ zat͡ʂerpnɔ̃ɲtɕ trɔxɛ̃ʷ
ɕfʲeʑegɔ pɔvʲetʂa ‖]

2256

EN I'd like to give you some advice before you go off to
college.

PL Chciałbym (♀chciałabym) dać ci radę, zanim
pójdziesz do liceum.
ROM Xćawbym (♀xćawabym) dać ći radę, zańim pujdźeš
do liceum.
IPA [xtɕaʷbɨm (xtɕawabɨm) datɕ tɕi radɛ̃ʷ | zanʲim puʲd͡ʑeʑ
dɔ litsɛum ‖]

2257

EN The tour guide gave us some information about the city.

PL Przewodnik powiedział nam trochę o mieście.
ROM Převodńik povjedźaw nam troxę o mjeśće.
IPA [pşɛvɔdnʲik pɔvʲɛdʑaʷ nam trɔxɛ̃ʷ ɔ mʲɛɕtɕɛ ||]

2258

EN We've had wonderful weather this last month.

PL Mieliśmy cudowną pogodę w tym miesiącu.
ROM Mjeliśmy cudovną pogodę v tym mjeśącu.
IPA [mʲɛliɕmɨ tsudɔvnɔ̃ʷ pɔgɔdɛ̃ʷ f tɨm mʲɛɕɔ̃ntsu ||]

2259

EN Some children learn very quickly.

PL Niektóre dzieci uczą się bardzo szybko.
ROM Ńekture dźeći učą śę bardzo šybko.
IPA [nʲɛkturɛ dʑɛtɕi utʂɔ̃ʷ ɕɛ̃ʷ bardzɔ şɨpkɔ ||]

2260

EN Tomorrow there'll be rain in some places, but most of the country will be dry.

PL Jutro będzie padać deszcz w niektórych miejscach, ale w większej części kraju będzie sucho.

ROM Jutro będźe padać dešč v ńekturyx mjejscax, ale v vjękšej čęśći kraju będźe suxo.

IPA [jutrɔ bɛ̃nʲʥɛ padadʑ dɛʐd͡ʐ v nʲɛkturɨx mʲɛʲstsax | alɛ v vjɛ̃ŋkʂɛʲ t͡ʂɛ̃nʲɕtɕi kraju bɛ̃nʲʥɛ suxɔ ||]

2261

EN I have to go to the bank today. — Is there a bank near here?

PL Muszę iść dzisiaj do banku. — Czy jest tu blisko bank?

ROM Muśę iść dźiśaj do banku. — Čy jest tu blisko bank?

IPA [muʂɛ̃ʷ izʥ ʥiɕaʲ dɔ banku || — t͡ʂɨ jɛst tu bliskɔ bank ||]

2262

EN I don't like going to the dentist. — My sister's a dentist.

PL Nie lubię chodzić do dentysty. — Moja siostra jest dentystą.

ROM Ńe lubję xodźić do dentysty. — Moja śostra jest dentystą.

IPA [nʲɛ lubjɛ̃ʷ xɔʥidʑ dɔ dɛntɨsti || — mɔja ɕostra jɛzd dɛntɨstɔ̃ʷ ||]

2263

EN I have to go to the bank, and then I'm going to the post office.

PL Muszę iść do banku, a później zamierzam iść na pocztę.

ROM Mušę iść do banku, a puźńej zamjeřam iść na počtę.

IPA [muşɛ̃ʷ iʑʥ dɔ banku | a puʑnʲeʲ zamʲɛʑam iʨʨ na pɔt͡ʂt͡ɛ̃ʷ ||]

2264

EN Two people were taken to the hospital after the accident.

PL Dwoje ludzi zostało zabranych do szpitala po wypadku.

ROM Dvoje ludźi zostawo zabranyx do špitala po vypadku.

IPA [dvɔjɛ luʥi zɔstawɔ zabranɨ dɔ ʂpitala pɔ vɨpatku ||]

2265

EN Flora works eight (8) hours a day, six (6) days a week.

PL Flora pracuje osiem godzin dziennie, sześć dni w tygodniu.

ROM Flora pracuje ośem godźin dźenńe, šeść dńi v tygodńu.

IPA [(...) pratsujɛ ɔʨem gɔʥin ʥennʲɛ | ʂɛʑʥ dnʲi f tɨgɔdnʲu ||]

2266

EN What's the longest river in the world?

PL Jaka jest najdłuższa rzeka na świecie?
ROM Jaka jest najdwužša řeka na śvjeće?
IPA [jaka jɛst naʲdʷuşşa zɛka na ɕfʲɛtɕɛ ‖]

2267

EN The earth goes around the sun, and the moon goes around the earth.

PL Ziemia krąży wokół słońca, a księżyc krąży wokół ziemi.
ROM Žemja krąży vokuw swońca, a kśężyc krąży vokuw źemi.
IPA [ʑɛmʲa krõnzɨ vɔkuʷ sʷɔnʲtsa | a kɕẽnzɨts krõnzɨ vɔkuʷ ʑɛmi ‖]

2268

EN Have you ever crossed the equator?

PL Czy kiedykolwiek przekroczyłeś (♀przekroczyłaś) równik?
ROM Čy kjedykolvjek překročyweś (♀překročywaś) ruvńik?
IPA [t͡ʂɨ kʲɛdɨkɔlvʲɛk pʂɛkrɔt͡ʂɨwɛɕ (pʂɛkrɔt͡ʂɨwaɕ) ruvnʲik ‖]

2269

EN We looked up at all the stars in the sky.

PL Patrzyliśmy na wszystkie gwiazdy na niebie.
ROM Patřyliśmy na všystkje gvjazdy na ńebje.
IPA [patşiliçmɨ na fşistkʲɛ gvʲazdɨ na nʲɛbʲɛ ||]

2270

EN We must do more to protect the environment.

PL Musimy robić więcej, żeby chronić środowisko.
ROM Muśimy robić vjęcej, żeby xrońić środovisko.
IPA [muçimɨ rɔbidʑ vjɛ̃ntseʲ | zɛbɨ xrɔnʲitɕ çrɔdɔviskɔ ||]

2271

EN There are millions of stars in space.

PL W kosmosie są miliony gwiazd.
ROM V kosmośe są miljony gvjazd.
IPA [f kɔsmɔçɛ sɔ̃ʷ milʲɔnɨ gvʲast ||]

2272

EN Milena's brother's in prison for robbery. > He's in jail.

PL Brat Mileny jest w więzieniu za kradzież.
ROM Brat Mileny jest v vjęźeńu za kradźeż.
IPA [brat milɛnɨ jɛzd v vjɛ̃nʲzɛnʲu za kradʑɛş ||]

2273

EN Milena went to the prison to visit her brother.

PL Milena poszła do więzienia, żeby odwiedzić brata.
ROM Milena pošwa do vjęźeńa, żeby odvjedźić brata.
IPA [(…) pɔşʷa dɔ vjẽnʲʐɛnʲa | z̦ɛbɨ ɔdvʲɛdʑidʑ brata ||]

2274

EN When I finish high school, I want to go to college.

PL Kiedy skończę liceum, pójdę do koledżu.
ROM Kjedy skóńčę liceum, pujdę do koleǰu.
IPA [kʲɛdɨ skɔnʲt͡ʂɛ̃ʷ litsɛum | puʲdɛ̃ʷ dɔ kɔlɛd͡zu ||]

2275

EN Konstantin is a student at the college where I used to
work.

PL Konstantin jest studentem w koledżu, w którym
pracowałem (♀pracowałam).
ROM Konstantin jest studentem v koleǰu, v kturym
pracovawem (♀pracovawam).
IPA [(…) jɛst studɛntɛm f kɔlɛd͡zu | f kturɨm
pratsɔvawɛm (pratsɔvawam) ||]

2276

EN I was in class for five (5) hours today.

PL Byłem (♀byłam) dziś w klasie pięć godzin.
ROM Bywem (♀bywam) dźiś v klaśe pjęć godźin.
IPA [bɨwɛm (bɨwam) d͡ʑiɕ f klaɕɛ pjẽnʲd͡ʑ gɔd͡ʑin ||]

2277

EN Who's the youngest student in the class?

PL Kto jest najmłodszym uczniem w klasie?
ROM Kto jest najmwodšym učńem v klaśe?
IPA [ktɔ jɛst naʲmʷɔtʂɨm uʨn̩ʲem f klaɕɛ ‖]

2278

EN Do you ever have breakfast in bed?

PL Czy jesz kiedykolwiek śniadanie w łózku?
ROM Čy ješ kjedykolvjek śńadańe v wuzku?
IPA [t͡ʂɨ jɛʂ kʲɛdɨkɔlvʲɛk ɕnʲadanʲɛ v wusku ‖]

2279

EN What time do you usually finish work?

PL O której zazwyczaj kończysz pracę?
ROM O kturej zazvyčaj końčyš pracę?
IPA [ɔ kturɛʲ zazvit͡ʂaʲ kɔn͡t͡ʂɨʂ prat͡sɛ̃ʷ ‖]

2280

EN Will you be home tomorrow afternoon?

PL Będziesz w domu jutro po południu?
ROM Będźeš v domu jutro po powudńu?
IPA [bɛ̃nʲd͡ʑɛz̦ v dɔmu jutrɔ pɔ pɔwudnʲu ‖]

2281

EN The economy was bad, so a lot of people were out of work.

PL Gospodarka była w złym stanie, więc wielu ludzi nie miało pracy.

ROM Gospodarka bywa v zwym stańe, vjęc vjelu ludźi ńe mjawo pracy.

IPA [ɡɔspɔdarka bɨwa v zʷɨm stanʲɛ | vjẽnʣ vʲɛlu luʥi nʲɛ mʲawɔ pratsɨ ||]

2282

EN Do you like strong black coffee?

PL Lubisz mocną czarną kawę?

ROM Lubiš mocną čarną kavę?

IPA [lubiʂ mɔtsnɔ̃ʷ t͡ʂarnɔ̃ʷ kavɛ̃ʷ ||]

2283

EN Did you like the coffee we had after dinner last night?

PL Smakowała ci kawa, którą piliśmy (♀piłyśmy) wczoraj po obiedzie?

ROM Smakovawa ći kava, kturą piliśmy (♀piwyśmy) včoraj po objedźe?

IPA [smakɔvawa tɕi kava | kturɔ̃ʷ piliɕmɨ (piwɨɕmɨ) ft͡ʂɔraj pɔ ɔbʲɛʥɛ ||]

2284

EN Some people are afraid of spiders.

PL Niektórzy ludzie boją się pająków.
ROM Ńektuřy ludźe boją śę pająkuv.
IPA [nʲɛktuʑɨ ludʑɛ bɔʲɔ̃ʷ ɕɛ̃ʷ paʲɔ̃ŋkuf ||]

2285

EN A vegetarian is someone who doesn't eat meat.

PL Wegetarianin to ktoś, kto nie je mięsa.
ROM Vegetarjańin to ktoś, kto ńe je mjęsa.
IPA [vɛgetarʲanʲin tɔ ktɔɕ | ktɔ nʲɛ jɛ mjɛ̃nsa ||]

2286

EN Do you know the people who live next door?

PL Znasz ludzi, którzy mieszkają drzwi obok?
ROM Znaš ludźi, ktuřy mješkają dřvi obok?
IPA [znaʂ ludʑi | ktuʑɨ mʲɛʂkaʲɔ̃ʷ dzvi ɔbɔk ||]

2287

EN History is the study of the past.

PL Historia jest nauką o przeszłości.
ROM Xistorja jest nauką o přešwośći.
IPA [xistɔrʲa jest naukɔ̃ʷ ɔ pʂɛʂʷɔɕtɕi ||]

2288

EN The water in the pool didn't look clean, so we didn't go swimming.

PL Woda w basenie nie wyglądała na czystą, więc nie poszlismy pływać.

ROM Voda v baseńe ńe vyglądawa na čystą, vjęc ńe pošlismy pwyvać.

IPA [vɔda v basɛnʲɛ nʲɛ vɨglɔ̃ndawa na t͡ʂɨstɔ̃ʷ | vjɛ̃nts nʲɛ pɔʂlismɨ pʷɨvatɕ ||]

2289

EN You need patience to teach young children.

PL Potrzebujesz cierpliwości, żeby uczyć małe dzieci.

ROM Potřebuješ ćerplivośći, żeby učyć mawe dźeći.

IPA [pɔtʂɛbujeʂ tɕerplivɔɕtɕi | ʐɛbɨ ut͡ʂɨtɕ mawɛ d͡ʑetɕi ||]

2290

EN Paolo and Giuliana got married, but the marriage didn't last very long.

PL Paolo i Giuliana wzięli ślub, ale małżeństwo nie trwało zbyt długo.

ROM Paolo i Giuliana vźęli ślub, ale mawżeństvo ńe trvawo zbyt dwugo.

IPA [(…) i (…) vʑɛ̃ʷli ɕlup | alɛ maʷʐɛnʲstfɔ nʲɛ trvawɔ zbɨd dʷugɔ ||]

2291

EN A pacifist is a person who is against war.

PL Pacyfista to osoba, która jest przeciwko wojnie.
ROM Pacyfista to osoba, ktura jest přećivko vojńe.
IPA [patsɨfista tɔ ɔsɔba | ktura jɛst pʂɛt͡ɕifkɔ vɔʲnʲɛ ||]

2292

EN Do you think the rich should pay higher taxes?

PL Myślisz, że bogaci powinni płacić wyższe podatki?
ROM Myśliš, że bogaći povinńi pwaćić vyžše podatki?
IPA [mɨɕliʂ | ʐɛ bɔgat͡ɕi pɔvinnʲi pʷat͡ɕit͡ɕ vɨʂʂɛ pɔdatki ||]

2293

EN The government has promised to provide more money to help the homeless.

PL Rząd obiecał zapewnić więcej pieniędzy na pomoc bezdomnym.
ROM Řąd objecaw zapevńić vjęcej pjeńędzy na pomoc bezdomnym.
IPA [zɔ̃nd ɔbʲɛtsaʷ zapɛvnʲit͡ɕ vjɛntsɛʲ pʲɛnʲɛ̃d͡ʑɨ na pɔmɔt͡s bɛzdɔmnɨm ||]

2294

EN The French are famous for their food.

PL Francuzi słyną z jedzenia.
ROM Francuźi swyną z jedzeńa.
IPA [frantsuʑi sʷɨnɔ̃ʷ z jɛd͡ʑɛnʲa ||]

2295

EN The Chinese invented printing.

PL Chińczycy wynaleźli druk.
ROM Xińćycy vynaleźli druk.
IPA [xin'tʂɨtsɨ vɨnalɛʑli druk ||]

2296

EN The dollar is the currency of many countries.

PL Dolar jest walutą wielu krajów.
ROM Dolar jest valutą vjelu krajuv.
IPA [dɔlar jɛzd valutɔ̃ʷ vʲɛlu krajuf ||]

2297

EN Life is all right if you have a job, but things are not
so easy for the unemployed.

PL Życie jest w porządku jeśli masz pracę, ale sprawy
nie są takie proste dla bezrobotnych.
ROM Żyće jest v porżądku jeśli maš pracę, ale spravy ńe są
takje proste dla bezrobotnyx.
IPA [ʑɨtɕɛ jɛst f pɔʑɔ̃ntku jɛɕli maʂ pratsɛ̃ʷ | alɛ spravɨ nʲɛ
sɔ̃ʷ takʲɛ prɔstɛ dla bɛzrɔbɔdnɨx ||]

2298

EN It is said that Robin Hood took money from the rich and gave it to the poor.

PL Mówi się, że Robin Hood zabierał pieniądze bogatym i dawał je biednym.

ROM Muvi śę, że Robin Xood zabjeraw pjeńądze bogatym i davaw je bjednym.

IPA [muvi ɕɛ̃ʷ | zɛ rɔbin xɔɔd zabʲɛraʷ pʲenʲɔ̃nʥɛ bɔgatɨm i davaʷ jɛ bʲednɨm ||]

2299

EN Cairo's the capital of Egypt.

PL Kair jest stolicą Egiptu.

ROM Kair jest stolicą Egiptu.

IPA [kair jɛst stɔlitsɔ̃ʷ ɛgiptu ||]

2300

EN The Atlantic Ocean is between Africa and America.

PL Ocean Atlantycki znajduje się między Afryką i Ameryką.

ROM Ocean Atlantycki znajduje śę mjędzy Afryką i Ameryką.

IPA [ɔtsean atlantɨtski znaʲduje ɕɛ̃ʷ mjɛ̃nʥɨ afrɨkɔ̃ʷ i amɛrɨkɔ̃ʷ ||]

GMS #2301 - 2400

2301

EN Sweden is a country in northern Europe.

PL Szwecja jest krajem w północnej Europie.
ROM Švecja jest krajem v puwnocnej Europje.
IPA [şfɛts'a jɛst krajɛm f pu^wnɔtsnɛ^j ɛurɔp^jɛ ||]

2302

EN The Amazon is a river in South America.

PL Amazonka jest rzeką w Ameryce Południowej.
ROM Amazonka jest řeką v Ameryce Powudńovej.
IPA [amazɔnka jɛzd zɛkɔ̃^w v amɛritsɛ pɔwudn^jɔvɛ^j ||]

2303

EN Asia is the largest continent in the world.

PL Azja jest największym kontynentem na świecie.
ROM Azja jest najvjękšym kontynentem na śvjeće.
IPA [az^ja jɛst na^jvjɛ̃nkşim kɔntinɛntɛm na ɕɸɛtɕɛ ||]

2304

EN The Pacific is the largest ocean.

PL Pacyfik jest największym oceanem.
ROM Pacyfik jest najvjękšym oceanem.
IPA [patsɨfik jɛst na^jvjɛ̃nkşim ɔtsɛanɛm ||]

2305

EN The Rhine is a river in Europe.

PL Ren jest rzeką w Europie.
ROM Ren jest řeką v Europje.
IPA [rɛn jɛzd ʐɛ̃kɔ̃ʷ v ɛurɔpʲɛ ||]

2306

EN Kenya is a country in East Africa.

PL Kenia jest krajem we wschodniej Afryce.
ROM Keńa jest krajem ve vsxodńej Afryce.
IPA [kɛnʲa jɛst krajɛm vɛ fsxɔdnʲɛʲ afrɨtsɛ ||]

2307

EN The United States is between Canada and Mexico.

PL Stany Zjednoczone znajdują się między Kanadą i Meksykiem.
ROM Stany Zjednočone znajdują śę mjędzy Kanadą i Meksykjem.
IPA [stanɨ zʲɛdnɔt͡ʂɔnɛ znaʲduʲɔ̃ʷ ɕɛ̃ʷ mjɛ̃ʥɨ kanadɔ̃ʷ i mɛksɨkʲɛm ||]

2308

EN The Andes are mountains in South America.

PL Andy są górami w Ameryce Południowej.
ROM Andy są gurami v Ameryce Powudńovej.
IPA [andɨ sɔ̃ʷ gurami v amɛrɨtsɛ pɔwudnʲɔvɛʲ ||]

2309

EN Bangkok is the capital of Thailand.

PL Bangkok jest stolicą Tajlandii.
ROM Bangkok jest stolicą Tajlandii.
IPA [(…) jɛst stɔlitsɔ̃ʷ taʲlandii ‖]

2310

EN The Alps are mountains in central Europe.

PL Alpy są górami w Europie Środkowej.
ROM Alpy są gurami v Europje Środkovej.
IPA [alpɨ sɔ̃ʷ gurami v ɛurɔpʲɛ ɕrɔtkɔveʲ ‖]

2311

EN The Sahara is a desert in northern Africa.

PL Sahara jest pustynią w północnej Afryce.
ROM Sahara jest pustyńą v puwnocnej Afryce.
IPA [(…) jɛst pustɨɲʲɔ̃ʷ f puʷnɔtsneʲ afrɨtsɛ ‖]

2312

EN The Philippines is a group of islands near Taiwan.

PL Filipiny są grupą wysp blisko Tajwanu.
ROM Filipiny są grupą vysp blisko Tajvanu.
IPA [filipinɨ sɔ̃ʷ grupɔ̃ʷ vɨzb bliskɔ taʲvanu ‖]

2313

EN Have you ever been to the south of France?

PL Byłeś (♀byłaś) kiedykolwiek na południu Francji?
ROM Byweś (♀bywaś) kjedykolvjek na powudńu Franci?
IPA [bɨwɛɕ (bɨwaɕ) kʲɛdɨkɔlvʲɛk na pɔwudnʲu frantsi ‖]

2314

EN I hope to go to the United Kingdom next year.

PL Mam nadzieję pojechać do Zjednoczonego Królestwa
w przyszłym roku.
ROM Mam nadźeję pojexać do Zjednočonego Krulestva v
přyšwym roku.
IPA [mam nadʑɛʲɛ̃ʷ pɔjexadʑ dɔ zʲɛdnɔt͡ʂɔnɛgɔ krulɛstfa f
pʂɨʂʷɨm rɔku ‖]

2315

EN Scotland, Britain (England), and Wales are all in the
United Kingdom.

PL Szkocja, Brytania (♀Anglia) i Walia są wszystkie w
Zjednoczonym Królestwie.
ROM Škocja, Brytańa (♀Anglja) i Valja są všystkje v
Zjednočonym Krulestvje.
IPA [ʂkɔtsʲa ‖ britanʲa (anglʲa) i valʲa sɔ̃ʷ fʂɨstkʲɛ v
zʲɛdnɔt͡ʂɔnɨm krulɛstfʲɛ ‖]

2316

EN The Great Wall of China is in China.

PL Wielki Mur Chiński znajduje się w Chinach.
ROM Vjelki Mur Xiński znajduje śę v Xinax.
IPA [vʲɛlki mur xinʲski znaʲdujɛ çɛ̃ʷ f xinax ‖]

2317

EN UCLA is in L.A.

PL UCLA znajduje się w Los Angeles.
ROM UCLA znajduje śę v Los Angeles.
IPA [(…) znaʲdujɛ çɛ̃ʷ f (…) ‖]

2318

EN The Guggenheim Museum is in New York.

PL Muzeum Guggenheim jest w Nowym Jorku.
ROM Muzeum Guggenheim jest v Novym Jorku.
IPA [muzɛum (…) jɛzd v nɔvɨm jɔrku ‖]

2319

EN The Acropolis is in Athens.

PL Akropol znajduje się w Atenach.
ROM Akropol znajduje śę v Atenax.
IPA [akrɔpol znaʲdujɛ çɛ̃ʷ v atɛnax ‖]

2320

EN The Kremlin is in Moscow.

PL   Kreml znajduje się w Moskwie.
ROM Kreml znajduje śę v Moskvje.
IPA [krɛml znaʲdujɛ ɕɛ̃ʷ v mɔskfʲɛ ||]

2321

EN The Pentagon is in Washington, D.C.

PL   Pentagon znajduje się w Waszyngtonie DC.
ROM Pentagon znajduje śę v Vašyngtońe DC.
IPA [(…) znaʲdujɛ ɕɛ̃ʷ v vaṣinktɔnʲɛ ʦ ||]

2322

EN The bicycle and the car are means of transportation.

PL   Rower i samochód są środkami transportu.
ROM Rover i samoxud są środkami transportu.
IPA [rɔvɛr i samɔxut sɔ̃ʷ ɕrɔtkami transpɔrtu ||]

2323

EN The police want to interview two (2) men about the
     robbery last week.

PL   Policja chciała przesłuchać dwóch mężczyzn na
     temat kradzieży w ostatnim tygodniu.
ROM Policja xćawa přeswuxać dvux mężčyzn na temat
     kradźeży v ostatńim tygodńu.
IPA [pɔlitsʲa xtɕawa pṣɛsʷuxadʑ dvux mɛ̃nṣtṣizn na tɛmat
     kradʑɛzʲ v ɔstatnʲim tɨgɔdnʲu ||]

2324

EN Fortunately, the news wasn't as bad as we expected.

PL Na szczęście wiadomości nie były tak złe, jak oczekiwaliśmy (♀oczekiwałyśmy).

ROM Na ščęśće vjadomośći ńe bywy tak zwe, jak očekivaliśmy (♀očekivawyśmy).

IPA [na ʂt͡ʂɛ̃nʲɕt͡ɕɛ vʲadɔmɔɕt͡ɕi nʲɛ bɨwɨ tag zʷɛ | jak ɔt͡ʂɛkivaliɕmɨ (ɔt͡ʂɛkivawɨɕmɨ) ||]

2325

EN Do the police know how the accident happened?

PL Czy policja wie, jak zdarzył się ten wypadek?

ROM Čy policja vje, jak zdařyw śę ten vypadek?

IPA [t͡ʂɨ pɔlitsʲa vʲɛ | jag zdaʐɨʷ ɕɛ̃ʷ tɛn vɨpadɛk ||]

2326

EN I don't like hot weather. Ninety degrees is too hot for me. > I don't like hot weather. Thirty-two (32) degrees is too hot for me.

PL Nie lubię upalnej pogody. Trzydzieści dwa stopnie Celsjusza to dla mnie za gorąco.

ROM Ńe lubję upalnej pogody. Třydźeśći dva stopńe Celsjuša to dla mńe za gorąco.

IPA [nʲɛ lubjɛ̃ʷ upalnɛʲ pɔgɔdɨ || tʂɨd͡ʑɛɕt͡ɕi dva stɔpnʲɛ tsɛlsʲuʂa tɔ dla mnʲɛ za gɔrɔ̃ntsɔ ||]

2327

EN I need more than ten (10) dollars. Ten dollars isn't enough. > I need more than six (6) euros. Six euros isn't enough.

PL Potrzebuję więcej niż trzydzieści dwa złote. Trzydzieści dwa złote nie wystarczą.

ROM Potřebuję vjęcej ńiž třydźeśći dva zwote. Třydźeśći dva zwote ńe vystarčą.

IPA [pɔtşɛbuʲɛ̃ʷ vjɛ̃ntseʲ nʲiş tşidʑɛçtçi dva zʷɔtɛ ‖ tşidʑɛçtçi dva zʷɔtɛ nʲɛ vistartʂɔ̃ʷ ‖]

2328

EN Do you think two (2) days is enough time to visit New York?

PL Czy myślisz, że dwa dni wystarczą, żeby odwiedzić Nowy Jork?

ROM Čy myśliš, že dva dńi vystarčą, žeby odvjedźić Novy Jork?

IPA [tşi miçliş | zɛ dva dnʲi vistartʂɔ̃ʷ | zɛbi ɔdvʲɛdʑitç nɔvi jɔrk ‖]

2329

EN Problems concerning health are health problems.

PL Problemy dotyczące zdrowia są problemami ze zdrowiem.

ROM Problemy dotyčące zdrovja są problemami ze zdrovjem.

IPA [prɔblɛmi dɔtitʂɔ̃ntsɛ zdrɔvʲa sɔ̃ʷ prɔblɛmami zɛ zdrɔvʲɛm ‖]

2330

EN Chocolate made from milk is milk chocolate.

PL Czekolada zrobiona z mleka to czekolada mleczna.
ROM Čekolada zrobjona z mleka to čekolada mlečna.
IPA [t͡ʂɛkɔlada zrɔbʲɔna z mlɛka tɔ t͡ʂɛkɔlada mlɛt͡ʂna ‖]

2331

EN Someone whose job is to inspect factories is a factory
    inspector.

PL Ktoś, czyją pracą jest sprawdzać fabryki, jest
    inspektorem fabryki.
ROM Ktoś, čyją pracą jest spravdzać fabryki, jest
    inspektorem fabryki.
IPA [ktɔɕ | t͡ʂɨjɔ̃ʷ pratsɔ̃ʷ jest spravd͡zat͡ɕ fabrɨki | jest
    inspɛktɔrem fabrɨki ‖]

2332

EN The results of your exams are your exam results.

PL Wyniki twojego egzaminu.
ROM Vyńiki tvojego egzaminu.
IPA [vɨnʲiki tfɔjɛgɔ ɛgzaminu ‖]

2333

EN　A scandal involving an oil company is an oil company scandal.

PL　Skandal, w który zaangażowana jest firma naftowa to skandal naftowy.

ROM　Skandal, v ktury zaangažovana jest firma naftova to skandal naftovy.

IPA　[skandal | f kturɨ zaangazɔvana jɛst firma naftɔva tɔ skandal naftɔvɨ ||]

2334

EN　A building with five (5) stories is a five-story building.

PL　Budynek z pięcioma piętrami to budynek pięciopiętrowy.

ROM　Budynek z pjęćoma pjętrami to budynek pjęćopjętrovy.

IPA　[budɨnɛk s pjɛ̃nʲtɕɔma pjɛ̃ntrami tɔ budɨnɛk pjɛ̃nʲtɕɔpjɛ̃ntrɔvɨ ||]

2335

EN　A man who is thirty (30) years old is a thirty-year-old man.

PL　Mężczyzna, który ma trzydzieści lat to trzydziestoletni mężczyzna.

ROM　Mężčyzna, ktury ma třydźeśći lat to třydźestoletńi mężčyzna.

IPA　[mɛ̃nʂt͡ʂɨzna | kturɨ ma t͡ɕid͡ʑɛɕt͡ɕi lat tɔ t͡ɕid͡ʑɛstɔlɛtnʲi mɛ̃nʂt͡ʂɨzna ||]

2336

EN A course that lasts twelve (12) weeks is a twelve-week course.

PL Kurs, który trwa dwanaście tygodni to dwunastotygodniowy kurs.

ROM Kurs, ktury trva dvanaśće tygodńi to dvunastotygodńovy kurs.

IPA [kurs | kturɨ trva dvanaɕʨɛ tɨgɔdnʲi tɔ dvunastɔtɨgɔdnʲɔvɨ kurs ||]

2337

EN A drive that takes two (2) hours is a two-hour drive.

PL Przejażdżka, która zajmuje dwie godziny to dwugodzinna przejażdżka.

ROM Přejažjka, ktura zajmuje dvje godźiny to dvugodźinna přejažjka.

IPA [pɕɛjaʂʧka | ktura zaʲmujɛ dvʲɛ gɔdʑinɨ tɔ dvugɔdʑinna pɕɛjaʂʧka ||]

2338

EN A question that has two (2) parts is a two-part question.

PL Pytanie, które ma dwie części to dwuczęściowe pytanie.

ROM Pytańe, kture ma dvje čęśći to dvučęśćove pytańe.

IPA [pɨtanʲɛ | kturɛ ma dvʲɛ t͡ʂɛ̃nʲɕʨi tɔ dvut͡ʂɛ̃nʲɕʨɔvɛ pɨtanʲɛ ||]

2339

EN The meeting tomorrow has been canceled. >
Tomorrow's meeting has been canceled.

PL Spotkanie, które miało odbyć się jutro zostało
odwołane. > Jutrzejsze spotkanie zostało odwołane.

ROM Spotkańe, kture mjawo odbyć śę jutro zostawo
odvowane. > Jutřejše spotkańe zostawo odvowane.

IPA [spɔtkanʲɛ | kturɛ mʲawɔ ɔdbɨtɕ ɕɛ̃ʷ jutrɔ zɔstawɔ
ɔdvɔwanɛ || > jutʂɛʲʂɛ spɔtkanʲɛ zɔstawɔ ɔdvɔwanɛ ||
]

2340

EN The storm last week caused a lot of damage. > Last
week's storm caused a lot of damage.

PL Burza w tamtym tygodniu spowodowała wiele
zniszczeń.

ROM Buřa v tamtym tygodńu spovodovawa vjele zńiščeń.

IPA [buʐa f tamtɨm tɨgɔdnʲu spɔvɔdɔvawa vʲɛlɛ znʲiʂt͡ʂɛnʲ
||]

2341

EN Tourism is the main industry in the region. > The region's main industry is tourism.

PL Turystyka jest głównym przemysłem w tym regionie. > Głównym przemysłem tego regionu jest turystyka.

ROM Turystyka jest gwuvnym přemyswem v tym regjońe. > Gwuvnym přemyswem tego regjonu jest turystyka.

IPA [turɨstɨka jɛzd gʷuvnɨm pʂɛmɨsʷɛm f tɨm rɛgʲɔnʲɛ || > gʷuvnɨm pʂɛmɨsʷɛm tɛgɔ rɛgʲɔnu jɛst turɨstɨka ||]

2342

EN I bought enough groceries at the supermarket last night for a week. > I bought a week's worth of groceries last night.

PL Kupiłem (♀kupiłam) wystarczająco produktów spożywczych na tydzień w supermarkecie ostatniego wieczoru. > Kupiłem (♀kupiłam) tygodniowy zapas produktów spożywczych ostatniego wieczoru.

ROM Kupiwem (♀kupiwam) vystarčająco produktuv spožyvčyx na tydźeń v supermarkeće ostatńego vječoru. > Kupiwem (♀kupiwam) tygodńovy zapas produktuv spožyvčyx ostatńego vječoru.

IPA [kupiwɛm (kupiwam) vɨstart͡ʂaʲɔ̃ntsɔ prɔduktuf spɔʑɨft͡ʂɨx na tɨd͡ʑɛnʲ f supɛrmarkɛt͡ɕɛ ɔstatnʲɛgɔ vʲɛt͡ʂɔru || > kupiwɛm (kupiwam) tɨgɔdnʲɔvɨ zapas prɔduktuf spɔʑɨft͡ʂɨx ɔstatnʲɛgɔ vʲɛt͡ʂɔru ||]

2343

EN I haven't been able to rest for even a minute all day.
> I haven't had a minute's rest all day.

PL Przez cały dzień nie mogłem (♀nie mogłam)
odpocząć nawet minutę. > Nie miałem (♀miałam)
nawet minuty odpoczynku przez cały dzień.

ROM Přez cawy dźeń ńe mogwem (♀ńe mogwam)
odpočąć navet minutę. > Ńe mjawem (♀mjawam)
navet minuty odpočynku přez cawy dźeń.

IPA [pʂɛs tsawɨ dʑɛnʲ nʲɛ mɔgʷɛm (nʲɛ mɔgʷam)
ɔtpɔt͡ʂɔ̃ntɕ navet minutɛ̃ʷ || > nʲɛ mʲawɛm (mʲawam)
navɛt minutɨ ɔtpɔt͡ʂinku pʂɛs tsawɨ dʑɛnʲ ||]

2344

EN I don't want you to pay for me. I'll pay for myself.

PL Nie chcę żebyś płacił (♀płaciła) za mnie. Zapłacę za
siebie.

ROM Ńe xcę żebyś pwaćiw (♀pwaćiwa) za mńe. Zapwacę
za śebje.

IPA [nʲɛ xtsɛ̃ʷ zɛbɨɕ pʷatɕiʷ (pʷatɕiwa) za mnʲɛ ||
zapʷatsɛ̃ʷ za ɕɛbʲɛ ||]

2345

EN Do you talk to yourself sometimes?

PL Mówisz czasami do siebie?

ROM Muviš časami do śebje?

IPA [muviʂ t͡ʂasami dɔ ɕɛbʲɛ ||]

2346

EN If you want more to eat, help yourselves.

PL Jeśli chcesz zjeść więcej, częstuj się.
ROM Jeśli xceš zjeść vjęcej, čęstuj śę.
IPA [jɛɕli xtsɛʐ z^jɛʐd͡ʐ vjɛ̃ntsɛ^j | t͡ʂɛ̃nstu^j ɕɛ̃ʷ ||]

2347

EN It's not our fault. You can't blame us.

PL To nie jest nasza wina. Nie możesz nas winić.
ROM To ńe jest naša vina. Ńe možeš nas vińić.
IPA [tɔ n^jɛ jɛst naʂa vina || n^jɛ mɔʐɛʂ naz vin^jit͡ɕ ||]

2348

EN It's our own fault. We should blame ourselves.

PL To jest nasza wina. Powinniśmy winić siebie samych.
ROM To jest naša vina. Povinńiśmy vińić śebje samyx.
IPA [tɔ jɛst naʂa vina || pɔvinn^jiɕmɨ vin^jit͡ɕ ɕɛb^jɛ samɨx ||]

2349

EN I feel nervous. I can't relax.

PL Czuję się zdenerwowany (♀zdenerwowana). Nie mogę się zrelaksować.
ROM Čuję śę zdenervovany (♀zdenervovana). Ńe mogę śę zrelaksovać.
IPA [t͡ʂu^jɛ̃ʷ ɕɛ̃ʷ zdɛnɛrvɔvanɨ (zdɛnɛrvɔvana) || n^jɛ mɔgɛ̃ʷ ɕɛ̃ʷ zrɛlaksɔvat͡ɕ ||]

2350

EN You have to try and concentrate.

PL Musisz spróbować się skoncentrować.
ROM Muśiš sprubovać śę skoncentrovać.
IPA [muɕiʂ sprubɔvatɕ ɕɛ̃ʷ skɔntsɛntrɔvatɕ ||]

2351

EN What time should we meet?

PL O której powinniśmy (♀powinnyśmy) się spotkać?
ROM O kturej povinńiśmy (♀povinnyśmy) śę spotkać?
IPA [ɔ ktureʲ pɔvinnʲiɕmɨ (pɔvinniɕmɨ) ɕɛ̃ʷ spɔtkatɕ ||]

2352

EN He got up, washed, shaved, and got dressed.

PL On wstał, umył się, ogolił i ubrał.
ROM On vstaw, umyw śę, ogoliw i ubraw.
IPA [ɔn fstaʷ | umɨʷ ɕɛ̃ʷ | ɔgɔliʷ i ubraʷ ||]

2353

EN How long have you and Kenichi known each other?
> How long have you known one another?

PL Jak długo ty i Kenichi się znacie? > Jak długo się
znacie?
ROM Jak dwugo ty i Kenichi śę znaće? > Jak dwugo śę
znaće?
IPA [jag dʷugɔ tɨ i (…) ɕɛ̃ʷ znatɕɛ || > jag dʷugɔ ɕɛ̃ʷ
znatɕɛ ||]

2354

EN Kasumi and Linda don't like each other. > They don't like one another.

- -

PL Kasumi i Linda nie lubią się. > One się nie lubią.

ROM Kasumi i Linda ńe lubją śę. > One śę ńe lubją.

IPA [(…) i (…) nʲɛ lubjɔ̃ʷ ɕɛ̃ʷ || > ɔnɛ ɕɛ̃ʷ nʲɛ lubjɔ̃ʷ ||]

2355

EN Do you and Henrik live near each other? > Do you two (2) live near one another?

- -

PL Czy ty i Henrik mieszkacie blisko siebie? > Czy wy dwoje mieszkacie blisko siebie?

ROM Čy ty i Henrik mješkaće blisko śebje? > Čy vy dvoje mješkaće blisko śebje?

IPA [t͡ʂɨ tɨ i (…) mʲɛʂkat͡ɕɛ bliskɔ ɕɛbʲɛ || > t͡ʂɨ vɨ dvɔjɛ mʲɛʂkat͡ɕɛ bliskɔ ɕɛbʲɛ ||]

2356

EN I'm not going to do your work for you. You can do it yourself.

- -

PL Nie zamierzam zrobić twojej pracy za ciebie. Możesz to zrobić sam (♀ sama).

ROM Ńe zamjeřam zrobić tvojej pracy za ćebje. Možeš to zrobić sam (♀ sama).

IPA [nʲɛ zamʲɛʐam zrɔbit͡ɕ tfɔjeʲ pratsɨ za t͡ɕɛbʲɛ || mɔʐɛʂ tɔ zrɔbit͡ɕ sam (sama) ||]

2357

EN The movie itself wasn't very good, but I loved the music.

PL Sam film nie był zbyt dobry, ale podobała mi się muzyka.

ROM Sam film ńe byw zbyt dobry, ale podobawa mi śę muzyka.

IPA [sam film nʲɛ bɨʷ zbɨd dɔbrɨ | alɛ pɔdɔbawa mi ɕɛ̃ʷ muzɨka ||]

2358

EN Even Magda herself doesn't think she'll get the new job.

PL Nawet sama Magda nie sądzi, że dostanie tę nową pracę.

ROM Navet sama Magda ńe sądźi, że dostańe tę nová pracę.

IPA [navɛt sama (…) nʲɛ sɔ̃ndʑi | ʑɛ dɔstanʲɛ tɛ̃ʷ nɔvɔ̃ʷ pratsɛ̃ʷ ||]

2359

EN She climbed out of the swimming pool and dried herself off with a towel.

PL Ona wyszła z basenu i osuszyła się ręcznikiem.

ROM Ona vyšwa z basenu i osušywa śę ręčńikjem.

IPA [ɔna vɨʂʷa z basɛnu i ɔsuʂɨwa ɕɛ̃ʷ rɛ̃ntʂn̠ʲikʲɛm ||]

2360

EN I tried to study, but I couldn't concentrate.

PL Próbowałem (♀próbowałam) się uczyć, ale nie mogłem (♀mogłam) się skoncentrować.

ROM Prubovawem (♀prubovawam) śę učyć, ale ńe mogwem (♀mogwam) śę skoncentrovać.

IPA [prubɔvawɛm (prubɔvawam) ɕɛ̃ʷ utʂitɕ | alɛ nʲɛ mɔgʷɛm (mɔgʷam) ɕɛ̃ʷ skɔntsɛntrɔvatɕ ‖]

2361

EN If somebody attacks you, you need to be able to defend yourself.

PL Jeśli ktoś cię zaatakuje, musisz być w stanie się obronić.

ROM Jeśli ktoś ćę zaatakuje, muśiš być v stańe śę obrońić.

IPA [jeɕli ktɔɕ tɕɛ̃ʷ zaatakujɛ | muɕiz̥ bɨtɕ f stanʲɛ ɕɛ̃ʷ ɔbrɔnʲitɕ ‖]

2362

EN You're always rushing around. Why don't you sit down and relax?

PL Zawsze się spieszysz. Dlaczego nie usiądziesz i się nie zrelaksujesz?

ROM Zavše śę spješyš. Dlačego ńe uśądźeš i śę ńe zrelaksuješ?

IPA [zafʂɛ ɕɛ̃ʷ spʲɛʂiʂ ‖ dlat͡ʂɛgɔ nʲɛ uɕɔ̃ʤ̥ɛʂ i ɕɛ̃ʷ nʲɛ zrelaksujɛʂ ‖]

2363

EN Some people are very selfish. They think only of themselves.

PL Niektórzy ludzie są bardzo egoistyczni. Myślą tylko o sobie.

ROM Ńektuřy ludźe są bardzo egoistyčńi. Myślą tylko o sobje.

IPA [nʲektuzi ludʑɛ sɔ̃ʷ bardzɔ ɛgɔistitʂnʲi || miɕlɔ̃ʷ tilkɔ ɔ sɔbʲɛ ||]

2364

EN We couldn't get back into the house because we had locked ourselves out.

PL Nie mogliśmy (♀mogłyśmy) wejść do domu, bo zatrzasnęliśmy drzwi.

ROM Ńe mogliśmy (♀mogwyśmy) vejść do domu, bo zatřasnęliśmy dřvi.

IPA [nʲɛ mɔgliɕmi (mɔgʷiɕmi) vejʑdʑ dɔ dɔmu | bɔ zatʂasnɛ̃ʷliɕmi dzvi ||]

2365

EN They're not speaking to each other anymore.

PL Oni (♀one) już ze sobą nie rozmawiają.

ROM Ońi (♀one) już ze sobą ńe rozmavjają.

IPA [ɔnʲi (ɔnɛ) juz̠ zɛ sɔbɔ̃ʷ nʲɛ rɔzmavʲajɔ̃ʷ ||]

2366

EN We'd never met before, so we introduced ourselves to one another.

PL Nie spotkaliśmy (♀spotkałyśmy) się wcześniej, więc przedstawiliśmy (♀przedstawiłyśmy) się sobie nawzajem.

ROM Ńe spotkaliśmy (♀spotkawyśmy) śę včeśńej, vjęć představiliśmy (♀představiwyśmy) śę sobje navzajem.

IPA [nʲɛ spɔtkaliɕmɨ (spɔtkawiɕmɨ) ɕɛ̃ʷ ft͡ʂɛɕnʲɛʲ | vjɛ̃nʲt͡ɕ pʂɛtstaviliɕmɨ (pʂɛtstaviwiɕmɨ) ɕɛ̃ʷ sɔbʲɛ navzajem ||]

2367

EN A friend of mine is getting married this Saturday.

PL Mój przyjaciel (♀moja przyjaciółka) bierze ślub w tę sobotę.

ROM Muj přyjaćel (♀moja přyjaćuwka) bjeře ślub v tę sobotę.

IPA [muʲ pʂijat͡ɕel (mɔja pʂijat͡ɕuʷka) bʲɛʐɛ ɕlup f tɛ̃ʷ sɔbɔtɛ̃ʷ ||]

2368

EN We took a trip with some friends of ours.

PL Pojechaliśmy (♀pojechałyśmy) z naszymi przyjaciółmi na wycieczkę.

ROM Pojexaliśmy (♀pojexawyśmy) z našymi přyjaćuwmi na vyćečkę.

IPA [pɔjɛxaliɕmɨ (pɔjɛxawɨɕmɨ) z naṣɨmi pṣɨjatɕuʷmi na vitɕɛt͡ʂkɛ̃ʷ ‖]

2369

EN Pietro had an argument with a neighbor of his.

PL Pietro pokłócił się ze swoim sąsiadem (♀ze swoją sąsiadką).

ROM Pietro pokwućiw śę ze svoim sąśadem (♀ze svoją sąśadką).

IPA [(…) pɔkʷutɕiʷ ɕɛ̃ʷ zɛ sfɔim sɔ̃ɲɕadɛm (zɛ sfɔʲɔ̃ʷ sɔ̃ɲɕatkɔ̃ʷ) ‖]

2370

EN That woman over there is a friend of my sister's.

PL Tamta kobieta jest przyjaciółką mojej siostry.

ROM Tamta kobjeta jest přyjaćuwką mojej śostry.

IPA [tamta kɔbʲeta jɛst pṣɨjatɕuʷkɔ̃ʷ mɔjeʲ ɕɔstrɨ ‖]

2371

EN My sister graduated from college, and is living on her own. > She's living by herself.

PL Moja siostra ukończyła koledż i mieszka sama. > Ona mieszka sama.

ROM Moja śostra ukońčywa koleǰ i mješka sama. > Ona mješka sama.

IPA [mɔja ɕɔstra ukɔnʲt͡ʂɨwa kɔlɛd͡z̪ i mʲɛʂka sama ‖ > ɔna mʲɛʂka sama ‖]

2372

EN I don't want to share a room with anybody. I want my own room.

PL Nie chcę dzielić z nikim pokoju. Chcę mieć swój własny pokój.

ROM Ńe xcę dźelić z ńikim pokoju. Xcę mjeć svuj vwasny pokuj.

IPA [nʲɛ xtsɛ̃ʷ d͡ʑɛlid͡ʑ z nʲikim pɔkɔju ‖ xtsɛ̃ʷ mʲɛtɕ sfuʲ vʷasnɨ pɔkuʲ ‖]

2373

EN It's a shame that the apartment doesn't have its own parking space.

PL Szkoda, że mieszkanie nie ma własnego parkingu.

ROM Škoda, že mješkańe ńe ma vwasnego parkingu.

IPA [ʂkɔda | ʐɛ mʲɛʂkanʲɛ nʲɛ ma vʷasnɛgɔ parkingu ‖]

2374

EN Why do you want to borrow my car? Why don't you use your own?

PL Dlaczego chcesz pożyczyć mój samochód? Dlaczego nie używasz swojego?

ROM Dlačego xceš požyčyć muj samoxud? Dlačego ńe užyvaš svojego?

IPA [dlaʧɛgɔ xtsɛʂ pɔʑʧʲʂitɕ muʲ samɔxut || dlaʧɛgɔ nʲɛ uʑʲvaʂ sfɔjɛgɔ ||]

2375

EN I'd like to have a garden so that I could grow my own vegetables.

PL Chciałbym (♀chciałabym) mieć ogród, żeby hodować swoje warzywa.

ROM Xćawbym (♀xćawabym) mjeć ogrud, żeby xodovać svoje vařyva.

IPA [xtɕaʷbɨm (xtɕawabɨm) mʲɛtɕ ɔgrut | zɛbɨ xɔdɔvatɕ sfɔjɛ vazʲva ||]

2376

EN I traveled around Japan on my own.

PL Podróżowałem (♀podróżowałam) sam (♀sama) po Japonii.

ROM Podružovawem (♀podružovawam) sam (♀sama) po Japońii.

IPA [pɔdruzʲɔvawɛm (pɔdruzʲɔvawam) sam (sama) pɔ japɔnʲii ||]

2377

EN She raises her children as a single mother on her own.

PL   Ona wychowuje swoje dzieci jako samotna matka.
ROM Ona vyxovuje svoje dźeći jako samotna matka.
IPA [ɔna vɨxɔvujɛ sfɔjɛ ʥɛtɕi jakɔ samɔdna matka ‖]

2378

EN Student drivers are not allowed to drive by themselves.

PL   Uczniowie kursów na prawo jazdy nie mogą jeździć sami.
ROM Učňovje kursuv na pravo jazdy ńe mogą jeźdźić sami.
IPA [utʂnʲɔvʲɛ kursuv na pravɔ jazdɨ nʲɛ mɔgɔ̃ʷ jɛʑʥitɕ sami ‖]

2379

EN Sorry I'm late. There was a lot of traffic.

PL   Przepraszam za spóźnienie. Były duże korki.
ROM Přeprašam za spuźńeńe. Bywy duže korki.
IPA [pʂɛpraʂam za spuʑnʲɛnʲɛ ‖ bɨwɨ duʐɛ kɔrki ‖]

2380

EN Things are more expensive now. There's been a big increase in the cost of living.

PL Wszystko jest teraz drogie. Koszty życia bardzo wzrosły.

ROM Všystko jest teraz drogje. Košty žyća bardzo vzroswy.

IPA [fʂistkɔ jɛst tɛraz drɔɡʲɛ || kɔʂti ʑitɕa bardzɔ vzrɔsʷi ||]

2381

EN I wasn't expecting them to come. It was a complete surprise.

PL Nie oczekiwałem (♀oczekiwałam), że przyjdą. To była kompletna niespodzianka.

ROM Ńe očekivawem (♀očekivawam), že přyjdą. To bywa kompletna ńespodźanka.

IPA [nʲɛ ɔtʂɛkivawem (ɔtʂɛkivawam) | zɛ pʂɨjdɔ̃ʷ || tɔ biwa komplɛdna nʲɛspodʑanka ||]

2382

EN The new restaurant is very good. I went there last night.

PL Nowa restauracja jest bardzo dobra. Poszedłem (♀poszłam) tam ostatniego wieczoru.

ROM Nova restauracja jest bardzo dobra. Pošedwem (♀pošwam) tam ostatńego vječoru.

IPA [nɔva rɛstaurats ʲa jezd bardzɔ dobra || pɔʂedʷem (pɔʂʷam) tam ɔstatnʲegɔ vʲetʂɔru ||]

2383

EN Is there a flight to Madrid tonight? — There might be, let me check.

PL Czy jest dziś wieczorem lot do Madrytu? — Możliwe, że jest, pozwól mi sprawdzić.

ROM Čy jest dźiś vječorem lot do Madrytu? — Možlive, že jest, pozvul mi spravdźić.

IPA [t͡ʂɨ jezd d͡ʑiʑ vʲet͡ʂɔrɛm lɔd dɔ madrɨtu ‖ — mɔʐlivɛ | zɛ jest | pɔzvul mi spravd͡ʑit͡ɕ ‖]

2384

EN If people drove more carefully, there wouldn't be so many accidents.

PL Gdyby ludzie jeździli ostrożniej, nie byłoby tylu wypadków.

ROM Gdyby ludźe jeźdźili ostrožńej, ńe bywoby tylu vypadkuv.

IPA [gdɨbɨ lud͡ʑe jez͡d͡ʑili ɔstrɔʐɲͤeʲ | nʲɛ bɨwɔbɨ tɨlu vɨpatkuf ‖]

2385

EN I heard music, so there must have been somebody at home.

PL Słyszałem (♀słyszałam) muzykę, więc ktoś musiał być w domu.

ROM Swyšawem (♀swyšawam) muzykę, vjęc ktoś muśaw być v domu.

IPA [sʷɨʂawɛm (sʷɨʂawam) muzɨkɛ̃ʷ | vjɛ̃nts ktɔɕ mut͡ɕaʷ bɨt͡ɕ v dɔmu ‖]

2386

EN They live on a big street, so there must be a lot of noise from the traffic.

PL Oni (♀one) mieszkają przy dużej ulicy, więc musi tam być duży hałas.

ROM Ońi (♀one) mješkają přy dużej ulicy, vjęc muśi tam być duży xawas.

IPA [ɔnʲi (ɔnɛ) mʲɛʂkaʲɔ̃ʷ pʂi duʐɛ̨ʲ ulitsɨ | vjɛ̃ts muɕi tam bɨʥ duzɨ̨ xawas ‖]

2387

EN That building is now a supermarket. It used to be a movie theater.

PL W tamtym budynku jest teraz supermarket. To było kiedyś kino.

ROM V tamtym budynku jest teraz supermarket. To bywo kjedyś kino.

IPA [f tamtɨm budɨnku jɛst tɛras supɛrmarkɛt ‖ tɔ bɨwɔ kʲedɨɕ kinɔ ‖]

2388

EN There's bound to be a flight to Madrid tonight.

PL Na pewno jest dzisiaj wieczorem lot do Madrytu.

ROM Na pevno jest dźiśaj vječorem lot do Madrytu.

IPA [na pɛvnɔ jɛzd ʥiɕaʲ vʲetʂɔrɛm lɔd dɔ madrɨtu ‖]

2389

EN After the lecture, there will be an opportunity to ask questions.

PL Po wykładzie będzie możliwość zadawania pytań.

ROM Po vykwadźe będźe możlivość zadavańa pytań.

IPA [pɔ vɨkʷaʥɛ bɛ̃nʲʥɛ mɔʑlivɔʑʥ̑ zadavanʲa pɨtanʲ ‖]

2390

EN I like the place where I live, but it'd be nicer to live by the ocean.

PL Lubię miejsce, w którym mieszkam, ale milej by było mieszkać nad oceanem.

ROM Lubję mjejsce, v kturym mješkam, ale milej by bywo mješkać nad oceanem.

IPA [lubjɛ̃ʷ mʲɛʲstsɛ | f kturɨm mʲɛʂkam | alɛ milɛʲ bɨ bɨwɔ mʲɛʂkatɕ nad ɔtsɛanɛm ‖]

2391

EN I was told that there'd be someone to meet me at the airport, but there wasn't.

PL Powiedziano mi, że na lotnisku ktoś odbierze mnie, ale nikogo nie było.

ROM Povjedźano mi, że na lotńisku ktoś odbjeře mńe, ale ńikogo ńe bywo.

IPA [pɔvʲɛʣanɔ mi | ʑɛ na lɔtnʲisku ktɔɕ ɔdbʲɛʐɛ mnʲɛ | alɛ nʲikɔgɔ nʲɛ bɨwɔ ‖]

2392

EN She went out without any money.

PL Ona wyszła bez pieniędzy.
ROM Ona vyšwa bez pjeńędzy.
IPA [ɔna vɨʂʷa bɛs pʲɛnʲɛ̃ʣɨ ‖]

2393

EN He refused to eat anything.

PL On odmówił zjedzenia czegokolwiek.
ROM On odmuviw zjedzeńa čegokolvjek.
IPA [ɔn ɔdmuviʷ zʲɛʣɛnʲa t͡ʂɛgɔkɔlvʲɛk ‖]

2394

EN Hardly anybody passed the examination.

PL Prawie nikt nie zdał egzaminu.
ROM Pravje ńikt ńe zdaw egzaminu.
IPA [pravʲɛ nʲikt nʲɛ zdaʷ ɛgzaminu ‖]

2395

EN If anyone has any questions, I'll be glad to answer them.

PL Jeśli ktoś ma pytania, chętnie odpowiem.
ROM Jeśli ktoś ma pytańa, xętńe odpovjem.
IPA [jɛɕli ktɔɕ ma pɨtanʲa | xɛ̃ntnʲɛ ɔtpɔvʲɛm ‖]

2396

EN Let me know if you need anything.

PL Daj mi znać, jeśli czegoś potrzebujesz.
ROM Daj mi znać, jeśli čegoś potřebuješ.
IPA [daj mi znatɕ | jɛɕli t͡ʂɛgɔɕ pɔtʂɛbujɛʂ ||]

2397

EN I'm sorry for any trouble I've caused.

PL Przepraszam za kłopoty, jakie sprawiłem
(♀ sprawiłam).
ROM Přeprašam za kwopoty, jakje spraviwem
(♀ spraviwam).
IPA [pʂɛpraʂam za kʷɔpɔtɨ | jakʲɛ spraviwɛm
(spraviwam) ||]

2398

EN Anyone who wants to take the exam should tell me
by Friday.

PL Ktoś, kto chce napisać egzamin jutro, powinien
powiedzieć mi o tym do piątku.
ROM Ktoś, kto xce napisać egzamin jutro, povińen
povjedźeć mi o tym do pjątku.
IPA [ktɔɕ | kto xtsɛ napisatɕ ɛgzamin jutrɔ | povinʲen
povʲɛd͡ʑɛtɕ mi ɔ tɨm dɔ pjɔ̃ntku ||]

2399

EN   Someone has forgotten their umbrella.

PL   Ktoś zapomniał parasola.
ROM Ktoś zapomńaw parasola.
IPA [ktɔʑ zapɔmnʲaw parasɔla ||]

2400

EN   We had to walk home because there was no bus.

PL   Musieliśmy (♀musiałyśmy) iść piechotą do domu,
     bo nie było autobusu.
ROM Muśeliśmy (♀muśawyśmy) iść pjexotą do domu, bo
     ńe bywo autobusu.
IPA [muɕɛliɕmɨ (muɕawɨɕmɨ) iɕtɕ pʲɛxɔtɔ̃w dɔ dɔmu | bɔ
     nʲɛ bɨwɔ autɔbusu ||]

GMS #2401 - 2500

2401

EN She'll have no difficulty finding a job.

PL Ona nie będzie miała trudności ze znalezieniem pracy.

ROM Ona ńe będźe mjawa trudnośći ze znaleźeńem pracy.

IPA [ɔna nʲɛ bɛ̃nʲd͡ʑɛ mʲawa trudnɔɕt͡ɕi zɛ znalɛʑɛnʲɛm pratsɨ ||]

2402

EN There were no stores open.

PL Nie było otwartych sklepów.

ROM Ńe bywo otvartyx sklepuv.

IPA [nʲɛ bɨwɔ ɔtfartɨx sklɛpuf ||]

2403

EN All the tickets have been sold. There are none left.

PL Wszystkie bilety zostały sprzedane. Nie został żaden.

ROM Všystkje bilety zostawy spředane. Ńe zostaw žaden.

IPA [fʂɨstkʲɛ bilɛtɨ zɔstawɨ spʂɛdanɛ || nʲɛ zɔstaʷ ʐadɛn ||]

2404

EN This money is all yours. None of it is mine.

PL Te wszystkie pieniądze są twoje. Nie są moje.
ROM Te všystkje pjeńądze są tvoje. Ńe są moje.
IPA [tɛ fʂɨstkʲɛ pʲɛnʲɔnʣɛ sɔ̃ʷ tfɔjɛ || nʲɛ sɔ̃ʷ mɔjɛ ||]

2405

EN None of the stores were open.

PL Żaden ze sklepów nie był otwarty.
ROM Żaden ze sklepuv ńe byw otvarty.
IPA [ządɛn zɛ sklɛpuv nʲɛ bɨʷ ɔtfartɨ ||]

2406

EN The house is empty. There's no one living there.

PL Dom jest pusty. Nikt tam nie mieszka.
ROM Dom jest pusty. Ńikt tam ńe mješka.
IPA [dɔm jɛst pustɨ || nʲikt tam nʲɛ mʲɛʂka ||]

2407

EN We had nothing to eat.

PL Nie mieliśmy nic do jedzenia.
ROM Ńe mjeliśmy ńic do jedzeńa.
IPA [nʲɛ mʲɛliɕmɨ nʲiʣ dɔ jɛʣɛnʲa ||]

2408

EN Herman didn't tell anyone about his plans.

PL Herman nie powiedział nikomu o swoich planach.
ROM Herman ńe povjedźaw ńikomu o svoix planax.
IPA [(…) nʲɛ povʲɛdʑaw nʲikɔmu ɔ sfɔix planax ‖]

2409

EN No one did what I asked them to do, did they?

PL Nikt nie zrobił tego, o co prosiłem, prawda?
ROM Ńikt ńe zrobiw tego, o co prośiwem, pravda?
IPA [nʲikt nʲɛ zrɔbiʷ tɛgɔ | ɔ tsɔ prɔɕiwɛm | pravda ‖]

2410

EN The accident looked serious, but fortunately nobody was injured.

PL Wypadek wyglądał poważnie, ale na szczęście nikt nie był ranny.
ROM Vypadek vyglądaw považńe, ale na ščęśće ńikt ńe byw ranny.
IPA [vɨpadɛg vɨglɔ̃ndaʷ povaʐnʲɛ | alɛ na ʂt͡ʂɛ̃nʲɕt͡ɕɛ nʲikt nʲɛ bɨʷ rannɨ ‖]

2411

EN I don't know anything about economics.

PL Nie wiem nic o ekonomii.
ROM Ńe vjem ńic o ekonomii.
IPA [nʲɛ vʲem nʲits ɔ ɛkɔnɔmii ‖]

2412

EN We didn't spend much money.

PL Nie wydaliśmy dużo pieniędzy.
ROM Ńe vydaliśmy dužo pjeńędzy.
IPA [nʲɛ vɨdaliɕmɨ duzɔ pʲenʲɛ̃nʥɨ ||]

2413

EN There's no need to hurry. We've got plenty of time.

PL Nie ma potrzeby się spieszyć. Mamy dużo czasu.
ROM Ńe ma potřeby śę spješyć. Mamy dužo času.
IPA [nʲɛ ma potʂɛbɨ ɕɛ̃ʷ spʲɛʂɨtɕ || mamɨ duzɔ t͡ʂasu ||]

2414

EN There aren't many tourists here. > There aren't a lot of tourists here.

PL Nie ma tu wielu turystów. > Tu nie ma wielu turystów.
ROM Ńe ma tu vjelu turystuv. > Tu ńe ma vjelu turystuv.
IPA [nʲɛ ma tu vʲɛlu turɨstuf || > tu nʲɛ ma vʲɛlu turɨstuf ||]

2415

EN Do you know many people? > Do you know a lot of people?

PL Znasz wielu ludzi? > Znasz wielu ludzi?
ROM Znaš vjelu ludźi? > Znaš vjelu ludźi?
IPA [znaz̪ vʲɛlu luʥi || > znaz̪ vʲɛlu luʥi ||]

2416

EN Monika's very busy with her job. She has little time for other things.

PL Monika jest bardzo zajęta w swojej pracy. Ona ma mało czasu na inne rzeczy.

ROM Monika jest bardzo zajęta v svojej pracy. Ona ma mawo času na inne řečy.

IPA [(…) jɛzd bardzɔ zaʲɛ̃nta f sfɔjɛʲ pratsɨ || ɔna ma mawɔ t͡ʂasu na innɛ zɛ̨t͡ʂɨ ||]

2417

EN Kimiko has very few friends in London.

PL Kimiko ma bardzo mało przyjaciół w Londynie.

ROM Kimiko ma bardzo mawo přyjaćuw v Londyńe.

IPA [(…) ma bardzɔ mawɔ pʂɨjat͡ɕuʷ v lɔndɨɲʲɛ ||]

2418

EN Let's get something to drink. We still have a little time before the train comes.

PL Napijmy się czegoś. Wciąż mamy trochę czasu zanim przyjedzie pociąg.

ROM Napijmy śę čegoś. Vćąż mamy troxę času zańim přyjedźe poćąg.

IPA [napiʲmɨ ɕɛ̃ʷ t͡ʂɛgɔɕ || ft͡ɕɔ̃nz̩ mamɨ trɔxɛ̃ʷ t͡ʂasu zanʲim pʂɨjed͡ʑɛ pɔt͡ɕɔ̃ŋk ||]

2419

EN He spoke little English, so it was difficult to communicate with him.

PL On mówił słabo po angielsku, więc trudno było się z nim dogadać.

ROM On muviw swabo po angjelsku, vjęc trudno bywo śę z ńim dogadać.

IPA [ɔn muviʷ sʷabɔ pɔ angʲɛlsku | vjɛ̃nts trudnɔ bɨwɔ ɕɛ̃ʷ z nʲim dɔgadatɕ ‖]

2420

EN We have only a little time left.

PL Zostało nam mało czasu.

ROM Zostawo nam mawo času.

IPA [zɔstawɔ nam mawɔ t͡ʂasu ‖]

2421

EN Everybody was surprised that he won. Few people expected him to win.

PL Każdy był zaskoczony, że on wygrał. Mało ludzi spodziewało się, że on wygra.

ROM Każdy byw zaskočony, že on vygraw. Mawo ludźi spodźevawo śę, že on vygra.

IPA [kaʑdɨ bɨʷ zaskɔt͡ʂɔnɨ | ʐɛ ɔn vɨgraʷ ‖ mawɔ ludʑi spodʑevawɔ ɕɛ̃ʷ | ʐɛ ɔn vɨgra ‖]

2422

EN   I can't give you a decision yet. I need more time to
     think about it.

PL   Nie mogę jeszcze zdecydować. Potrzebuję więcej
     czasu, żeby o tym pomyśleć.

ROM Ńe mogę ješče zdecydować. Potřebuję vjęcej času,
     żeby o tym pomyśleć.

IPA [nʲɛ mɔgɛ̃ʷ jɛʂt͡ʂɛ zdɛtsɨdɔvatɕ || pɔt͡ʂɛbuʲɛ̃ʷ vjɛ̃ntsɛʲ
     t͡ʂasu | ʐɛbɨ ɔ tɨm pɔmɨɕlɛtɕ ||]

2423

EN   It was a very boring place to live. There was little to
     do.

PL   To było bardzo nudne miejsce do mieszkania. Nie
     było nic do robienia.

ROM To bywo bardzo nudne mjejsce do mješkańa. Ńe
     bywo ńic do robjeńa.

IPA [tɔ bɨwɔ bard͡zɔ nudnɛ mʲɛʲstsɛ dɔ mʲɛʂkanʲa || nʲɛ
     bɨwɔ nʲid͡z dɔ rɔbʲɛnʲa ||]

2424

EN   I don't go out very often. I stay home most days.

PL   Nie wychodzę zbyt często. Większość dni zostaję w
     domu.

ROM Ńe vyxodzę zbyt čęsto. Vjękšość dńi zostaję v domu.

IPA [nʲɛ vɨxɔd͡zɛ̃ʷ zbɨt t͡ʂɛ̃stɔ || vjɛ̃ŋkʂɔʑd͡ʑ dnʲi zostaʲɛ̃ʷ v
     dɔmu ||]

2425

EN Some people learn languages more easily than others.

PL   Niektórzy ludzie uczą się języków łatwiej niż inni.
ROM Ńektuřy ludźe uču śę językuv watvjej ńiž inńi.
IPA [nʲɛktuzi̧ lud͡ʑɛ ut͡ʂɔ̃ʷ ɕɛ̃ʷ jɛ̃nzikuv watᵖⁱɛʲ nʲiz̦ innʲi ||
     ]

2426

EN Some of the people I work with are not very friendly.

PL   Niektórzy ludzie, z którymi pracuję nie są zbyt
     przyjaźni.
ROM Ńektuřy ludźe, z kturymi pracuję ńe są zbyt přyjaźńi.
IPA [nʲɛktuzi̧ lud͡ʑɛ | s kturimi pratsuʲɛ̃ʷ nʲɛ sɔ̃ʷ zbit
     pʂijaz̦nʲi ||]

2427

EN Have you read any of these books?

PL   Czy czytałeś (♀czytałaś) któreś z tych książek?
ROM Čy čytaweś (♀čytawaś) ktureś z tyx kśążek?
IPA [t͡ʂi t͡ʂitawɛɕ (t͡ʂitawaɕ) kturɛɕ s tix kɕɔ̃nz̧ɛk ||]

2428

EN I was sick yesterday, so I spent most of the day in bed.

PL Byłem (♀byłam) wczoraj chory (♀chora), więc spędziłem (♀spędziłam) większość dnia w łóżku.

ROM Bywem (♀bywam) včoraj xory (♀xora), vjęc spędźiwem (♀spędźiwam) vjękšość dńa v wuźku.

IPA [bɨwɛm (bɨwam) ft͡ʂɔraʲ xɔrɨ (xɔra) | vjẽnts spẽnʲd͡ʑiwɛm (spẽnʲd͡ʑiwam) vjẽŋkʂɔʐd͡ʑ dnʲa v wuçku ||]

2429

EN All the flowers in this garden are beautiful.

PL Wszystkie kwiaty w ogrodzie są piękne.

ROM Všystkje kvjaty v ogrodźe są pjękne.

IPA [fʂɨstkʲɛ kfʲatɨ v ɔgrɔd͡ʑɛ sɔ̃ʷ pjẽŋknɛ ||]

2430

EN We're able to solve most of the problems we have.

PL Mogliśmy rozwiązać większość problemów, które mieliśmy.

ROM Mogliśmy rozvjązać vjękšość problemuv, kture mjeliśmy.

IPA [mɔgliçmɨ rɔzvjɔ̃nzad͡ʑ vjẽŋkʂɔçtɕ prɔblɛmuf | kturɛ mʲɛliçmɨ ||]

2431

EN Do any of you want to go to a party tonight?

PL Czy któryś (♀któraś) z was chce iść dziś wieczorem
na imprezę?

ROM Čy kturyś (♀kturaś) z vas xce iść dźiś vječorem na
imprezę?

IPA [t͡ʂɨ kturiç (kturaç) z vas xtsɛ iʑd͡ʑ d͡ʑiʑ vʲet͡ʂɔrem na
imprɛzɛ̃ʷ ‖]

2432

EN Half this money is mine, and half of it is yours.

PL Połowa pieniędzy jest moja i połowa twoja.

ROM Powova pjeńędzy jest moja i powova tvoja.

IPA [pɔwɔva pʲenʲɛ̃d͡ʑɨ jest mɔja i pɔwɔva tfɔja ‖]

2433

EN When she got married, she kept it a secret. She didn't
tell any of her friends.

PL Kiedy ona wzięła ślub, trzymała to w sekrecie. Ona
nie powiedziała żadnemu z przyjaciół.

ROM Kjedy ona vźěwa ślub, třymawa to v sekreće. Ona ńe
povjedźawa žadnemu z přyjaćuw.

IPA [kʲedɨ ɔna vʑɛ̃wa ɕlup | t͡ʂɨmawa tɔ f sɛkrɛt͡ɕɛ ‖ ɔna
nʲɛ pɔvʲed͡ʑawa ʐadnemu s pʂijat͡ɕuʷ ‖]

2434

EN Deepak and I have very different ideas. I don't agree with many of his opinions.

PL Deepak i ja mamy zupełnie inne poglądy. Nie zgadzam się z wieloma z jego opinii.

ROM Deepak i ja mamy zupewńe inne poglądy. Ńe zgadzam śę z vjeloma z jego opińii.

IPA [(…) i ja mamɨ zupɛʷnʲɛ innɛ pɔglõndɨ || nʲɛ zgadʑam ɕɛ̃ʷ z vʲɛlɔma z jɛgɔ ɔpinʲii ||]

2435

EN Not all the tourists in the group were Spanish. Some of them were French.

PL Nie wszyscy turyści w grupie byli Hiszpanami. Niektórzy z nich byli Francuzami.

ROM Ńe všyscy turyśći v grupje byli Xišpanami. Ńektuřy z ńix byli Francuzami.

IPA [nʲɛ fʂɨstsɨ turiɕtɕi v grupʲɛ bɨli xiʂpanami || nʲɛktuzɨ z nʲiɣ bɨli frantsuzami ||]

2436

EN I watched most of the movie, but not all of it.

PL Oglądałem (♀ oglądałam) większą część filmu, ale nie cały.

ROM Oglądawem (♀ oglądawam) vjękšą čęść filmu, ale ńe cawy.

IPA [ɔglõndawɛm (ɔglõndawam) vjɛ̃ŋkʂɔ̃ʷ t͡ʂɛ̃nʲɕtɕ filmu | alɛ nʲɛ tsawɨ ||]

2437

EN I asked some people for directions, but none of them were able to help me.

PL Zapytałem (♀zapytałam) jakichś ludzi o drogę, ale żaden z nich nie mógł mi pomóc.

ROM Zapytawem (♀zapytawam) jakixś ludźi o drogę, ale żaden z ńix ńe mugw mi pomuc.

IPA [zapɨtawɛm (zapɨtawam) jakixç ludʑi ɔ drɔgɛ̃ʷ | alɛ zɑ̃dɛn z nʲix nʲɛ mugw mi pɔmuts ||]

2438

EN Both restaurants are very good. > Both of these restaurants are very good.

PL Obie restauracje są bardzo dobre. >Obie z tych restauracji są bardzo dobre.

ROM Obje restauracje są bardzo dobre. >Obje z tyx restauraci są bardzo dobre.

IPA [ɔbʲɛ rɛstauratsʲɛ sɔ̃ʷ bardzɔ dɔbrɛ || > ɔbʲɛ s tɨx rɛstauratsi sɔ̃ʷ bardzɔ dɔbrɛ ||]

2439

EN Neither restaurant is expensive. > Neither of the restaurants we went to was expensive.

PL Żadna restauracja nie jest droga. > Żadna z restauracji, do których poszliśmy, nie była droga.

ROM Żadna restauracja ńe jest droga. > Żadna z restauraci, do kturyx pošliśmy, ńe bywa droga.

IPA [zɑ̃dna rɛstauratsʲa nʲɛ jɛzd drɔga || > zɑ̃dna z rɛstauratsi | dɔ kturɨx pɔɕliçmɨ | nʲɛ bɨwa drɔga ||]

2440

EN We can go to either restaurant. I don't care.

PL Możemy iść do każdej restauracji. Nie ma to dla mnie znaczenia.

ROM Możemy iść do każdej restauraci. Ńe ma to dla mńe značeńa.

IPA [mɔʑɛmɨ izʥ dɔ kaʒdɛʲ rɛstauratsi || nʲɛ ma tɔ dla mnʲɛ znaˈt͡sɛnʲa ||]

2441

EN I haven't been to either of those restaurants.

PL Nie byłem (♀byłam) w żadnej z tych restauracji.

ROM Ńe bywem (♀bywam) v żadnej z tyx restauraci.

IPA [nʲɛ bɨwɛm (bɨwam) v ząndɛʲ s tix rɛstauratsi ||]

2442

EN I asked two (2) people the way to the station, but neither of them knew.

PL Zapytałem (♀zapytałam) dwoje ludzi o drogę do dworca, ale żaden z nich nie wiedział.

ROM Zapytawem (♀zapytawam) dvoje ludźi o drogę do dvorca, ale żaden z ńix ńe vjedźaw.

IPA [zapɨtawɛm (zapɨtawam) dvɔjɛ luʥi ɔ drɔgɛ̃ʷ dɔ dvɔrtsa | alɛ ząndɛn z nʲix nʲɛ vʲɛʥaʷ ||]

2443

EN Both of us were very tired.

PL Oboje (♀obie) byliśmy (♀byłyśmy) bardzo
zmęczeni (♀zmęczone).

ROM Oboje (♀obje) byliśmy (♀bywyśmy) bardzo
zmęčeńi (♀zmęčone).

IPA [ɔbɔjɛ (ɔbʲɛ) biliɕmi (biwiɕmi) bardzɔ zmɛ̃nt͡ʂenʲi
(zmɛ̃nt͡ʂɔnɛ) ||]

2444

EN Neither of them want to have children.

PL Żadne z nich nie chce mieć dzieci.

ROM Żadne z ńix ńe xce mjeć dźeći.

IPA [z̨adnɛ z nʲix nʲɛ xtsɛ mʲɛd͡ʑ d͡ʑɛtɕi ||]

2445

EN I couldn't decide which of the two (2) shirts to buy. I
liked both.

PL Nie mogłem (♀mogłam) się zdecydować, którą z
dwóch koszulek kupić. Podobały mi się obie.

ROM Ńe mogwem (♀mogwam) śę zdecydovać, kturą z
dvux košulek kupić. Podobawy mi śę obje.

IPA [nʲɛ mɔgʷɛm (mɔgʷam) ɕɛ̃ʷ zdɛtsɨdɔvat͡ɕ | kturɔ̃ʷ z
dvux kɔʂulɛk kupit͡ɕ || pɔdɔbawɨ mi ɕɛ̃ʷ ɔbʲɛ ||]

2446

EN I was both tired and hungry when I got home.

PL Byłem (♀byłam) i zmęczony (♀zmęczona) i głodny
(♀głodna), kiedy wróciłem (♀wróciłam) do domu.

ROM Bywem (♀bywam) i zmęčony (♀zmęčona) i
gwodny (♀gwodna), kjedy vrućiwem (♀vrućiwam)
do domu.

IPA [bɨwɛm (bɨwam) i zmɛ̃nt͡ʂɔnɨ (zmɛ̃nt͡ʂɔna) i gʷɔdnɨ
(gʷɔdna) | kʲɛdɨ vrut͡ɕiwɛm (vrut͡ɕiwam) dɔ dɔmu ||]

2447

EN She said she would contact me, but she neither wrote
nor called.

PL Ona powiedziała, że skontaktuje się ze mną, ale ani
nie napisała, ani nie zadzwoniła.

ROM Ona povjedźawa, że skontaktuje śę ze mną, ale ańi ńe
napisawa, ańi ńe zadzvońiwa.

IPA [ɔna pɔvʲɛd͡ʑawa | zɛ skɔntaktujɛ ɕɛ̃ʷ zɛ mnɔ̃ʷ | alɛ
anʲi nʲɛ napisawa | anʲi nʲɛ zad͡zvɔnʲiwa ||]

2448

EN Either you apologize, or I'll never speak to you again.

PL Albo przeprosisz, albo nigdy więcej się do ciebie nie
odezwę.

ROM Albo přeprośiš, albo ńigdy vjęcej śę do ćebje ńe
odezvę.

IPA [albɔ pʂɛprɔɕiʂ | albɔ nʲigdɨ vjɛ̃ntsɛʲ ɕɛ̃ʷ dɔ t͡ɕɛbʲɛ nʲɛ
ɔdɛzvɛ̃ʷ ||]

2449

EN You could stay at either of these hotels. (2) > You could stay at any of these hotels. (many)

PL Mogłeś (♀mogłaś) nocować w obu hotelach. > Mogłeś (♀mogłaś) nocować w każdym z tych hoteli.

ROM Mogweś (♀mogwaś) nocovać v obu xotelax. > Mogweś (♀mogwaś) nocovać v każdym z tyx xoteli.

IPA [mɔgʷɛɕ (mɔgʷaɕ) nɔtsɔvadʑ v ɔbu xɔtɛlax || > mɔgʷɛʑ (mɔgʷaɕ) nɔtsɔvatɕ f kaʑdɯm s tɯx xɔtɛli ||]

2450

EN We couldn't open the door, because neither of us had our key.

PL Nie mogliśmy (♀mogłyśmy) otworzyć drzwi, bo żadne (♀żadna) z nas nie miało (♀miała) klucza.

ROM Ńe mogliśmy (♀mogwyśmy) otvořyć dřvi, bo žadne (♀žadna) z nas ńe mjawo (♀mjawa) kluča.

IPA [nʲɛ mɔgliɕmɯ (mɔgʷɯɕmɯ) ɔtfɔʑɯdʑ dzvi | bɔ ʑadnɛ (ʑadna) z nas nʲɛ mʲawɔ (mʲawa) klut͡sa ||]

2451

EN All of us enjoyed the party.

PL Każdemu z nas podobała się impreza.

ROM Każdemu z nas podobawa śę impreza.

IPA [kaʑdɛmu z nas pɔdɔbawa ɕɛ̃ʷ imprɛza ||]

2452

EN I'll do all I can to help. > I'll do everything I can to help.

PL Zrobię wszystko, co mogę, żeby ci pomóc. > Zrobię wszystko, co mogę, żeby ci pomóc.

ROM Zrobję všystko, co mogę, žeby ći pomuc. > Zrobję všystko, co mogę, žeby ći pomuc.

IPA [zrɔbjɛ̃ʷ fʂɨstkɔ | tsɔ mɔgɛ̃ʷ | zɛbɨ tɕi pɔmuts || > zrɔbjɛ̃ʷ fʂɨstkɔ | tsɔ mɔgɛ̃ʷ | zɛbɨ tɕi pɔmuts ||]

2453

EN He thinks he knows everything.

PL On myśli, że wie wszystko.

ROM On myśli, że vje všystko.

IPA [ɔn mɨɕli | zɛ vʲɛ fʂɨstkɔ ||]

2454

EN Our summer vacation was such a disaster. Everything that could go wrong went wrong.

PL Nasze wakacje były katastrofą. Wszystko, co mogło pójść źle, poszło źle.

ROM Naše vakacje bywy katastrofą. Všystko, co mogwo pujść źle, poświo źle.

IPA [naʂɛ vakatsʲɛ bɨwɨ katastrɔfɔ̃ʷ || fʂɨstkɔ | tsɔ mɔgʷɔ puʲʑdʑ ʑlɛ | pɔʂʷɔ ʑlɛ ||]

2455

EN All I've eaten today is a sandwich.

PL Wszystko, co dziś zjadłem (♀zjadłam) to kanapka.
ROM Všystko, co dźiś zjadwem (♀zjadwam) to kanapka.
IPA [fʂistkɔ | tsɔ ʥiʑ zʲadʷɛm (zʲadʷam) tɔ kanapka ||]

2456

EN Did you read the whole book?

PL Czy przeczytałeś (♀przeczytałaś) całą książkę?
ROM Čy přečytaweś (♀přečytawaś) cawą kśążkę?
IPA [t͡ʂɨ pʂet͡ʂitaweç (pʂet͡ʂitawaç) tsaʷɔ̃ʷ kçɔ̃nʂkɛ̃ʷ ||]

2457

EN Lakshmi has lived her whole life in India.

PL Lakshimi przez całe swoje życie mieszkała w
      Indiach.
ROM Laksximi přez cawe svoje žyće mješkawa v Indjax.
IPA [laksximi pʂes tsawe sfɔje zʲit͡ɕe mʲeʂkawa v indʲax ||
      ]

2458

EN I've spent all the money you gave me.

PL Wydałem (♀wydałam) wszystkie pieniądze, które mi
dałeś (♀dałaś).

ROM Vydawem (♀vydawam) všystkje pjeńądze, kture mi
daweś (♀dawaś).

IPA [vɨdawɛm (vɨdawam) fʂɨstkʲɛ pʲɛnʲɔ̃ʥɛ | kturɛ mi
dawɛɕ (dawaɕ) ||]

2459

EN When we were on vacation, we went to the beach
every day.

PL Kiedy byliśmy (♀byłyśmy) na wakacjach,
chodziliśmy (♀chodziłyśmy) codziennie na plażę.

ROM Kjedy byliśmy (♀bywyśmy) na vakacjax, xodźiliśmy
(♀xodźiwyśmy) codźenńe na plażę.

IPA [kʲɛdɨ bɨliɕmɨ (bɨwɨɕmɨ) na vakatsʲax | xɔʥiliɕmɨ
(xɔʥiwɨɕmɨ) tsɔʥennʲɛ na plaʒɛ̃ʷ ||]

2460

EN The bus service is very good. There's a bus every ten
(10) minutes.

PL Usługi autobusowe są bardzo dobre. Autobus jest co
dziesięć minut.

ROM Uswugi autobusove są bardzo dobre. Autobus jest co
dźeśęć minut.

IPA [usʷugi autɔbusɔvɛ sɔ̃ʷ barʣɔ dɔbrɛ || autɔbus jɛst
tsɔ ʥɛɕɛ̃ʲtɕ minut ||]

2461

EN We don't see each other very often. About every six (6) months.

PL Nie widzimy się zbyt często. Mniej więcej co sześć miesięcy.

ROM Ńe vidźimy śę zbyt często. Mńej vjęcej co šeść mjeśęcy.

IPA [nʲɛ vidʑimɨ ɕɛ̃ʷ zbɨt t͡ʂɛ̃nstɔ ‖ mnʲeʲ vjɛ̃ntseʲ tsɔ ɕɛɕtɕ mʲɛɕɛ̃ntsɨ ‖]

2462

EN We spent all day at the beach.

PL Spędziliśmy (♀ spędziłyśmy) cały dzień na plaży.

ROM Spędźiliśmy (♀ spędźiwyśmy) cawy dźeń na plaży.

IPA [spɛ̃nʲd͡ʑiliɕmɨ (spɛ̃nʲd͡ʑiwɨɕmɨ) tsawɨ d͡ʑenʲ na plaʑɨ ‖]

2463

EN He didn't say a word all night long.

PL On nie powiedział ani słowa przez cały wieczór.

ROM On ńe povjedźaw ańi swova přez cawy vječur.

IPA [ɔn nʲɛ pɔvʲɛd͡ʑaʷ anʲi sʷova pʂɛs tsawɨ vʲet͡ʂur ‖]

2464

EN I've been looking for you all morning long. Where have you been?

PL Szukałem (♀szukałam) ciebie cały ranek. Gdzie byłeś (♀byłaś)?

ROM Šukawem (♀šukawam) ćebje cawy ranek. Gdźe byweś (♀bywaś)?

IPA [ʂukawɛm (ʂukawam) tɕɛbʲɛ tsawɨ ranɛk ‖ ɡd͡ʑɛ bɨwɛɕ (bɨwaɕ) ‖]

2465

EN They never go out. They're at home all the time.

PL Oni (♀one) nigdy nie wychodzą. Oni (♀one) są w domu cały czas.

ROM Ońi (♀one) ńigdy ńe vyxodzą. Ońi (♀one) są v domu cawy čas.

IPA [ɔnʲi (ɔnɛ) nʲigdɨ nʲɛ vɨxɔd͡zɔ̃ʷ ‖ ɔnʲi (ɔnɛ) sɔ̃ʷ v dɔmu tsawɨ t͡ʂas ‖]

2466

EN Every time I see you, you look different.

PL Za każdym razem, kiedy cię widzę, wyglądasz inaczej.

ROM Za każdym razem, kjedy ćę vidzę, vyglądaš inačej.

IPA [za kaʐdɨm razɛm | kʲɛdɨ tɕɛ̃ʷ vid͡zɛ̃ʷ | vɨɡlɔ̃ndaʂ inat͡ʂɛʲ ‖]

2467

EN It was a terrible fire. The whole building got destroyed.

PL To był straszny pożar. Cały budynek został zniszczony.

ROM To byw strašny požar. Cawy budynek zostaw zńiščony.

IPA [tɔ bɨʷ strasɲi pɔʑar || tsawɨ budɨnɛg zɔstaʷ znʲiʂt͡ʂɔnɨ ||]

2468

EN I've read every one (1) of those books.

PL Przeczytałem (♀przeczytałam) każdą z tych książek.

ROM Přečytawem (♀přečytawam) każdą z tyx kśążek.

IPA [pʂet͡ʂɨtawɛm (pʂet͡ʂɨtawam) kaʐdɔ̃ʷ s tɨx kɕɔnʐɛk ||]

2469

EN None of the rooms was the same. Each was different.

PL Żaden z tych pokojów nie był taki sam. Każdy był inny."

ROM Żaden z tyx pokojuv ńe byw taki sam. Każdy byw inny."

IPA [ʑadɛn s tɨx pɔkɔjuv nʲɛ bɨʷ taki sam || kaʐdɨ bɨʷ inni ||]

2470

EN Read each of these sentences carefully.

PL Przeczytaj każde z tych zdań uważnie.
ROM Přečytaj každe z tyx zdań uvažńe.
IPA [pʂɛt͡ʂitaʲ kaʐdɛ s tiɣ zdanʲ uvaʐɲʲɛ ||]

2471

EN The students were each given a book.

PL Każdemu z uczniów dano książkę.
ROM Každemu z učńuv dano kśążkę.
IPA [kaʐdɛmu z ut͡ʂɲʲuv danɔ kɕɔ̃ʂkɛ̃ʷ ||]

2472

EN There's a train to the city every hour.

PL Co godzinę jest pociąg do miasta.
ROM Co godźinę jest poćąg do mjasta.
IPA [tsɔ ɡɔd͡ʑinɛ̃ʷ jɛst pɔt͡ɕɔ̃ŋɡ dɔ mʲasta ||]

2473

EN Seat belts in cars save lives. Each driver should wear one.

PL Pasy bezpieczeństwa w samochodach ratują życie. Każdy kierowca powinien zapinać pasy.
ROM Pasy bezpječeństva v samoxodax ratują žyće. Každy kjerovca powińen zapinać pasy.
IPA [pasɨ bɛspʲɛt͡ʂɛɲʲstfa f samɔxɔdax ratuʲɔ̃ʷ ʐit͡ɕɛ || kaʐdɨ kʲɛrɔftsa pɔvinʲɛn zapinat͡ɕ pasɨ ||]

2474

EN Write your answer to each question on a separate sheet of paper.

PL Napisz (♀napiszcie) swoją odpowiedź na każde pytanie na oddzielnej kartce papieru.

ROM Napiš (♀napišće) svoją odpovjedź na każde pytańe na oddźelnej kartce papjeru.

IPA [napiş (napiştɕɛ) sfɔʲɔ̃ʷ ɔtpɔvʲɛʥ na kaʐdɛ pɨtanʲɛ na ɔdʥɛlnɛʲ karttsɛ papʲeru ‖]

2475

EN The woman who lives next door is a doctor.

PL Kobieta, która mieszka drzwi obok jest lekarzem.

ROM Kobjeta, ktura mješka dřvi obok jest lekařem.

IPA [kɔbʲeta | ktura mʲɛşka dzvi ɔbɔk jest lɛkaʐɛm ‖]

2476

EN We know a lot of people who live in the country.

PL Znamy wielu ludzi, którzy mieszkają na wsi.

ROM Znamy vjelu ludźi, ktuřy mješkają na vśi.

IPA [znamɨ vʲɛlu luʥi | ktuʑɨ mʲɛşkaʲɔ̃ʷ na fɕi ‖]

2477

EN Anyone who wants to apply for the job must do so by Friday.

PL Każdy, kto chce aplikować do pracy musi zrobić to do piątku.

ROM Każdy, kto xce aplikovać do pracy muśi zrobić to do pjątku.

IPA [kazɖɨ | ktɔ xtsɛ aplikɔvaʥ dɔ pratsɨ muɕi zrɔbitɕ tɔ dɔ pjɔ̃ntku ||]

2478

EN I don't like stories that have unhappy endings.

PL Nie lubię historii, które mają nieszczęśliwe zakończenie.

ROM Ńe lubję xistorii, kture mają ńeščęślive zakońčeńe.

IPA [nʲɛ lubjɛ̃ʷ xistɔrii | kturɛ maʲɔ̃ʷ nʲeʂt͡ʂɛ̃nʲɕlivɛ zakɔnʲt͡ʂenʲɛ ||]

2479

EN The printer that broke down is working again now.

PL Drukarka, która się zepsuła znowu działa.

ROM Drukarka, ktura śę zepsuwa znovu dźawa.

IPA [drukarka | ktura ɕɛ̃ʷ zɛpsuwa znɔvu ʥawa ||]

2480

EN Everything that happened was my fault.

PL Wszystko, co się wydarzyło, to była moja wina.
ROM Všystko, co śę vydařywo, to bywa moja vina.
IPA [fşistkɔ | tsɔ ɕɛ̃ʷ vidaʑiwɔ | tɔ biwa mɔja vina ||]

2481

EN I've never spoken to the woman who lives next door.

PL Nigdy nie rozmawiałem (♀rozmawiałam) z kobietą,
która mieszka drzwi obok.
ROM Ńigdy ńe rozmavjawem (♀rozmavjawam) z kobjetą,
ktura mješka dřvi obok.
IPA [nʲigdi nʲɛ rɔzmavʲawɛm (rɔzmavʲawam) s kɔbʲɛtɔ̃ʷ |
ktura mʲɛşka dʑvi ɔbɔk ||]

2482

EN The building destroyed in the fire has now been
rebuilt.

PL Budynek zniszczony w pożarze jest teraz
odbudowywany.
ROM Budynek zńiščony v požaře jest teraz odbudovyvany.
IPA [budineg znʲişt͡şɔni f pɔʐaʐɛ jest tɛraz ɔdbudɔvivani ||
]

2483

EN   The shuttle that goes to the airport runs every half hour.

PL   Autokar na lotnisko jeździ co pół godziny.
ROM   Autokar na lotńisko jeźdźi co puw godźiny.
IPA   [autɔkar na lɔtnʲiskɔ jɛʑdʑi tsɔ puʷ gɔdʑinɨ ‖]

2484

EN   A mystery is something that cannot be explained.

PL   Tajemnica to coś, co nie może być wyjaśnione.
ROM   Tajemńica to coś, co ńe može być vyjaśńone.
IPA   [tajɛmnʲitsa tɔ tsɔɕ | tsɔ nʲɛ mɔʑɛ bɨdʑ vɨjaɕnʲɔnɛ ‖]

2485

EN   It seems that Earth is the only planet that can support life.

PL   Wygląda na to, że Ziemia jest jedyną planetą, na której jest życie.
ROM   Vygląda na to, že Źemja jest jedyną planetą, na kturej jest žyće.
IPA   [vɨglɔ̃nda na tɔ | ʑɛ ʑɛmʲa jest jɛdɨnɔ̃ʷ planɛtɔ̃ʷ | na ktureʲ jezd ʑɨtɕɛ ‖]

2486

EN The driver who caused the accident was fined five hundred dollars ($500). > The driver who caused the accident was fined four hundred euros (€400).

PL Kierowca, który spowodował wypadek dostał mandat w wysokości tysiąca sześciuset złotych.

ROM Kjerovca, ktury spovodovaw vypadek dostaw mandat v vysokośći tyśąca šeśćuset zwotyx.

IPA [kʲerɔftsa | kturɨ spɔvɔdɔvaʷ vɨpadɛg dɔstaʷ mandad v vɨsɔkɔɕtɕi tiɕɔ̃ntsa ʂɛɕtɕusɛd zʷɔtɨx ||]

2487

EN We live in a world that is changing all the time.

PL Żyjemy na świecie, który cały czas się zmienia.

ROM Żyjemy na śvjeće, ktury cawy čas śę zmjeńa.

IPA [zɨjemɨ na ɕfʲetɕɛ | kturɨ tsawɨ t͡ʂas ɕɛ̃ʷ zmʲenʲa ||]

2488

EN A woman lives next door. She's a doctor. > The woman who lives next door is a doctor.

PL Drzwi obok mieszka kobieta. Ona jest lekarzem. > Kobieta, która mieszka drzwi obok jest lekarzem.

ROM Dřvi obok mješka kobjeta. Ona jest lekařem. > Kobjeta, ktura mješka dřvi obok jest lekařem.

IPA [dʐvi ɔbɔk mʲeʂka kɔbʲeta || ɔna jest lɛkaʐɛm || > kɔbʲeta | ktura mʲeʂka dʐvi ɔbɔk jest lɛkaʐɛm ||]

2489

EN The woman next door is a doctor.

PL Kobieta z sąsiedniego mieszkania jest lekarzem.
ROM Kobjeta z sąśedńego mješkańa jest lekařem.
IPA [kɔbʲeta s sɔ̃ɲɕedɲʲɛgɔ mʲɛʂkanʲa jɛst lɛkaʐɛm ‖]

2490

EN There was cheese in the refrigerator. Where is it? >
Where's the cheese that was in the refrigerator?

PL W lodówce był ser. Gdzie on jest? > Gdzie jest ser,
który był w lodówce?
ROM V loduvce byw ser. Gdźe on jest? > Gdźe jest ser,
ktury byw v loduvce?
IPA [v lɔduftsɛ bɨʷ sɛr ‖ gʥɛ ɔn jɛst ‖ > gʥɛ jɛst sɛr |
kturɨ bɨʷ v lɔduftsɛ ‖]

2491

EN I wanted to see a woman. She was away on vacation.
> The woman whom I wanted to see was away on
vacation.

PL Chciałem spotkać kobietę. Ona była na wakacjach. >
Kobieta, którą chciałem spotkać była na wakacjach.
ROM Xćawem spotkać kobjetę. Ona bywa na vakacjax. >
Kobjeta, kturą xćawem spotkać bywa na vakacjax.
IPA [xtɕawem spɔtkatɕ kɔbʲetɛ̃ʷ ‖ ɔna bɨwa na vakatsʲax
‖ > kɔbʲeta | kturɔ̃ʷ xtɕawem spɔtkaʥ bɨwa na
vakatsʲax ‖]

2492

EN The woman I wanted to see was away on vacation.

PL Kobieta, którą chciałem spotkać była na wakacjach.
ROM Kobjeta, kturą xćawem spotkać bywa na vakacjax.
IPA [kɔbʲɛta | kturɔ̃ʷ xtɕawɛm spɔtkadʑ bɨwa na vakatsʲax
||]

2493

EN Have you found the keys that you lost? > Have you found the keys you lost?

PL Czy znalałeś (♀znalazłaś, znaleźliście, znalazłyście) klucze, które zgubiłeś (♀zgubiłaś, zgubiliście, zgubiłyście)? > Czy znalałeś (♀znalazłaś, znaleźliście, znalazłyście) klucze, które zgubiłeś (♀zgubiłaś, zgubiliście, zgubiłyście)?
ROM Čy znalaweś (♀znalazwaś, znaleźliśće, znalazwyśće) kluče, kture zgubiweś (♀zgubiwaś, zgubiliśće, zgubiwyśće)? > Čy znalaweś (♀znalazwaś, znaleźliśće, znalazwyśće) kluče, kture zgubiweś (♀zgubiwaś, zgubiliśće, zgubiwyśće)?
IPA [tʂɨ znalawɛɕ (znalazʷaɕ | znalɛʑlʲiɕtɕɛ | znalazʷɨɕtɕɛ) kluʈʂɛ | kturɛ zgubiwɛɕ (zgubiwaɕ | zgubilʲiɕtɕɛ | zgubiwɨɕtɕɛ) || > tʂɨ znalawɛɕ (znalazʷaɕ | znalɛʑlʲiɕtɕɛ | znalazʷɨɕtɕɛ) kluʈʂɛ | kturɛ zgubiwɛɕ (zgubiwaɕ | zgubilʲiɕtɕɛ | zgubiwɨɕtɕɛ) ||]

2494

EN The dress that Yuliana bought doesn't fit her very well. > The dress that she bought doesn't fit her very well.

PL Sukienka, którą kupiła Yuliana nie pasuje na nią zbyt dobrze. > Sukienka, którą ona kupiła nie pasuje na nią zbyt dobrze.

ROM Sukjenka, kturą kupiwa Yuliana ńe pasuje na ńą zbyt dobře. > Sukjenka, kturą ona kupiwa ńe pasuje na ńą zbyt dobře.

IPA [suk^{j}ɛnka | kturɔ̃^{w} kupiwa (…) n^{j}ɛ pasujɛ na n^{j}ɔ̃^{w} zbɨd dɔbzɛ̣ || > suk^{j}ɛnka | kturɔ̃^{w} ɔna kupiwa n^{j}ɛ pasujɛ na n^{j}ɔ̃^{w} zbɨd dɔbzɛ̣ ||]

2495

EN Are these the books that you were looking for? > Are these the books you were looking for?

PL Czy to te książki, których szukałeś (♀szukałaś, szukaliście, szukałyście)? > Czy to te książki, których szukałeś (♀szukałaś, szukaliście, szukałyście)?

ROM Čy to te kśążki, kturyx šukaweś (♀šukawaś, šukaliśće, šukawyśće)? > Čy to te kśążki, kturyx šukaweś (♀šukawaś, šukaliśće, šukawyśće)?

IPA [t͡ʂɨ tɔ tɛ kɕɔ̃n̦ski | kturɨx ʂukawɛɕ (ʂukawaɕ | ʂukaliɕt͡ɕɛ | ʂukawɨ̣t͡ɕɛ) || > t͡ʂɨ tɔ tɛ kɕɔ̃n̦ski | kturɨx ʂukawɛɕ (ʂukawaɕ | ʂukaliɕt͡ɕɛ | ʂukawɨ̣t͡ɕɛ) ||]

2496

EN The woman with whom he fell in love left him after
a month. > The woman he fell in love with left him
after a month.

PL Kobieta, w któreś się zakochał, zostawiła go po
miesiącu. > Kobieta, w której się zakochał,
zostawiła go po miesiącu.

ROM Kobjeta, v ktureś śę zakoxaw, zostaviwa go po
mjeśącu. > Kobjeta, v kturej śę zakoxaw, zostaviwa
go po mjeśącu.

IPA [kɔbʲeta | f kturɛɕ ɕɛ̃ʷ zakɔxaʷ | zɔstaviwa gɔ pɔ
mʲɛɕɔ̃ntsu || > kɔbʲeta | f ktureʲ ɕɛ̃ʷ zakɔxaʷ |
zɔstaviwa gɔ pɔ mʲɛɕɔ̃ntsu ||]

2497

EN The man that I was sitting next to on the plane talked
the whole time. > The man I was sitting next to on
the plane talked the whole time.

PL Mężczyzna, obok którego siedziałem (♀ siedziałam)
w samolocie cały czas rozmawiał. > Mężczyzna,
obok którego siedziałem (♀ siedziałam) w samolocie,
cały czas rozmawiał.

ROM Mężčyzna, obok kturego śedźawem (♀ śedźawam) v
samoloće cawy čas rozmavjaw. > Mężčyzna, obok
kturego śedźawem (♀ śedźawam) v samoloće, cawy
čas rozmavjaw.

IPA [mɛ̃nʂtʂizna | ɔbɔk kturɛgɔ ɕɛdʑawɛm (ɕɛdʑawam) f
samolɔtɕɛ tsawɨ t͡ʂas rozmavʲaʷ || > mɛ̃nʂtʂizna |
ɔbɔk kturɛgɔ ɕɛdʑawɛm (ɕɛdʑawam) f samolɔtɕɛ |
tsawɨ t͡ʂas rozmavʲaʷ ||]

2498

EN Everything that they said was true. > Everything they said was true.

PL Wszystko, co powiedzieli było prawdziwe. > Wszystko, co powiedzieli było prawdziwe.

ROM Všystko, co povjedźeli bywo pravdźive. > Všystko, co povjedźeli bywo pravdźive.

IPA [fʂɨstkɔ | tsɔ pɔvʲɛdʑeli bɨwɔ pravdʑivɛ || > fʂɨstkɔ | tsɔ pɔvʲɛdʑeli bɨwɔ pravdʑivɛ ||]

2499

EN I gave her all the money that I had. > I gave her all the money I had.

PL Dałem (♀dałam) jej wszystkie pieniądze, jakie miałem (♀miałam). > Dałem (♀dałam) jej wszystkie pieniądze, jakie miałem (♀miałam).

ROM Dawem (♀dawam) jej všystkje pjeńądze, jakje mjawem (♀mjawam). > Dawem (♀dawam) jej všystkje pjeńądze, jakje mjawem (♀mjawam).

IPA [dawɛm (dawam) jeʲ fʂɨstkʲɛ pʲɛnʲɔ̃ndʑɛ | jakʲɛ mʲawɛm (mʲawam) || > dawɛm (dawam) jeʲ fʂɨstkʲɛ pʲɛnʲɔ̃ndʑɛ | jakʲɛ mʲawɛm (mʲawam) ||]

EN Did you hear the things that they said? > Did you hear what they said?

PL Słyszałeś (♀słyszałaś) co oni (♀one) powiedzieli (♀powiedziały)? > Słyszałeś (♀słyszałaś) co oni (♀one) powiedzieli (♀powiedziały)?

ROM Swyšaweś (♀swyšawaś) co oñi (♀one) povjedźeli (♀povjedźawy)? > Swyšaweś (♀swyšawaś) co oñi (♀one) povjedźeli (♀povjedźawy)?

IPA [sʷişawɛɕ (sʷişawaɕ) tsɔ ɔnʲi (ɔnɛ) pɔvʲɛdʑeli (pɔvʲɛdʑawɨ) || > sʷişawɛɕ (sʷişawaɕ) tsɔ ɔnʲi (ɔnɛ) pɔvʲɛdʑeli (pɔvʲɛdʑawɨ) ||]

GMS #2501 - 2600

2501

EN A friend is wearing a dress. You like it. > I like the dress you're wearing.

PL Przyjaciółka ma na sobie sukienkę. Podoba ci się. > Podoba mi się sukienka, którą masz na sobie.

ROM Přyjaćuwka ma na sobje sukjenkę. Podoba ći śę. > Podoba mi śę sukjenka, kturą maš na sobje.

IPA [pşijatɕuʷka ma na sɔbʲɛ sukʲenkɛ̃ʷ || pɔdɔba tɕi ɕɛ̃ʷ || > pɔdɔba mi ɕɛ̃ʷ sukʲenka | kturɔ̃ʷ maş na sɔbʲɛ ||]

2502

EN A friend is going to see a movie. You want to know the name. > What's the name of the movie you're going to see?

PL Przyjaciel (♀przyjaciółka) ma zamiar obejrzeć film. Chcesz poznać tytuł. > Jaki jest tytuł filmu, który zamierzasz obejrzeć?

ROM Přyjaćel (♀přyjaćuwka) ma zamjar obejřeć film. Xceš poznać tytuw. > Jaki jest tytuw filmu, ktury zamjeřaš obejřeć?

IPA [pşijatɕel (pşijatɕuʷka) ma zamʲar ɔbeʲzɛtɕ film || xtsɛş pɔznatɕ tɪtuʷ || > jaki jest tɪtuʷ filmu | kturɨ zamʲɛʑaş ɔbeʲzɛtɕ ||]

2503

EN You wanted to visit a museum. It was closed when you got there. > The museum we were going to visit was closed when we got there.

PL Chciałeś (♀chciałaś) odwiedzić muzeum. Było zamknięte, kiedy tam poszedłeś (♀poszłaś). > Muzeum, które zamierzaliśmy odwiedzić, było zamknięte, kiedy tam przyszliśmy (♀przyszłyśmy).

ROM Xćaweś (♀xćawaś) odvjedźić muzeum. Bywo zamkńęte, kjedy tam pošedweś (♀pošwaś). > Muzeum, kture zamjeřaliśmy odvjedźić, bywo zamkńęte, kjedy tam přyšliśmy (♀přyšwyśmy).

IPA [xtɕawɛɕ (xtɕawaɕ) ɔdvʲɛd͡ʑitɕ muzɛum ‖ bɨwɔ zamknʲɛ̃ntɛ | kʲɛdɨ tam pɔʂɛdʷɛɕ (pɔʂʷaɕ) ‖ > muzɛum | kturɛ zamʲɛʑaliɕmɨ ɔdvʲɛd͡ʑitɕ | bɨwɔ zamknʲɛ̃ntɛ | kʲɛdɨ tam pʂɨʂliɕmɨ (pʂɨʂʷiɕmɨ) ‖]

2504

EN Your friend had to do some work. You want to know if she's finished. > Have you finished the work you had to do?

PL Twój przyjaciel (♀twoja przyjaciółka) miała trochę pracy. Chcesz wiedzieć, czy skończyła. > Czy skończyłaś to, co musiałeś (♀musiałaś) zrobić?

ROM Tvuj přyjaćel (♀tvoja přyjaćuwka) mjawa troxę pracy. Xceš vjedźeć, čy skońčywa. > Čy skońčywaś to, co muśaweś (♀muśawaś) zrobić?

IPA [tfuʲ pʂijatɕel (tfɔja pʂijatɕuʷka) mʲawa trɔxɛ̃ʷ pratsɨ ‖ xtsɛʑ̥ vʲɛd͡ʑɛtɕ | t͡ʂɨ skɔnʲt͡ʂɨwa ‖ > t͡ʂɨ skɔnʲt͡ʂɨwaɕ tɔ | tsɔ muɕawɛɕ (muɕawaɕ) zrɔbitɕ ‖]

2505

EN You stayed at a hotel. Pavel recommended it to you.
> We stayed at a hotel that Pavel recommended to us.

PL Nocowałeś (♀nocowałaś) w hotelu. Pavel polecił ci go. > Nocowaliśmy (♀nocowałyśmy) w hotelu, który polecił nam Pavel.

ROM Nocovaweś (♀nocovawaś) v xotelu. Pavel poleciw ći go. > Nocovaliśmy (♀nocovawyśmy) v xotelu, ktury poleciw nam Pavel.

IPA [nɔtsɔvawɛç (nɔtsɔvawaç) f xɔtɛlu ‖ (…) pɔlɛtɕiʷ tɕi gɔ ‖ > nɔtsɔvaliçmɨ (nɔtsɔvawɨçmɨ) f xɔtɛlu | kturɨ pɔlɛtɕiʷ nam (…) ‖]

2506

EN I like the people I work with.

PL Lubię ludzi, z którymi pracuję.

ROM Lubję ludźi, z kturymi pracuję.

IPA [lubjɛ̃ʷ ludʑi | s kturɨmi pratsuʲɛ̃ʷ ‖]

2507

EN What's the name of that hotel you told me about?

PL Jaka była nazwa hotelu, o którym mi mówiłeś (♀mówiłaś)?

ROM Jaka bywa nazva xotelu, o kturym mi muviweś (♀muviwaś)?

IPA [jaka bɨwa nazva xɔtɛlu | ɔ kturɨm mi muviwɛç (muviwaç) ‖]

2508

EN I didn't get the job I applied for.

PL Nie dostałem (♀dostałam) pracy, do której
aplikowałem (♀aplikowałam).

ROM Ńe dostawem (♀dostawam) pracy, do kturej
aplikovavem (♀aplikovavam).

IPA [nʲɛ dɔstawɛm (dɔstawam) pratsɨ | dɔ kturɛʲ
aplikɔvavɛm (aplikɔvavam) ||]

2509

EN Julius is someone you can rely on.

PL Julius to ktoś, na kim możesz polegać.

ROM Julius to ktoś, na kim możeš polegać.

IPA [(…) tɔ ktɔɕ | na kim mɔʐɛʂ pɔlɛgatɕ ||]

2510

EN Who was that man I saw you with in the restaurant?

PL Kim był ten mężczyzna, z którym widziałem
(♀widziałam) cię w restauracji?

ROM Kim byw ten mężčyzna, z kturym vidźawem
(♀vidźawam) ćę v restauraci?

IPA [kim bʲw tɛn mɛ̃ɲʂtʂɨzna | s kturɨm vidʑawɛm
(vidʑawam) tɕɛ̃w v rɛstauratsi ||]

2511

EN They give their children everything they want.

PL Oni dają dzieciom wszystko, czego one chcą.
ROM Ońi dają dźećom všystko, čego one xcą.
IPA [ɔnʲi daʲɔ̃ʷ dʑɛtɕɔm fʂɨstkɔ | t͡ʂɛgɔ ɔnɛ xtsɔ̃ʷ ||]

2512

EN Tell me what you want, and I'll try to get it for you.

PL Powiedz mi co chcesz, a ja spróbuję to dostać.
ROM Povjedz mi co xceš, a ja sprubuję to dostać.
IPA [pɔvʲɛdʑ mi tsɔ xtsɛʂ | a ja sprubuʲɛ̃ʷ tɔ dɔstatɕ ||]

2513

EN Why do you blame me for everything that goes wrong?

PL Dlaczego winisz mnie za wszystko, co idzie źle?
ROM Dlačego vińiš mńe za všystko, co idźe źle?
IPA [dlat͡ʂɛgɔ vinʲiʂ mnʲɛ za fʂɨstkɔ | tsɔ idʑɛ ʑlɛ ||]

2514

EN A widow is a woman whose husband has already passed away.

PL Wdowa to kobieta, której mąż umarł.
ROM Vdova to kobjeta, kturej mąż umarw.
IPA [vdɔva tɔ kɔbʲɛta | kturɛʲ mɔ̃nʐ umarw ||]

2515

EN   What's the name of the man whose car you
     borrowed?

PL   Jak miał na imię mężczyzna, od którego pożyczyłeś
     (♀pożyczyłaś, pożyczyliście, pożyczyłyście)
     samochód?
ROM Jak mjaw na imję mežčyzna, od kturego požyčyweś
     (♀požyčywaś, požyčyliśće, požyčywyśće) samoxud?
IPA [jak mʲaw na imjɛ̃w mɛ̃n̪ʂt͡ʂɨzna | ɔt kturɛgɔ
     pɔʐɨ́t͡ʂɨwɛɕ (pɔʐɨ́t͡ʂɨwaɕ | pɔʐɨ́t͡ʂɨlɪɕt͡ɕɛ | pɔʐɨ́t͡ʂɨwɪɕt͡ɕɛ)
     samɔxut ||]

2516

EN   I met someone whose brother I went to school with.

PL   Spotkałem (♀spotkałam) kogoś, z czyim bratem
     chodziłem (♀chodziłam) do szkoły.
ROM Spotkawem (♀spotkawam) kogoś, z čyim bratem
     xodźiwem (♀xodźiwam) do škowy.
IPA [spɔtkawɛm (spɔtkawam) kɔgɔɕ | s t͡ʂɨim bratɛm
     xɔd͡ʑiwɛm (xɔd͡ʑiwam) dɔ ʂkɔwɨ ||]

2517

EN   I met a man who knows you.

PL   Spotkałem (♀spotkałam) mężczyznę, który cię zna.
ROM Spotkawem (♀spotkawam) mężčyznę, ktury ćę zna.
IPA [spɔtkawɛm (spɔtkawam) mɛ̃n̪ʂt͡ʂɨznɛ̃w | kturɨ t͡ɕɛ̃w
     zna ||]

2518

EN   I met a man whose sister knows you.

PL   Spotkałem (♀ spotkałam) mężczyznę, którego siostra
      cię zna.
ROM   Spotkawem (♀ spotkawam) męžčyznę, kturego śostra
      ćę zna.
IPA   [spɔtkawɛm (spɔtkawam) mɛ̃nʂt͡ʂɨznɛ̃ʷ | kturɛgɔ
      ɕɔstra tɕɛ̃ʷ zna ‖]

2519

EN   The woman I wanted to see was away on business.

PL   Kobieta, którą chciałem zobaczyć była w podróży
      służbowej.
ROM   Kobjeta, kturą xćawem zobačyć bywa v podruży
      swużbovej.
IPA   [kɔbʲeta | kturɔ̃ʷ xtɕawɛm zɔbat͡ʂɨd͡ʑ bɨwa f pɔdruʐɨ̨
      sʷuʐbɔvɛʲ ‖]

2520

EN   The people I work with are very nice.

PL   Ludzie, z którymi pracuję są bardzo mili.
ROM   Ludźe, z kturymi pracuję są bardzo mili.
IPA   [lud͡ʑɛ | s kturɨmi pratsuʲɛ̃ʷ sɔ̃ʷ bard͡zɔ mili ‖]

2521

EN I recently went back to the town where I grew up.

PL Ostatnio wróciłem (♀wróciłam) do miasta, w którym dorastałem (♀dorastałam).

ROM Ostatńo vrućiwem (♀vrućiwam) do mjasta, v kturym dorastawem (♀dorastawam).

IPA [ɔstatnʲɔ vrutɕiwɛm (vrutɕiwam) dɔ mʲasta | f kturɨm dɔrastawɛm (dɔrastawam) ‖]

2522

EN I'd like to live in a place where there's plenty of sunshine.

PL Chciałbym (♀chciałabym) mieszkać w miejscu, gdzie ciągle świeci słońce.

ROM Xćawbym (♀xćawabym) mješkać v mjejscu, gdźe ćągle śvjeći swońce.

IPA [xtɕaʷbɨm (xtɕawabɨm) mʲɛʂkadʑ v mʲɛʲstsu | gdʑɛ tɕɔ̃ŋglɛ ɕfʲɛtɕi sʷɔnʲtsɛ ‖]

2523

EN Do you remember the day we went to the zoo?

PL Pamiętasz dzień, w którym poszliśmy (♀poszłyśmy) do zoo?

ROM Pamjętaš dźeń, v kturym pošliśmy (♀poświśmy) do zoo?

IPA [pamjɛ̃taʐ dʑɛnʲ | f kturɨm pɔɕlitɕmɨ (pɔʂʷitɕmɨ) dɔ zɔɔ ‖]

2524

EN I haven't seen them since the year they got married.

PL Nie widziałem (♀widziałam) ich od roku, w którym
wzięli ślub.

ROM Ńe vidźawem (♀vidźawam) ix od roku, v kturym
vźęli ślub.

IPA [nʲɛ vidʑawɛm (vidʑawam) ix ɔd rɔku | f kturɨm
vʑɛ̃ʷli ɕlup ‖]

2525

EN The reason I'm calling you is to ask your advice.

PL Dzwonię, żeby poprosić cię o radę.

ROM Dzvońę, żeby poprośić ćę o radę.

IPA [dʑvɔnʲɛ̃ʷ | ʐɛbɨ pɔprɔɕitɕ tɕɛ̃ʷ ɔ radɛ̃ʷ ‖]

2526

EN A cemetery is a place where people are buried.

PL Cmentarz to miejsce, gdzie ludzie są pogrzebani.

ROM Cmentař to mjejsce, gdźe ludźe są pogřebańi.

IPA [tsmɛntaʂ tɔ mʲeʲstsɛ | gdʑɛ ludʑɛ sɔ̃ʷ pɔgʑɛbanʲi ‖]

2527

EN I went to see the doctor, who told me to rest for a few days.

PL Poszedłem (♀poszłam) do lekarza, który powiedział mi, żebym odpoczywał (♀odpoczywała) przez kilka dni.

ROM Pošedwem (♀pošwam) do lekařa, ktury povjedźaw mi, żebym odpočyvaw (♀odpočyvawa) přez kilka dńi.

IPA [pɔʂɛdʷɛm (pɔʂʷam) dɔ lɛkaza | kturɨ pɔvʲɛd͡ʑaʷ mi | zɛbɨm ɔtpɔt͡ʂɨvaʷ (ɔtpɔt͡ʂɨvawa) pʂɛs kilka dnʲi ||]

2528

EN Do you know anyone who speaks French and Italian?

PL Znasz kogoś, kto mówi po francusku i włosku?

ROM Znaš kogoś, kto muvi po francusku i vwosku?

IPA [znaʂ kɔgɔɕ | ktɔ muvi pɔ frantsusku i vʷɔsku ||]

2529

EN Valerio, who speaks French and Italian, works as a tour guide.

PL Valerio, który mówi po francusku i włosku, pracuje jako przewodnik.

ROM Valerio, ktury muvi po francusku i vwosku, pracuje jako převodńik.

IPA [(…) | kturɨ muvi pɔ frantsusku i vʷɔsku | pratsujɛ jakɔ pʂɛvɔdnʲik ||]

2530

EN   Wilma works for a company that makes furniture.

PL   Wilma pracuje dla firmy, która produkuje meble.
ROM Wilma pracuje dla firmy, ktura produkuje meble.
IPA [(…) pratsujɛ dla firmɨ | ktura prɔdukujɛ mɛblɛ ||]

2531

EN   This morning I met somebody I hadn't seen in ages.

PL   Tego ranka spotkałem (♀ spotkałam) kogoś, kogo nie
     widziałem (♀ widziałam) wieki.
ROM Tego ranka spotkawem (♀ spotkawam) kogoś, kogo
     ńe vidźawem (♀ vidźawam) vjeki.
IPA [tɛgɔ ranka spɔtkawɛm (spɔtkawam) kɔgɔɕ | kɔgɔ nʲɛ
     vidʑawɛm (vidʑawam) vʲɛki ||]

2532

EN   The population of London, which was once the
     largest city in the world, is now decreasing.

PL   Populacja Londynu, który kiedyś był największym
     miastem na świecie, teraz spada.
ROM Populacja Londynu, ktury kjedyś byw najvjękšym
     mjastem na śvjeće, teraz spada.
IPA [pɔpulatsʲa lɔndɨnu | kturɨ kʲɛdɨʑ bɨʷ naʲvjɛ̃nkʂim
     mʲastem na ɕfʲɛtɕɛ | tɛras spada ||]

2533

EN Few of the people who applied for the job had the
necessary qualifications.

PL Mało ludzi, którzy aplikowali do tej pracy, miało
konieczne kwalifikacje.

ROM Mawo ludźi, ktuŘy aplikovali do tej pracy, mjawo
końečne kvalifikacje.

IPA [mawɔ ludʑi | ktuʐɨ aplikɔvali dɔ tɛʲ pratsɨ | mʲawɔ
kɔnʲẽt͡ʂnɛ kfalifikatsʲɛ ||]

2534

EN Camila showed me a picture of her son, who is a
police officer.

PL Camila pokazała mi zdjęcie jej syna, który jest
policjantem.

ROM Camila pokazawa mi zdjęće jej syna, ktury jest
policjantem.

IPA [(…) pɔkazawa mi zdjẽⁿt͡ɕɛ jɛʲ sɨna | kturɨ jɛst
pɔlitsʲantɛm ||]

2535

EN The doctor who examined me couldn't find anything
wrong.

PL Lekarz, który mnie badał, nie znalazł nic złego.

ROM Lekař, ktury mńe badaw, ńe znalazw ńic zwego.

IPA [lɛkaʂ | kturɨ mnʲɛ badaw | nʲɛ znalazw nʲid͡z zʷɛgɔ ||
]

2536

EN The sun, which is one (1) of millions of stars in the universe, provides us with heat and light.

PL Słońce, które jest jedną z milionów gwiazd we wszechświecie, zapewnia nam ciepło i światło.

ROM Swońce, kture jest jedną z miljonuv gvjazd ve všexśvjeće, zapevńa nam ćepwo i śvjatwo.

IPA [sʷɔnʲtsɛ | kturɛ jɛst jɛdnɔ̃ʷ z milʲɔnuv gvʲazd vɛ fʂɛxɕfʲɛtɕɛ | zapɛvnʲa nam tɕɛpʷɔ i ɕfʲadʷɔ ||]

2537

EN Mr. Lopez, whom I spoke with at the meeting, is very interested in our plan.

PL Pan Lopez, z którym rozmawiałem (♀ rozmawiałam) na spotkaniu, jest zainteresowany naszym planem.

ROM Pan Lopez, z kturym rozmavjawem (♀ rozmavjawam) na spotkańu, jest zainteresovany našym planem.

IPA [pan (…) | s kturɨm rɔzmavʲawɛm (rɔzmavʲawam) na spɔtkanʲu | jɛzd zaintɛrɛsɔvanɨ naʂɨm planɛm ||]

2538

EN Fortunately, we had a map that we would have gotten lost without.

PL Na szczęście mieliśmy mapę, bez której byśmy się zgubili.

ROM Na ščęśće mjeliśmy mapę, bez kturej byśmy śę zgubili.

IPA [na ʂ͡tʂɛ̃nʲɕtɕɛ mʲɛliɕmɨ mapɛ̃ʷ | bɛs kturɛʲ bɨɕmɨ ɕɛ̃ʷ zgubili ||]

2539

EN This is my friend from Italy that I was telling you about.

PL To jest mój przyjaciel (♀moja przyjaciółka) z Włoch, o którym (♀której) ci opowiadałem (♀opowiadałam).

ROM To jest muj přyjaćel (♀moja přyjaćuwka) z Vwox, o kturym (♀kturej) ći opovjadawem (♀opovjadawam).

IPA [tɔ jɛst muʲ pʂɨjatɕɛl (mɔja pʂɨjatɕuʷka) z vʷɔx | ɔ kturɨm (kturɛʲ) tɕi ɔpɔvʲadawɛm (ɔpɔvʲadawam) ||]

2540

EN Ten people applied for the job, none of whom were suitable.

PL Dziesięcioro ludzi aplikowało do tej pracy, żaden z nich nie był odpowiedni.

ROM Dźeśęćoro ludźi aplikovawo do tej pracy, żaden z ńix ńe byw odpovjedńi.

IPA [dʑeɕɛ̃nʲtɕɔrɔ ludʑi aplikɔvawɔ dɔ tɛʲ pratsɨ | ʐadɛn z nʲix nʲɛ bɨʷ ɔtpɔvʲɛdnʲi ||]

2541

EN Priscilla has two (2) sisters, both of whom were teachers.

PL Priscilla ma dwie siostry, obie z nich są nauczycielkami.

ROM Priscilla ma dvje śostry, obje z ńix są naučyćelkami.

IPA [(…) ma dvʲɛ ɕɔstrɨ | ɔbʲɛ z nʲix sɔ̃ʷ nautʂ͡ɕitɕelkami ||]

2542

EN We drove along the road, the sides of which were lined with trees.

PL Jechaliśmy drogą, której krawędzie były obsadzone drzewami.

ROM Jexaliśmy drogą, kturej kravędźe bywy obsadzone dřevami.

IPA [jɛxaliɕmɨ drɔgɔ̃ʷ | ktureʲ kravɛ̃nʲdʑɛ bɨwɨ ɔpsadʑɔnɛ dʑɛvami ||]

2543

EN The company has a new business plan, the aim of which is to save money.

PL Firma ma nowy biznesplan, celem którego jest oszczędzać pieniądze.

ROM Firma ma novy biznesplan, celem kturego jest ośčędzać pjeńądze.

IPA [firma ma nɔvɨ biznɛsplan | tsɛlɛm kturɛgɔ jɛst ɔst͡ʂɛ̃nd͡zat͡ɕ pʲenʲɔ̃nd͡zɛ ||]

2544

EN Yijuan doesn't have a phone, which makes it difficult to contact her.

PL Yijuan nie ma telefonu, co sprawia, że trudno jest się z nią skontaktować.

ROM Yijuan ńe ma telefonu, co spravja, že trudno jest śę z ńą skontaktovać.

IPA [(…) nʲɛ ma tɛlɛfɔnu | tsɔ spravʲa | ʑɛ trudnɔ jɛst ɕɛ̃ʷ z nʲɔ̃ʷ skɔntaktɔvat͡ɕ ||]

2545

EN Police investigating the crime are looking for three (3) men.

PL Policjanci prowadzący śledztwo w sprawie przestępstwa, szukają trzech mężczyzn.

ROM Policjanći provadzący śledztvo v spravje přestępstva, šukają třex mężčyzn.

IPA [pɔlitsʲant͡ɕi prɔvad͡zɔ̃ntsɨ ɕlɛtstfɔ f spravʲɛ pʂɛstɛ̃mpstfa | ʂukaʲɔ̃ʷ t͡ʂɛx mɛ̃nʂt͡ʂɨzn ||]

2546

EN The road connecting the two (2) towns is very narrow.

PL Droga łącząca dwa miasta jest bardzo wąska.
ROM Droga wǎčąca dva mjasta jest bardzo vąska.
IPA [drɔga wɔ̃ntʂɔ̃ntsa dva mʲasta jɛzd barʤɔ võnska ||]

2547

EN I have a large bedroom overlooking the garden.

PL Mam wielką sypialnię z widokiem na ogród.
ROM Mam vjelką sypjalńę z vidokjem na ogrud.
IPA [mam vʲɛlkɔ̃ʷ sɨpʲalnʲɛ̃ʷ z vidɔkʲɛm na ɔgrut ||]

2548

EN The boy injured in the accident was taken to the hospital.

PL Chłopiec ranny w wypadku został zabrany do szpitala.
ROM Xwopjec ranny v vypadku zostaw zabrany do špitala.
IPA [xʷɔpʲɛts rannɨ v vɨpatku zɔstaʷ zabranɨ dɔ ʂpitala ||
    ]

2549

EN The police never found the money stolen in the robbery.

PL Policja nigdy nie znalazła pieniędzy skradzionych podczas rabunku.

ROM Policja ńigdy ńe znalazwa pjeńędzy skradźonyx podčas rabunku.

IPA [pɔlitsʲa nʲigdɨ nʲɛ znalazʷa pʲɛnʲɛ̃nʥɨ skraʥɔnɨx pɔt͡ʂas rabunku ‖]

2550

EN Most of the goods made in this factory are exported.

PL Większość dóbr produkowanych przez tę fabrykę jest eksportowana.

ROM Vjękšość dubr produkovanyx přez tę fabrykę jest eksportovana.

IPA [vjɛ̃ŋkʂɔʑʥ dubr prɔdukɔvanɨx pʂɛs tɛ̃ʷ fabrɨkɛ̃ʷ jest ɛkspɔrtɔvana ‖]

2551

EN There are only a few chocolates left.

PL Zostało tylko kilka czekoladek.

ROM Zostawo tylko kilka čekoladek.

IPA [zɔstawɔ tɨlkɔ kilka t͡ʂɛkɔladɛk ‖]

2552

EN I didn't talk much to the man sitting next to me on the plane.

PL Nie rozmawiałem (♀rozmawiałam) zbyt dużo z mężczyzną siedzącym obok mnie w samolocie.

ROM Ńe rozmavjawem (♀rozmavjawam) zbyt dużo z mężčyzną śedzącym obok mńe v samoloće.

IPA [nʲɛ rɔzmavʲawɛm (rɔzmavʲawam) zbɨd duzɔ z mɛ̃nʂt͡ʂɨznɔ̃ʷ ɕɛd͡ʑɔ̃ntsɨm ɔbɔk mnʲɛ f samɔlɔt͡ɕɛ ||]

2553

EN The taxi taking us to the airport broke down.

PL Taksówka wioząca nas z lotniska, zepsuła się.

ROM Taksuvka vjoząca nas z lotńiska, zepsuwa śę.

IPA [taksufka vʲozɔ̃ntsa naz z lɔtnʲiska | zɛpsuwa ɕɛ̃ʷ ||]

2554

EN The road damaged in the storm has now been repaired.

PL Droga zniszczona przez burzę jest teraz naprawiana.

ROM Droga zńiščona přez buřę jest teraz napravjana.

IPA [drɔga znʲiʂt͡ʂɔna pʂɛz buʐɛ̃ʷ jest tɛraz napravʲana ||]

2555

EN Most of the suggestions made at the meeting weren't
very reasonable.

PL Większość sugestii na spotkaniu nie było zbyt
rozsądnych.

ROM Vjękšość sugestii na spotkańu ńe bywo zbyt
rozsądnyx.

IPA [vjɛ̃ŋkşɔçtę sugestii na spɔtkanʲu nʲɛ bɨwɔ zbɨt
rɔssõndnɨx ||]

2556

EN What was the name of the man arrested by the
police?

PL Jakie było imię mężczyzny aresztowanego przez
policję?

ROM Jakje bywo imję mężčyzny areštovanego přez
policję?

IPA [jakʲɛ bɨwɔ imjɛ̃ʷ mɛ̃nştşɨznɨ arɛştɔvanɛgɔ pşes
pɔlitsjɛ̃ʷ ||]

2557

EN I don't have anything to do. I'm bored.

PL Nie mam nic do roboty. Nudzę się.

ROM Ńe mam ńic do roboty. Nudzę śę.

IPA [nʲɛ mam nʲidz dɔ rɔbɔtɨ || nudzɛ̃ʷ çɛ̃ʷ ||]

2558

EN The teacher's explanation was confusing. Most of the students didn't understand it.

PL Wyjaśnienie nauczyciela było niejasne. Większość uczniów nie go nie zrozumiała.

ROM Vyjaśńeńe naučyćela bywo ńejasne. Vjękšość učńuv ńe go ńe zrozumjawa.

IPA [vɨjaçnʲenʲɛ nautʂitɕela bɨwɔ nʲejasnɛ || vjɛ̃ŋkʂɔɕtɕ utʂnʲuv nʲɛ gɔ nʲɛ zrɔzumʲawa ||]

2559

EN The kitchen hadn't been cleaned in ages. It was really disgusting.

PL Kuchnia nie była sprzątana of wieków. Była naprawdę obrzydliwa.

ROM Kuxńa ńe bywa spřątana of vjekuv. Bywa napravdę obřydliva.

IPA [kuxnʲa nʲɛ bɨwa spʂɔ̃ntana ɔv vʲɛkuf || bɨwa napravdɛ̃ʷ ɔbʐɨdliva ||]

2560

EN You don't have to get annoyed just because I'm a few minutes late.

PL Nie musisz denerwować się, bo spóźniłem (♀spóźniłam) się parę minut.

ROM Ńe muśiš denervovać śę, bo spuźńiwem (♀spuźńiwam) śę parę minut.

IPA [nʲɛ muçiz denɛrvɔvatɕ ɕɛ̃ʷ | bɔ spuʐnʲiwɛm (spuʐnʲiwam) ɕɛ̃ʷ parɛ̃ʷ minut ||]

2561

EN I've been working very hard all day, and now I'm exhausted.

PL Pracowałem (♀pracowałam) bardzo ciężko cały dzień i teraz jestem wyczerpany (♀wyczerpana).

ROM Pracovawem (♀pracovawam) bardzo ćężko cawy dźeń i teraz jestem vyčerpany (♀vyčerpana).

IPA [pratsɔvawɛm (pratsɔvawam) bard͜ʐɔ tɕ̃ẽ̃ʂkɔ tsawɨ d͜ʑɛnʲ i tɛraz jɛstɛm vɨ̂t͡ʂɛrpanɨ (vɨ̂t͡ʂɛrpana) ||]

2562

EN Vitale is very good at telling funny stories. He can be very amusing.

PL Vitale jest bardzo dobry w opowiadaniu śmiesznych historii. On potrafi być bardzo zabawny.

ROM Vitale jest bardzo dobry v opovjadańu śmješnyx xistorii. On potrafi być bardzo zabavny.

IPA [(…) jɛzd bard͜ʐɔ dɔbrɨ v ɔpɔvʲadanʲu ɕmʲɛʂnɨx xistɔrii || ɔn pɔtrafi bɨ̂d͜ʑ bard͜ʐɔ zabavnɨ ||]

2563

EN He's one of the most boring people I've ever met. He never stops talking, and he never says anything interesting.

PL On jest jednym z najnudniejszych osób, które kiedykolwiek spotkałem (♀ spotkałam). On nigdy nie przestaje mówić i nigdy nie mówi nic interesującego.

ROM On jest jednym z najnudńejšyx osub, kture kjedykolvjek spotkawem (♀ spotkawam). On ńigdy ńe přestaje muvić i ńigdy ńe muvi ńic interesującego.

IPA [ɔn jɛst jɛdnɨm z naʲnudnʲɛʲʂɨx ɔsup | kturɛ kʲɛdɨkɔlvʲɛk spɔtkawɛm (spɔtkawam) || ɔn nʲigdɨ nʲɛ pʂɛstajɛ muvitɕ i nʲigdɨ nʲɛ muvi nʲits intɛrɛsuʲɔ̃ntsɛgɔ ||]

2564

EN As the movie went on, it became more and more boring.

PL Im dłużej trwał film, tym bardziej nudny się stawał.

ROM Im dwużej trvaw film, tym bardźej nudny śę stavaw.

IPA [im dʷuʐɛʲ trvaʷ film | tɨm bardʑɛʲ nudnɨ ɕɛ̃ʷ stavaʷ ||]

2565

EN The dinner smells good.

PL Obiad dobrze pachnie.

ROM Objad dobře paxńe.

IPA [ɔbʲad dɔbʐɛ paxnʲɛ ||]

2566

EN This milk tastes a little strange.

PL To mleko smakuje trochę dziwnie.

ROM To mleko smakuje troxę dźivńe.

IPA [tɔ mlɛkɔ smakujɛ trɔxɛ̃ʷ ʥivnʲɛ ‖]

2567

EN I can't eat this. I just tried it and it tastes awful!

PL Nie mogę tego jeść. Spróbowałem (♀spróbowałam) i smakuje okropnie!

ROM Ńe mogę tego jeść. Sprubovavem (♀sprubovavam) i smakuje okropńe!

IPA [nʲɛ mɔgɛ̃ʷ tɛgɔ jɛɕtɕ ‖ sprubɔvavɛm (sprubɔvavam) i smakujɛ ɔkrɔpnʲɛ ‖]

2568

EN Why do you look all wet? Have you been out in the rain?

PL Dlaczego jesteś mokry (♀mokra)? Byłeś (♀byłaś) na zewnątrz w czasie deszczu?

ROM Dlačego jesteś mokry (♀mokra)? Byweś (♀bywaś) na zevnątř v čaśe dešču?

IPA [dlat͡ʂɛgɔ jɛstɛɕ mɔkrɨ (mɔkra) ‖ bɨwɛɕ (bɨwaɕ) na zɛvnɔ̃ntʂ f t͡ʂaɕɛ dɛʂt͡ʂu ‖]

2569

EN There's no point in doing a job if you don't do it properly.

PL Nie ma sensu robić pracy, jeśli nie robisz jej dokładnie.

ROM Ńe ma sensu robić pracy, jeśli ńe robiš jej dokwadńe.

IPA [nʲɛ ma sɛnsu rɔbitɕ pratsɨ | jɛɕli nʲɛ rɔbiş jeʲ dɔkʷadnʲɛ ||]

2570

EN They'll be away for the next few weeks.

PL Nie będzie ich przez kilka następnych tygodni.

ROM Ńe będźe ix přez kilka następnyx tygodńi.

IPA [nʲɛ bɛ̃nʲʥɛ ix pşɛs kilka nastɛ̃mpnɨx tɨgɔdnʲi ||]

2571

EN Two people were seriously injured in the accident.

PL Dwoje ludzi było poważnie rannych w wypadku.

ROM Dvoje ludźi bywo považńe rannyx v vypadku.

IPA [dvɔjɛ luʥi bɨwɔ pɔvaʐnʲɛ rannɨɣ v vɨpatku ||]

2572

EN We didn't go out because it was raining heavily.

PL Nie wyszliśmy (♀wyszłyśmy), bo lał deszcz.

ROM Ńe vyšliśmy (♀vyšwyśmy), bo law dešč.

IPA [nʲɛ vɨşliɕmɨ (viʂʷɨɕmɨ) | bɔ laʷ dɛʂʈʂ ||]

2573

EN Even though Rosetta still makes mistakes, her English is already very fluent.

PL Nawet mimo tego, że Rosetta wciąż robi błędy, jej angielski jest już bardzo płynny.

ROM Navet mimo tego, że Rosetta vćąż robi bwędy, jej angjelski jest już bardzo pwynny.

IPA [navet mimɔ tegɔ | zε (...) ftɕɔ̃nz̩ rɔbi bwɛ̃ndɨ | jeʲ angʲelski jest juz̩ bardzɔ pʷinnɨ ||]

2574

EN The shoes I tried on fit me perfectly.

PL Buty, które mierzyłem (♀mierzyłam) pasują idealnie.

ROM Buty, kture mjeřywem (♀mjeřywam) pasują idealńe.

IPA [butɨ | kturε mʲɛzɨwεm (mʲɛzɨwam) pasuʲɔ̃ʷ idεalnʲε ||]

2575

EN We know how to learn languages incredibly quickly.

PL Wiemy jak uczyć się języków niewiarygodnie szybko.

ROM Vjemy jak učyć śę językuv ńevjarygodńe šybko.

IPA [vʲemɨ jak utʂitɕ ɕɛ̃ʷ jɛ̃nzɨkuv nʲevʲarɨgɔdnʲε ɕɨpkɔ ||]

2576

EN Two people got seriously injured in the accident.

PL Dwoje ludzi zostało poważnie rannych w wypadku.
ROM Dvoje ludźi zostawo považńe rannyx v vypadku.
IPA [dvɔjɛ lud͡ʑi zɔstawɔ pɔvaʐɲʲɛ rannɨɣ v vɨpatku ‖]

2577

EN The conference was badly organized.

PL Konferencja była źle zorganizowana.
ROM Konferencja bywa źle zorgańizovana.
IPA [kɔnfɛrɛntsʲa bɨwa ʑlɛ zɔrgaɲʲizɔvana ‖]

2578

EN The movie was unnecessarily long. It could have been much shorter.

PL Niepotrzebnie film był tak długi. Mógł być o wiele krótszy.
ROM Ńepotřebńe film byw tak dwugi. Mugw być o vjele krutšy.
IPA [nʲɛpɔtʂɛbnʲɛ film bɨʷ tag dʷugi ‖ mugw bɨt͡ɕ ɔ vʲɛlɛ krut͡ʂɨ ‖]

2579

EN Esteban always wears nice clothes. He's always well dressed.

PL Esteban zawsze nosi ładne ubrania. On jest zawsze dobrze ubrany.

ROM Esteban zavše nośi wadne ubraňa. On jest zavše dobře ubrany.

IPA [(…) zafʂɛ nɔɕi wadnɛ ubranʲa || ɔn jɛzd zafʂɛ dɔbzɛ ubranɨ ||]

2580

EN Elisa has a lot of responsibility in her job, but she isn't very well paid.

PL Elisa ponosi dużą odpowiedzialność w swojej pracy, ale nie płacą jej zbyt dobrze.

ROM Elisa ponośi dużą odpovjedźalność v svojej pracy, ale ńe pwacą jej zbyt dobře.

IPA [(…) pɔnɔɕi duzɔ̃ʷ ɔtpɔvʲɛdʑalnɔɕtɕ f sfɔjeʲ pratsɨ | alɛ nʲɛ pʷatsɔ̃ʷ jeʲ zbɨd dɔbzɛ ||]

2581

EN You're speaking too quietly, I can hardly hear you.

PL Mówisz zbyt cicho, prawie cię nie słyszę.

ROM Muviš zbyt ćixo, pravje će ńe swyšę.

IPA [muviz̧ zbɨt tɕixɔ | pravʲɛ tɕɛ̃ʷ nʲɛ sʷɨʂɛ̃ʷ ||]

2582

EN You look the same now as you looked fifteen (15) years ago. You've hardly changed!

PL Wyglądasz tak samo, jak piętnaście lat temu. Prawie się nie zmieniłeś (♀zmieniłaś)!

ROM Vyglądaš tak samo, jak pjętnaśće lat temu. Pravje śę ńe zmjeńiweś (♀zmjeńiwaś)!

IPA [vɨglõndaʂ tak samɔ | jak pjẽndnaʨɕɛ lat tɛmu || pravʲɛ ɕɛ̃ʷ nʲɛ zmʲɛnʲiwɛɕ (zmʲɛnʲiwaɕ) ||]

2583

EN Our new boss is not very popular. Hardly anyone likes her.

PL Nasz nowy szef nie jest zbyt popularny. Prawie nikt go nie lubi.

ROM Naš novy šef ńe jest zbyt popularny. Pravje ńikt go ńe lubi.

IPA [naʂ nɔvɨ ʂef nʲɛ jezd zbɨt pɔpularnɨ || pravʲɛ nʲigd gɔ nʲɛ lubi ||]

2584

EN It was very crowded in the room. There was hardly anywhere to sit.

PL Pokój był bardzo zatłoczony. Nie było prawie miejsc siedzących.

ROM Pokuj byw bardzo zatwočony. Ńe bywo pravje mjejsc śedzącyx.

IPA [pɔkuʲ bɨʷ bardzɔ zadʷɔt͡ʂɔnɨ || nʲɛ bɨwɔ pravʲɛ mʲeʲsts ɕedʐõntsɨx ||]

2585

EN I hate this town. There's hardly anything to do and hardly anywhere to go for fun.

PL Nienawidzę tego miasta. Nie ma prawie nic do robienia i prawie nigdzie nie można pójść dla rozrywki.

ROM Ńenavidzę tego mjasta. Ńe ma pravje ńic do robjeńa i pravje ńigdźe ńe można pujść dla rozryvki.

IPA [nʲɛnavidʑɛ̃ʷ tɛgɔ mʲasta || nʲɛ ma pravʲɛ nʲidʑ dɔ rɔbʲɛnʲa i pravʲɛ nʲigdʑɛ nʲɛ mɔʐna puʲʑdʑ dla rɔzrifki ||]

2586

EN The story was so stupid. > It was such a stupid story.

PL Ta historia była taka głupia. > To była taka głupia historia.

ROM Ta xistorja bywa taka gwupja. > To bywa taka gwupja xistorja.

IPA [ta xistɔrʲa bɨwa taka gʷupʲa || > tɔ bɨwa taka gʷupʲa xistɔrʲa ||]

2587

EN They are so nice. > They are such nice people.

PL Oni (♀one) są tacy mili (♀takie miłe). > Oni (♀one) są tak miłymi ludźmi.

ROM Ońi (♀one) są tacy mili (♀takje miwe). > Ońi (♀one) są tak miwymi ludźmi.

IPA [ɔnʲi (ɔnɛ) sɔ̃ʷ tatsɨ mili (takʲɛ miwɛ) ‖ > ɔnʲi (ɔnɛ) sɔ̃ʷ tak miwɨmi ludʑmi ‖]

2588

EN We had such a good time on vacation that we didn't want to come home.

PL Spędziliśmy (♀spędziłyśmy) miło czas na wakacjach, tak, że nie chcieliśmy (♀chciałyśmy) wracać.

ROM Spędźiliśmy (♀spędźiwyśmy) miwo čas na vakacjax, tak, že ńe xćeliśmy (♀xćawyśmy) vracać.

IPA [spɛ̃nʲdʑiliɕmɨ (spɛ̃nʲdʑiwɨɕmɨ) miwo t͡ʃas na vakatsʲax | tak | ʑɛ nʲɛ xtɕeliɕmɨ (xtɕawɨɕmɨ) vratsatɕ ‖]

2589

EN She speaks English so well you would think it was her native language.

PL Ona mówi po angielsku tak dobrze, że pomyślałbyś (♀pomyślałabyś), że to jej język ojczysty.

ROM Ona muvi po angjelsku tak dobře, že pomyślawbyś (♀pomyślawabyś), že to jej język ojčysty.

IPA [ɔna muvi pɔ angʲelsku tag dɔbʑɛ | ʑɛ pɔmɨɕlaʷbɨɕ (pɔmɨɕlawabɨɕ) | ʑɛ tɔ jeʲ jɛ̃nzik ɔˈt͡ʃɨstɨ ‖]

2590

EN The music was so loud that you could hear it from miles away.

PL Muzyka była tak głośno, że można było ją usłyszeć z daleka.

ROM Muzyka bywa tak gwośno, że można bywo ją uswyšeć z daleka.

IPA [muzɨka bɨwa tag gʷɔɕnɔ | zɛ mɔʐna bɨwɔ jɔ̃ʷ usʷɨ̧ʂɛʥ z dalɛka ||]

2591

EN I haven't seen her for such a long time.

PL Nie widziałem (♀widziałam) jej od tak dawna.

ROM Ńe vidźawem (♀vidźawam) jej od tak davna.

IPA [nʲɛ vidʑawɛm (vidʑawam) jeʲ ɔt tag davna ||]

2592

EN I didn't know it was such a long way.

PL Nie wiedziałem (♀wiedziałam), że to taka długa droga.

ROM Ńe vjedźawem (♀vjedźawam), že to taka dwuga droga.

IPA [nʲɛ vʲɛdʑawɛm (vʲɛdʑawam) | zɛ tɔ taka dʷuga drɔga ||]

2593

EN You're lazy. You don't work hard enough.

PL Jesteś leniwy (♀leniwa). Nie pracujesz wystarczająco ciężko.

ROM Jesteś leńivy (♀leńiva). Ńe pracuješ vystarčająco ćężko.

IPA [jɛstɛɕ lɛnʲivɨ (lɛnʲiva) || nʲɛ pratsujɛʐ vɨstartʂaʲɔ̃ntsɔ tɕɛ̃nʂkɔ ||]

2594

EN Is Raj going to apply for the job? Does he have enough experience? > Is he experienced enough for the job?

PL Czy Raj ma zamiar aplikować do tej pracy? Czy on ma wystarczające doświadczenie? > Czy on jest wystarczająco doświadczony do tej pracy?

ROM Čy Raj ma zamjar aplikovać do tej pracy? Čy on ma vystarčające dośvjadčeńe? > Čy on jest vystarčająco dośvjadčony do tej pracy?

IPA [tʂɨ (…) ma zamʲar aplikɔvadʑ dɔ tɛʲ pratsɨ || tʂɨ ɔn ma vɨstartʂaʲɔ̃ntsɛ dɔɕfʲattʂɛnʲɛ || > tʂɨ ɔn jɛzd vɨstartʂaʲɔ̃ntsɔ dɔɕfʲattʂɔnɨ dɔ tɛʲ pratsɨ ||]

2595

EN They're too young to get married. > They're not old enough to get married.

PL Oni są zbyt młodzi, żeby wziąć ślub. > Oni nie są wystarczająco dorośli, żeby wziąć ślub.

ROM Oń i są zbyt mwodźi, żeby vźąć ślub. > Oń i ńe są vystarčająco dorośli, żeby vźąć ślub.

IPA [ɔnʲi sɔ̃ʷ zbɨt mʷɔdʑi | zɛbɨ vʑɔ̃ɲtɕ ɕlup || > ɔnʲi nʲɛ sɔ̃ʷ vɨstartʂaʲɔ̃ntsɔ dɔrɔɕli | zɛbɨ vʑɔ̃ɲtɕ ɕlup ||]

2596

EN It's too far to walk home from here.

PL Jest za daleko, żeby iść stąd piechotą do domu.

ROM Jest za daleko, żeby iść stąd pjexotą do domu.

IPA [jɛzd za dalɛkɔ | zɛbɨ iɕtɕ stɔ̃nt pʲɛxɔtɔ̃ʷ dɔ dɔmu ||]

2597

EN These apples aren't ripe enough to eat.

PL Te jabłka nie były wystarczająco dojrzałe, żeby je zjeść.

ROM Te jabwka ńe bywy vystarčająco dojřawe, żeby je zjeść.

IPA [tɛ japwka nʲɛ bɨwɨ vɨstartʂaʲɔ̃ntsɔ dɔʲʐawɛ | zɛbɨ jɛ zʲɛɕtɕ ||]

2598

EN The situation is too complicated to explain.

PL Sytuacja jest zbyt skomplikowana, żeby ją wyjaśnić.
ROM Sytuacja jest zbyt skomplikovana, żeby ją vyjaśnić.
IPA [sɨtuats^ja jɛzd zbɨt skɔmplikɔvana | zɛ̃bɨ jɔ̃ʷ vɨjaɕɲ^jitɕ ||]

2599

EN You're standing too close to the camera. Can you move a little farther away?

PL Stoisz za blisko aparatu. Możesz odejść trochę dalej?
ROM Stoiš za blisko aparatu. Možeš odejść troxę dalej?
IPA [stɔiʑ̩ za bliskɔ aparatu || mɔʑɛ̃ʂ ɔde^jɕtɕ trɔxɛ̃ʷ dalɛ^j ||]

2600

EN The instructions were very complicated. They could have been simpler.

PL Polecenia były bardzo skomplikowane. One mogłyby być prostsze.
ROM Poleceńa bywy bardzo skomplikovane. One mogwyby być prostše.
IPA [pɔlɛtsɛn^ja bɨwɨ bardzɔ skɔmplikɔvanɛ || ɔnɛ mɔg^wɨbɨ bɨtɕ prɔstʂɛ ||]

GMS #2601 - 2700

2601

EN It takes longer by train than car.

PL Polecenia były bardzo skomplikowane. One mogłyby być prostsze.

ROM Poleceńa bywy bardzo skomplikovane. One mogwyby być prostše.

IPA [pɔlɛtsɛnʲa bɨwɨ bardʑɔ skɔmplikɔvanɛ ‖ ɔnɛ mɔgʷibɨ bitɕ prɔstʂɛ ‖]

2602

EN Walter did worse than I did on the test.

PL Walter napisał test gorzej niż ja.

ROM Walter napisaw test gořej ńiž ja.

IPA [(…) napisaʷ tɛzd gɔʑɛʲ nʲiz̥ ja ‖]

2603

EN My friends arrived earlier than I expected.

PL Moi przyjaciele przyszli wcześniej niż oczekiwałem (♀ oczekiwałam).

ROM Moi přyjaćele přyšli vćeśńej ńiž očekivawem (♀ očekivawam).

IPA [mɔi pʂijatɕɛlɛ pʂiɕli ft͡ʂɛɕnʲɛʲ nʲiz̥ ɔt͡ʂɛkivawɛm (ɔt͡ʂɛkivawam) ‖]

2604

EN The buses run more often than the trains.

PL Autobusy jeżdżą częściej niż pociągi.
ROM Autobusy jeżżą częśćej niż poćągi.
IPA [autɔbusɨ jezd͡zɔ̃ʷ t͡ʂɛ̃n͡ʲɕt͡ɕeʲ n͡ʲiʂ pɔt͡ɕɔ̃ŋgi ||]

2605

EN There were a lot of people on the bus. It was more crowded than usual.

PL W autobusie było dużo ludzi. Był bardziej zatłoczony niż zazwyczaj.
ROM V autobuśe bywo dużo ludźi. Byw bardźej zatwočony ńiż zazvyčaj.
IPA [v autɔbuɕe bɨwɔ duʐɔ lud͡ʑi || bɨʷ bard͡ʑeʲ zadʷɔt͡ʂɔnɨ n͡ʲiz̪ zazvɨt͡ʂaʲ ||]

2606

EN Could you speak a bit more slowly?

PL Mógłbyś (♀mogłabyś) mówić wolniej?
ROM Mugwbyś (♀mogwabyś) muvić volńej?
IPA [mukwbɨɕ (mɔgʷabɨɕ) muvid͡ʑ vɔln͡ʲeʲ ||]

2607

EN This bag is slightly heavier than the other one.

PL Ta torba jest trochę cięższa niż ta druga.
ROM Ta torba jest troxę ćężša ńiż ta druga.
IPA [ta tɔrba jest trɔxɛ̃ʷ t͡ɕɛ̃ʂʂa n͡ʲiʂ ta druga ||]

2608

EN Her illness was far more serious than we thought at first.

PL Jej choroba była poważniejsza niż myśleliśmy na początku.

ROM Jej xoroba bywa považńejša ńiž myśleliśmy na počątku.

IPA [jeʲ xɔrɔba bɨwa pɔvaʐɲ'eʲşa nʲiz̞ mɨɕlɛliɕmɨ na pɔt͡şɔ̃ntku ||]

2609

EN I've waited long enough and I'm not waiting any longer.

PL Czekałam (♀czekałam) wystarczająco długo i nie mam zamiaru czekać ani chwili dłużej.

ROM Čekawam (♀čekawam) vystarčająco dwugo i ńe mam zamjaru čekać ańi xvili dwużej.

IPA [t͡şɛkawam (t͡şɛkawam) vɨstart͡şaʲɔ̃ntsɔ dʷugɔ i nʲɛ mam zamʲaru t͡şɛkatɕ anʲi xfili dʷuʐɛʲ ||]

2610

EN We expected their house to be very big, but it's no bigger than ours.

PL Oczekiwaliśmy, że ich dom będzie duży, ale nie jest większy niż nasz.

ROM Očekivaliśmy, że ix dom będźe duży, ale ńe jest vjękšy ńiž naš.

IPA [ɔt͡şekivaliɕmɨ | ʐɛ iɣ dɔm bɛ̃nʲd͡ʐɛ duʐɨ̞ | ale nʲɛ jezd vjɛ̃ŋkşɨ nʲiz̞ naş ||]

2611

EN This hotel is better than the other one, and it's no more expensive.

PL Ten hotel jest lepszy niż ten drugi, ale nie jest droższy.

ROM Ten xotel jest lepšy ńiž ten drugi, ale ńe jest drožšy.

IPA [tɛn xɔtɛl jɛst lɛpʂɨ nʲiʂ tɛn drugi | alɛ nʲɛ jɛzd drɔʂʂɨ ||]

2612

EN What time should we leave? — The sooner the better.

PL O której powinniśmy wyjść? — Im wcześniej, tym lepiej.

ROM O kturej povinńiśmy vyjść? — Im včeśńej, tym lepjej.

IPA [ɔ kturɛʲ pɔvinnʲiɕmɨ vɨʲɕtɕ || — im ftʂɛɕnʲɛʲ | tɨm lɛpʲɛʲ ||]

2613

EN When you're traveling, the less luggage you have the better.

PL Kiedy podróżujesz (♀podróżujecie), im mniej masz (♀macie) bagażu, tym lepiej.

ROM Kjedy podružuješ (♀podružujeće), im mńej maš (♀maće) bagažu, tym lepjej.

IPA [kʲɛdɨ pɔdruʐujɛʂ (pɔdruʐujɛtɕɛ) | im mnʲɛʲ maʂ (matɕɛ) bagaʐu | tɨm lɛpʲɛʲ ||]

2614

EN The sooner we leave, the earlier we'll arrive.

PL Im wcześniej wyjdziemy, tym wcześniej dotrzemy na miejsce.

ROM Im včeśńej vyjdźemy, tym včeśńej dotřemy na mjejsce.

IPA [im f͡tʂɛɕnʲɛʲ vɨʲdʑɛmɨ | tɨm f͡tʂɛɕnʲɛʲ dɔtʂɛmɨ na mʲɛʲstsɛ ||]

2615

EN The more I thought about the plan, the less I liked it.

PL Im więcej myślę o tym planie, tym mniej mi się podoba.

ROM Im vjęcej myślę o tym plańe, tym mńej mi śę podoba.

IPA [im vjɛ̃ntsɛʲ mɨɕlɛ̃ʷ ɔ tɨm planʲɛ | tɨm mnʲɛʲ mi ɕɛ̃ʷ pɔdɔba ||]

2616

EN The shopping mall wasn't as crowded as usual. > The shopping mall was less crowded than usual.

PL Centrum handlowe nie było tak zatłoczone jak zazwyczaj. > Centrum handlowe było mniej zatłoczone niż zazwyczaj.

ROM Centrum xandlove ńe bywo tak zatwočone jak zazvyčaj. > Centrum xandlove bywo mńej zatwočone ńiž zazvyčaj.

IPA [tsɛntrum xandlɔvɛ nʲɛ bɨwɔ tag zadʷɔt͡ʂɔnɛ jag zazvɨt͡ʂaʲ || > tsɛntrum xandlɔvɛ bɨwɔ mnʲɛʲ zadʷɔt͡ʂɔnɛ nʲiʐ zazvɨt͡ʂaʲ ||]

2617

EN I don't know as many people as you do. > I know fewer people than you do.

PL Nie znam tak wielu ludzi jak ty (♀wy). > Znam mniej ludzi niż ty (♀wy).

ROM Ńe znam tak vjelu ludźi jak ty (♀vy). > Znam mńej ludźi ńiž ty (♀vy).

IPA [nʲɛ znam tag vʲɛlu luʥi jak tɨ (vɨ) || > znam mnʲeʲ luʥi nʲiʂ tɨ (vɨ) ||]

2618

EN I'm sorry I'm late. I got here as fast as I could.

PL Przepraszam za spóźnienie. Przyszedłem (♀przyszłam) tak szybko jak mogłem (♀mogłam).

ROM Přeprašam za spuźńeńe. Přyšedwem (♀přyšwam) tak šybko jak mogwem (♀mogwam).

IPA [pʂɛpraʂam za spuʑnʲenʲɛ || pʂɨʂɛdʷɛm (pʂɨʂʷam) tak ʂɨpkɔ jak mɔgʷɛm (mɔgʷam) ||]

2619

EN You're free to have as much food as you want.

PL Możesz jeść tyle ile chcesz.

ROM Možeš jeść tyle ile xceš.

IPA [mɔʐɛʂ jɛɕtɕ tɨlɛ ilɛ xtsɛʂ ||]

2620

EN Could you send me the money as soon as possible?

PL Mógłbyś (♀mogłabyś) wysłać mi pieniądze tak
szybko, jak to możliwe?

ROM Mugwbyś (♀mogwabyś) vyswać mi pjeńądze tak
šybko, jak to možlive?

IPA [mukwbi̇̇ç (mɔgʷabi̇̇ç) vi̇sʷati̇̇ç mi pʲɛnʲɔ̃ʥɛ tak ṣi̇pkɔ
| jak tɔ mɔz̦livɛ ||]

2621

EN Gas is twice as expensive as it was a few years ago.

PL Gaz jest dwa razy droższy niż kilka lat temu.

ROM Gaz jest dva razy drožšy ńiž kilka lat temu.

IPA [gaz jɛzd dva razi̇ drɔ̦ṣ̦ṣi̇ nʲiṣ kilka lat tɛmu ||]

2622

EN Satomi's salary is the same as mine. > Satomi gets
the same salary as me.

PL Wynagrodzenie Satomi jest taka samo jak moja. >
Satomi dostaje takie samo wynagrodzenie jak ja.

ROM Vynagrodzeńe Satomi jest taka samo jak moja. >
Satomi dostaje takje samo vynagrodzeńe jak ja.

IPA [vi̇nagrɔʥenʲɛ (…) jɛst taka samɔ jak mɔja || > (…)
dɔstajɛ takʲɛ samɔ vi̇nagrɔʥenʲɛ jak ja ||]

2623

EN They have more money than we do. > They have more money than us.

PL Oni mają więcej pieniędzy niż my. > Oni mają więcej pieniędzy niż my.

ROM Ońi mają vjęcej pjeńędzy ńiž my. > Ońi mają vjęcej pjeńędzy ńiž my.

IPA [ɔnʲi maʲɔ̃ʷ vjɛ̃ntsɛʲ pʲɛnʲɛ̃nʥɨ nʲiz̪ mɨ || > ɔnʲi maʲɔ̃ʷ vjɛ̃ntsɛʲ pʲɛnʲɛ̃nʥɨ nʲiz̪ mɨ ||]

2624

EN I can't run as fast as he can. > I can't run as fast as him.

PL Nie umiem biegać tak szybko jak on.

ROM Ńe umjem bjegać tak šybko jak on.

IPA [nʲɛ umʲem bʲegaʨ tak s̪ɨpkɔ jak ɔn ||]

2625

EN The movie we just watched was the most boring movie I've ever seen.

PL Film, który właśnie obejrzeliśmy był najnudniejszym filmem, jaki kiedykolwiek widziałem (♀widziałam).

ROM Film, ktury vwaśńe obejřeliśmy byw najnudńejšym filmem, jaki kjedykolvjek vidźawem (♀vidźawam).

IPA [film | kturɨ vʷaɕnʲɛ ɔbeʲʐɛliɕmɨ bɨʷ naʲnudnʲeʲs̪ɨm filmɛm | jaki kʲɛdikɔlvʲeg vidźawɛm (vidźawam) ||]

2626

EN Why does she always come to see me at the worst possible time?

PL Dlaczego ona zawsze przychodzi zobaczyć się ze mną w najgorszym możliwym czasie?

ROM Dlačego ona zavše přyxodźi zobačyć śę ze mną v najgoršym možlivym čaśe?

IPA [dlat͡ʂeɡɔ ɔna zafʂɛ pʂɨxɔd͡ʑi zɔbat͡ʂit͡ɕ ɕɛ̃ʷ zɛ mnɔ̃ʷ v naʲɡɔrʂim mɔʐl̦ivɨm t͡ʂaɕɛ ‖]

2627

EN He's the most patient person I've ever met.

PL On jest najbardziej cierpliwą osobą, jaką kiedykolwiek spotkałem (♀ spotkałam).

ROM On jest najbardźej ćerpliwą osobą, jaką kjedykolvjek spotkawem (♀ spotkawam).

IPA [ɔn jɛst naʲbard͡ʑeʲ t͡ɕɛrplivɔ̃ʷ ɔsɔbɔ̃ʷ | jakɔ̃ʷ kʲɛdɨkɔlvʲɛk spɔtkawɛm (spɔtkawam) ‖]

2628

EN His eldest son is sixteen (16) years old.

PL Jego najstarszy syn ma szesnaście lat.

ROM Jego najstaršy syn ma šesnaćće lat.

IPA [jɛɡɔ naʲstarʂɨ sɨn ma ʂɛsnaɕt͡ɕɛ lat ‖]

2629

EN What's the most important decision you've ever had to make? — It was moving to another country.

PL Jaka była najważniejsza decyzja, jaką musiałeś (♀musiałaś) podjąć? — To była przeprowadzka do innego kraju.

ROM Jaka bywa najvažňejša decyzja, jaką muśaweś (♀muśawaś) podjąć? — To bywa přeprovadzka do innego kraju.

IPA [jaka bɨwa naʲvaʐɲʲeʲʂa dɛtsɨzʲa | jakɔ̃ʷ muɕawɛɕ (muɕawaɕ) pɔdjɔ̃ɲʨ || — tɔ bɨwa pʂɛprɔvatska dɔ innɛgɔ kraju ||]

2630

EN When we went to Munich, our guide spoke English fluently.

PL Kiedy pojechaliśmy (♀pojechałyśmy) do Monachium, nasz przewodnik mówił płynnie po angielsku.

ROM Kjedy pojexaliśmy (♀pojexawyśmy) do Monaxjum, naš převodńik muviw pwynńe po angjelsku.

IPA [kʲedɨ pɔjɛxaliɕmɨ (pɔjɛxawɨɕmɨ) dɔ mɔnaxʲum | naʂ pʂɛvɔdɲʲik muviʷ pʷɨnnʲɛ pɔ angʲelsku ||]

2631

EN I met a friend of mine on my way home.

PL Spotkałem (♀spotkałam) mojego przyjaciela (♀moją przyjaciółkę) po drodze do domu.

ROM Spotkawem (♀spotkawam) mojego přyjaćela (♀moją přyjaćuwkę) po drodze do domu.

IPA [spɔtkawɛm (spɔtkawam) mɔjɛgɔ pʂijatɕela (mɔʲɔ̃ʷ pʂijatɕuʷkɛ̃ʷ) pɔ drɔdʑɛ dɔ dɔmu ‖]

2632

EN Walter hardly ever watches TV, and rarely reads newspapers.

PL Walter prawie nie ogląda telewizji i rzadko czyta gazety.

ROM Walter pravje ńe ogląda televizi i řadko čyta gazety.

IPA [(…) pravʲɛ nʲɛ ɔglõnda tɛlɛvizi i ʐatkɔ t͡ʂita gazɛtɨ ‖]

2633

EN The traffic isn't usually as bad as it was this morning.

PL Korki nie są zazwyczaj takie straszne jak dziś rano.

ROM Korki ńe są zazvyčaj takje strašne jak dźiś rano.

IPA [kɔrki nʲɛ sɔ̃ʷ zazvɨt͡ʂaʲ takʲɛ straʂnɛ jag dʑiɕ ranɔ ‖]

2634

EN I'll be there next week, but I probably won't see you.

PL Będę tam w przyszłym tygodniu, ale prawdopodobnie się z tobą nie zobaczę.

ROM Będę tam v přyšwym tygodńu, ale pravdopodobńe śę z tobą ńe zobačę.

IPA [bɛ̃ndɛ̃ʷ tam f pʂɨʂʷɨm tɨgɔdnʲu | alɛ pravdɔpɔdɔbnʲɛ ɕɛ̃ʷ s tɔbɔ̃ʷ nʲɛ zɔba͡tʂɛ̃ʷ ||]

2635

EN Gerardo and Feliciana have both applied for the job.

PL Gerardo i Feliciana oboje aplikowali do tej pracy.

ROM Gerardo i Feliciana oboje aplikovali do tej pracy.

IPA [(…) i (…) ɔbɔjɛ aplikɔvali dɔ tɛʲ pratsɨ ||]

2636

EN He always says he won't be late, but he always is.

PL On zawsze mówi, że się nie spóźni, ale zawsze się spóźnia.

ROM On zavše muvi, že śę ńe spuźńi, ale zavše śę spuźńa.

IPA [ɔn zafʂɛ muvi | ʐɛ ɕɛ̃ʷ nʲɛ spuʐnʲi | alɛ zafʂɛ ɕɛ̃ʷ spuʐnʲa ||]

2637

EN Yevgeniy doesn't work here anymore. He left last month. But Alan still works here.

PL Yevgeniy już tu nie pracuje. On zwolnił się w zeszłym miesiącu. Ale Alan dalej tutaj pracuje.

ROM Yevgeniy już tu ńe pracuje. On zvolńiw śę v zešwym mjeśącu. Ale Alan dalej tutaj pracuje.

IPA [(…) juş tu nʲɛ pratsujɛ || ɔn zvɔlnʲiʷ çɛ̃ʷ v zɛʂʷim mʲɛçɔ̃ntsu || alɛ (…) dalɛʲ tutaʲ pratsujɛ ||]

2638

EN We used to be good friends, but we aren't anymore. > We're no longer friends.

PL Byliśmy dobrymi przyjaciółmi (♀byłyśmy dobrymi przyjaciółkami), ale już nie jestesmy. > Nie jesteśmy już przyjaciółmi (♀przyjaciółkami).

ROM Byliśmy dobrymi přyjaćuwmi (♀bywyśmy dobrymi přyjaćuwkami), ale juž ńe jestesmy. > Ńe jesteśmy już přyjaćuwmi (♀přyjaćuwkami).

IPA [biliçmi dɔbrimi pşijatçuʷmi (biwiçmi dɔbrimi pşijatçuʷkami) | alɛ juz̦ nʲɛ jɛstɛsmi || > nʲɛ jɛstɛçmi juş pşijatçuʷmi (pşijatçuʷkami) ||]

2639

EN Have you gone to the bank yet? > Not yet.

PL Byłeś (♀byłaś) już w banku? > Jeszcze nie.

ROM Byweś (♀bywaś) już v banku? > Ješče ńe.

IPA [biwɛç (biwaç) juz̦ v banku || > jɛʂt͡ʂɛ nʲɛ ||]

2640

EN Violetta lost her job six (6) months ago and hasn't found another job yet.

PL Violetta straciła pracę sześć miesięcy temu i nie znalazła jeszcze nowej.

ROM Violetta straćiwa pracę šeść mješęcy temu i ńe znalazwa ješče novej.

IPA [(…) stratɕiwa pratsɛ̃ʷ ɕɛɕtɕ mʲɛɕɛ̃ntsɨ tɛmu i nʲɛ znalazʷa jɛʂt͡ʂɛ nɔvɛʲ ||]

2641

EN She said she would be here an hour ago, and she still hasn't arrived.

PL Godzinę temu powiedziała, że tu będzie, ale jeszcze jej nie ma.

ROM Godźinę temu povjedźawa, że tu będźe, ale ješče jej ńe ma.

IPA [gɔd͡ʑinɛ̃ʷ tɛmu pɔvʲɛd͡ʑawa | ʐɛ tu bɛ̃nʲd͡ʑɛ | alɛ jɛʂt͡ʂɛ jeʲ nʲɛ ma ||]

2642

EN Have you written him yet? — Yes, and he still hasn't replied.

PL Napisałeś (♀napisałaś) już do niego? — Tak, ale jeszcze nie odpowiedział.

ROM Napisaweś (♀napisawaś) już do ńego? — Tak, ale ješče ńe odpovjedźaw.

IPA [napisawɛɕ (napisawaɕ) juʐ̪ dɔ nʲɛgɔ || — tak | alɛ jɛʂt͡ʂɛ nʲɛ ɔtpɔvʲɛd͡ʑaʷ ||]

2643

EN Should I tell him what happened, or does he already know?

PL Czy powinienem (♀powinnam) mu powiedzieć, co się stało, czy on już wie?

ROM Čy povińenem (♀povinnam) mu povjedźeć, co śę stawo, čy on juž vje?

IPA [t͡ʂɨ pɔvinʲɛnɛm (pɔvinnam) mu pɔvʲɛd͡ʑɛt͡ɕ | tsɔ ɕɛ̃ʷ stawɔ | t͡ʂɨ ɔn juz̯ vʲɛ ||]

2644

EN I've just had lunch, and I'm already hungry.

PL Jadłem (♀jadlam) lunch, ale już jestem głodny (♀głodna).

ROM Jadwem (♀jadlam) lunx, ale juž jestem gwodny (♀gwodna).

IPA [jadʷɛm (jadlam) lunx | alɛ juz̯ jɛstɛm gʷɔdnɨ (gʷɔdna) ||]

2645

EN Would you like to eat with us, or have you already eaten?

PL Chcesz zjeść z nami, czy już jadłeś (♀jadłaś)?

ROM Xceš zjeść z nami, čy juž jadweś (♀jadwaś)?

IPA [xtsɛz̯ zʲɛʑd͡ʑ z nami | t͡ʂɨ juz̯ jadʷɛɕ (jadʷaɕ) ||]

2646

EN The plane is still waiting on the runway and hasn't taken off yet.

PL Samolot wciąż czeka na pasie startowym i jeszcze nie wystartował.

ROM Samolot vćąž čeka na paśe startovym i ješče ńe vystartovaw.

IPA [samɔlɔt ftɕɔ̃ŋʂ t͡ʂɛka na paɕɛ startɔvɨm i jɛʂt͡ʂɛ nʲɛ vɨstartɔvaᵂ ||]

2647

EN Has his flight landed yet? > Not yet, it should land in about thirty (30) minutes.

PL Czy jego samolot już wylądował? > Jeszcze nie, powinien wylądować za około trzydzieści minut.

ROM Čy jego samolot już vylądovaw? > Ješče ńe, povińen vylądovać za okowo třydźeśći minut.

IPA [t͡ʂɨ jɛgɔ samɔlɔt juʐ vɨlɔ̃ndɔvaᵂ || > jɛʂt͡ʂɛ nʲɛ | pɔvinʲɛn vɨlɔ̃ndɔvad͡ʐ za ɔkɔwɔ t͡ʂɨd͡ʑɛɕt͡ɕi minut ||]

2648

EN He always wears a coat, even in hot weather.

PL On zawsze nosi płaszcz, nawet w upalną pogodę.

ROM On zavše nośi pwašč, navet v upalną pogodę.

IPA [ɔn zafʂɛ nɔɕi pᵂaʂt͡ʂ | navɛd v upalnɔ̃ᵂ pɔgɔdɛ̃ᵂ ||]

2649

EN　They weren't very friendly to us. They didn't even say hello.

PL　Oni (♀one) nie byli (♀były) zbyt przyjaźni w stosunku do nas. Oni (♀one) nawet nie powiedzieli (♀powiedziały) cześć.

ROM　Ońi (♀one) ńe byli (♀bywy) zbyt přyjaźńi v stosunku do nas. Ońi (♀one) navet ńe povjedźeli (♀povjedźawy) češć.

IPA　[ɔnʲi (ɔnɛ) nʲɛ bʲili (bʲiwʲi) zbɨt psʲijaz̦nʲi f stɔsunku dɔ nas || ɔnʲi (ɔnɛ) navɛt nʲɛ pɔvʲedz̦eli (pɔvʲedz̦awʲi) t͡ʂɛɕt͡ɕ ||]

2650

EN　I got up very early, but my teacher got up even earlier.

PL　Wstałem (♀wstałam) bardzo wcześnie, ale mój nauczyciel wstał jeszcze wcześniej.

ROM　Vstawem (♀vstawam) bardzo včeśńe, ale muj naučyćel vstaw ješče včeśńej.

IPA　[fstawɛm (fstawam) bard͡zɔ ft͡ʂɛɕnʲɛ | alɛ muʲ naut͡ʂɨt͡ɕel fstaʷ jɛʂt͡ʂe ft͡ʂɛɕnʲeʲ ||]

2651

EN I knew I didn't have much money, but I have even less than I thought.

PL Wiedziałem (♀wiedziałam), że nie mam zbyt dużo pieniędzy, ale mam nawet mniej niż myślałem (♀myślałam).

ROM Vjedźawem (♀vjedźawam), że ńe mam zbyt dużo pjeńędzy, ale mam navet mńej ńiż myślawem (♀myślawam).

IPA [vʲɛdʑawɛm (vʲɛdʑawam) | ʐɛ nʲɛ mam zbɨd duʐɔ pʲɛnʲɛ̃ndʑɨ | alɛ mam navɛt mnʲɛʲ nʲiʐ mɨɕlawɛm (mɨɕlawam) ||]

2652

EN Even though she can't drive, she still bought a car.

PL Nawet mimo tego, że ona nie umie prowadzić, kupiła samochód.

ROM Navet mimo tego, że ona ńe umje provadźić, kupiwa samoxud.

IPA [navɛt mimɔ tɛgɔ | ʐɛ ɔna nʲɛ umʲɛ prɔvadʑitɕ | kupiwa samɔxut ||]

2653

EN I'll probably see you tomorrow. But even if I don't see you tomorrow, I'm sure we'll see each other before the weekend.

PL Prawdopodobnie zobaczę cię jutro. Ale nawet jeśli nie zobaczę cię jutro, jestem pewny (♀pewna), że zobaczymy się przed weekendem.

ROM Pravdopodobńe zobačę ćę jutro. Ale navet jeśli ńe zobačę ćę jutro, jestem pevny (♀pevna), že zobačymy śę před veekendem.

IPA [pravdɔpɔdɔbnʲɛ zɔbat͡ʂɛ̃ʷ t͡ɕɛ̃ʷ jutrɔ || alɛ navɛt jɛɕli nʲɛ zɔbat͡ʂɛ̃ʷ t͡ɕɛ̃ʷ jutrɔ | jɛstɛm pɛvnɨ (pɛvna) | zɛ zɔbat͡ʂɨmɨ ɕɛ̃ʷ pʂɛd vɛɛkɛndɛm ||]

2654

EN We're going to the beach tomorrow, even if it's raining.

PL Idziemy jutro na plażę, nawet jeśli będzie padał deszcz.

ROM Idźemy jutro na plažę, navet jeśli będźe padaw dešč.

IPA [idʑɛmɨ jutrɔ na plaʐɛ̃ʷ | navɛt jɛɕli bɛ̃nʲdʑɛ padaʷ dɛʂt͡ʂ ||]

2655

EN I didn't get the job, although I was well qualified. > I didn't get the job in spite of being well qualified.

PL Nie dostałem (♀dostałam) tej pracy chociaż miałem (♀miałam) dobre kwalifikacje. > Nie dostałem (♀dostałam) tej pracy mimo dobrych kwalifikacji.

ROM Ńe dostawem (♀dostawam) tej pracy xoćaž mjawem (♀mjawam) dobre kvalifikacje. > Ńe dostawem (♀dostawam) tej pracy mimo dobryx kvalifikaci.

IPA [nʲɛ dɔstawɛm (dɔstawam) tɛʲ pratsɨ xɔtɕaʐ mʲawɛm (mʲawam) dɔbrɛ kfalifikatsʲɛ || > nʲɛ dɔstawɛm (dɔstawam) tɛʲ pratsɨ mimɔ dɔbrɨx kfalifikatsɨ ||]

2656

EN Although she wasn't feeling well, she still went to work. > In spite of not feeling well, she still went to work.

PL Chociaż nie czuła się dobrze, poszła do pracy. > Mimo złego samopoczucia, ona poszła do pracy.

ROM Xoćaž ńe čuwa śę dobře, pošwa do pracy. > Mimo zwego samopočuća, ona pošwa do pracy.

IPA [xɔtɕaʐ nʲɛ tʂuwa ɕɛ̃ʷ dɔbʐɛ | pɔʂʷa dɔ pratsɨ || > mimɔ zʷɛgɔ samɔpɔtʂutɕa | ɔna pɔʂʷa dɔ pratsɨ ||]

2657

EN I didn't get the job despite the fact that I was extremely qualified.

PL Nie dostałem (♀dostałam) tej pracy mimo faktu, że byłem (♀byłam) świetnie wykwalifikowany (♀wykwalifikowana).

ROM Ńe dostawem (♀dostawam) tej pracy mimo faktu, že bywem (♀bywam) śvjetńe vykvalifikovany (♀vykvalifikovana).

IPA [nʲɛ dɔstawɛm (dɔstawam) teʲ pratsɨ mimɔ faktu | zɛ bɨwɛm (bɨwam) ɕfʲetnʲɛ vɨkfalifikɔvanɨ (vɨkfalifikɔvana) ||]

2658

EN I couldn't sleep despite being very tired. > Even though I was really tired, I couldn't sleep.

PL Nie mogłem (♀mogłam) spać mimo wielkiego zmęczenia. > Nawet mimo tego, że byłem (♀byłam) bardzo zmęczony (♀zmęczona), nie mogłem (♀mogłam) spać.

ROM Ńe mogwem (♀mogwam) spać mimo vjelkjego zmęčeńa. > Navet mimo tego, že bywem (♀bywam) bardzo zmęčony (♀zmęčona), ńe mogwem (♀mogwam) spać.

IPA [nʲɛ mɔgʷɛm (mɔgʷam) spatɕ mimɔ vʲɛlkʲɛgɔ zmɛ̃n͡tʂɛnʲa || > navɛt mimɔ tɛgɔ | zɛ bɨwɛm (bɨwam) bardzɔ zmɛ̃n͡tʂɔnɨ (zmɛ̃n͡tʂɔna) | nʲɛ mɔgʷɛm (mɔgʷam) spatɕ ||]

2659

EN I didn't get the job though I had all the necessary qualifications.

PL Nie dostałem (♀dostałam) tej pracy, chcoiaż miałem (♀miałam) wszystkie konieczne kwalifikacje.

ROM Ńe dostawem (♀dostawam) tej pracy, xcojaż mjawem (♀mjawam) všystkje końečne kvalifikacje.

IPA [nʲɛ dɔstawɛm (dɔstawam) tɛʲ pratsɨ | xtsɔjaz͇ mʲawɛm (mʲawam) fʂistkʲɛ kɔnʲɛt͡ʂnɛ kfalifikats͡ʲɛ ||]

2660

EN She only accepted the job because of the salary, which was very high.

PL Ona przyjęła tę pracę z powodu wynagrodzenia, które było bardzo wysokie.

ROM Ona přyjęwa tę pracę z povodu vynagrodzeńa, kture bywo bardzo vysokje.

IPA [ɔna pʂɨʲɛ̃wa tɛ̃ʷ pratsɛ̃ʷ s pɔvɔdu vɨnagrɔd͡ʑɛnʲa | kturɛ bɨwɔ bard͡zɔ vɨsɔkʲɛ ||]

2661

EN She accepted the job in spite of the salary, which was rather low.

PL Ona przyjęła tę pracę mimo wynagrodzenia, które było raczej niskie.

ROM Ona přyjęwa tę pracę mimo vynagrodzeńa, kture bywo račej ńiskje.

IPA [ɔna pʂɨʲɛ̃wa tɛ̃ʷ pratsɛ̃ʷ mimɔ vɨnagrɔd͡ʑɛnʲa | kturɛ bɨwɔ rat͡ʂɛʲ nʲiskʲɛ ||]

2662

EN I'll send you a map and directions in case you can't find our house.

PL Wyślę ci mapę i opis drogi w razie jeśli nie będziesz mógł (♀mogła) znaleźć naszego domu.

ROM Vyślę ći mapę i opis drogi v raźe jeśli ńe będźeš mugw (♀mogwa) znaleźć našego domu.

IPA [vi̯çlɛ̃ʷ tɕi mapɛ̃ʷ i ɔpiz drɔgi v raʑɛ jeçli nʲɛ bɛ̃nʲʥeʂ mugw (mɔgʷa) znalɛɕtɕ naʂɛgɔ dɔmu ‖]

2663

EN I'll remind him of the meeting in case he's forgotten.

PL Przypomnę mu o spotkaniu w razie jeśli zapomniał.

ROM Přypomnę mu o spotkańu v raźe jeśli zapomńaw.

IPA [pʂɨpɔmnɛ̃ʷ mu ɔ spɔtkanʲu v raʑɛ jeçli zapɔmnʲaʷ ‖]

2664

EN I'll leave my phone on just in case my mother calls.

PL Zostawię mój telefon na wypadek jeśli moja mama zadzwoni.

ROM Zostavję muj telefon na vypadek jeśli moja mama zadzvońi.

IPA [zɔstavjɛ̃ʷ muʲ telefɔn na vɨpadɛk jeçli mɔja mama zaʣvɔnʲi ‖]

2665

EN   I'll give you my phone number in case you need to contact me.

PL   Dam ci mój numer telefonu na wypadek jeśli będziesz musiał się ze mną skontaktować.

ROM   Dam ći muj numer telefonu na vypadek jeśli będźeš muśaw śę ze mną skontaktovać.

IPA   [dam tɕi muʲ numɛr tɛlɛfɔnu na vɨpadɛk jɛɕli bɛ̃nʲdʑɛʂ muɕaʷ ɕɛ̃ʷ zɛ mnɔ̃ʷ skɔntaktɔvatɕ ||]

2666

EN   You should register your bike in case it's stolen.

PL   Powinieneś (♀powinnaś) zarejestrować swój rower na wypadek jeśli zostanie skradziony.

ROM   Povińeneś (♀povinnaś) zarejestrovać svuj rover na vypadek jeśli zostańe skradźony.

IPA   [pɔvinʲɛnɛɕ (pɔvinnaɕ) zarɛjɛstrɔvatɕ sfuʲ rɔvɛr na vɨpadɛk jɛɕli zɔstanʲɛ skradʑɔnɨ ||]

2667

EN   You should tell the police if you have any information about the crime.

PL   Powinieneś (♀powinnaś) powiedzieć policji jeśli będziesz mieć jakieś informacje o przestępstwie.

ROM   Povińeneś (♀povinnaś) povjedźeć polici jeśli będźeš mjeć jakjeś informacje o přestępstvje.

IPA   [pɔvinʲɛnɛɕ (pɔvinnaɕ) pɔvʲɛdʑɛtɕ pɔlitsi jɛɕli bɛ̃nʲdʑɛʂ mʲɛtɕ jakʲɛɕ infɔrmatsʲɛ ɔ pʂɛstɛ̃mpstʲ̥ɛ ||]

2668

EN The club is for members only. You can't go in unless you're a member.

PL Klub jest tylko dla członków. Nie możesz wejść jeśli nie jestes członkiem.

ROM Klub jest tylko dla čwonkuv. Ńe možeš vejść jeśli ńe jestes čwonkjem.

IPA [klub jest tɨlkɔ dla t͡ʂʷɔnkuf || nʲɛ mɔʐɛʐ̥ veʲɕtɕ jeɕli nʲɛ jestɛs t͡ʂʷɔnkʲɛm ||]

2669

EN I'll see you tomorrow unless I have to work late.

PL Zobaczę cię jutro jeśli nie będę musiał (♀musiała) pracować do późna.

ROM Zobačę ćę jutro jeśli ńe będę muśaw (♀muśawa) pracovać do puźna.

IPA [zɔbat͡ʂɛ̃ʷ tɕɛ̃ʷ jutrɔ jeɕli nʲɛ bɛ̃ndɛ̃ʷ muɕaʷ (muɕawa) pratsɔvad̥ʑ dɔ puʑna ||]

2670

EN You can borrow my car as long as you promise not to drive too fast. > You can borrow my car provided that you don't drive too fast.

PL Możesz (♀możecie) pożyczyć mój samochód jeśli obiecasz, że nie będziesz (♀będziecie) jeździć zbyt szybko. > Możesz (♀możecie) pożyczyć mój samochód zakładając, że nie będziesz (♀będziecie) jeździć zbyt szybko.

ROM Možeš (♀možeće) požyčyć muj samoxud jeśli objecaš, že ńe będźeš (♀będźeće) jeźdźić zbyt šybko. > Možeš (♀možeće) požyčyć muj samoxud zakwadając, že ńe będźeš (♀będźeće) jeźdźić zbyt šybko.

IPA [mɔʐɛʂ (mɔʐɛtɕɛ) pɔʑitʂ̑itɕ muⁱ samɔxud jɛɕli ɔbʲɛtsaʂ | ʐɛ nʲɛ bɛ̃nʲdʐɛʂ (bɛ̃nʲdʐɛtɕɛ) jɛʑdʑidʑ zbit ʂipkɔ || > mɔʐɛʂ (mɔʐɛtɕɛ) pɔʑitʂ̑itɕ muⁱ samɔxud zakʷadaⁱɔ̃nts | ʐɛ nʲɛ bɛ̃nʲdʐɛʂ (bɛ̃nʲdʐɛtɕɛ) jɛʑdʑidʑ zbit ʂipkɔ ||]

2671

EN　I don't care which hotel we stay at as long as the room is clean. > Provided that the room's clean, I don't really care which hotel we stay at.

PL　Nie ma dla mnie znaczenia, w którym hotelu będziemy nocować dopóki pokój będzie czysty. > Zakładając, że pokój będzie czysty, nie ma dla mnie naprawdę znaczenia, w jakim hotelu będziemy nocować.

ROM　Ńe ma dla mńe značeńa, v kturym xotelu będźemy nocovać dopuki pokuj będźe čysty. > Zakwadając, že pokuj będźe čysty, ńe ma dla mńe napravdę značeńa, v jakim xotelu będźemy nocovać.

IPA　[nʲɛ ma dla mnʲe znat͡ʂenʲa | f kturɨm xɔtɛlu bɛ̃nʲd͡ʑemɨ nɔtsɔvad͡ʑ dɔpuki pɔkuʲ bɛ̃nʲd͡ʑe t͡ʂɨstɨ || > zakʷadaʲɔ̃nts | zɛ pɔkuʲ bɛ̃nʲd͡ʑe t͡ʂɨstɨ | nʲɛ ma dla mnʲɛ napravdɛ̃ʷ znat͡ʂenʲa | v jakim xɔtɛlu bɛ̃nʲd͡ʑemɨ nɔtsɔvat͡ɕ ||]

2672

EN　I'm not going unless it stops raining.

PL　Nie idę, jeśli nie przestanie padać deszcz.
ROM　Ńe idę, jeśli ńe přestańe padać dešč.
IPA　[nʲɛ idɛ̃ʷ | jeɕli nʲɛ pʂɛstanʲɛ padad͡ʑ deʂt͡ʂ ||]

2673

EN Ayman slipped as he was getting off the bus.

PL Ayman pośliznął się kiedy wysiadał z autobusu.
ROM Ayman pośliznąw śę kjedy vyśadaw z autobusu.
IPA [(…) pɔçliznɔ̃w çɛ̃ʷ kʲɛdɨ vɨçadaʷ z autɔbusu ‖]

2674

EN We met Yuko as we were leaving the hotel.

PL Spotkaliśmy (♀spotkałyśmy) Yuko, kiedy
wychodziliśmy (♀wychodziłyśmy) z hotelu.
ROM Spotkaliśmy (♀spotkawyśmy) Yuko, kjedy
vyxodźiliśmy (♀vyxodźiwyśmy) z xotelu.
IPA [spɔtkaliçmɨ (spɔtkawiçmɨ) (…) ǀ kʲɛdɨ vɨxɔdʑiliçmɨ
(vɨxɔdʑiwiçmɨ) s xɔtɛlu ‖]

2675

EN I had to leave just as the meeting was getting started.

PL Musiałem (♀musiałam) wyjść jak tylko spotkanie się
zaczynało.
ROM Muśawem (♀muśawam) vyjść jak tylko spotkańe śę
začynawo.
IPA [muçawɛm (muçawam) vɨʲçtç jak tɨlkɔ spɔtkanʲɛ çɛ̃ʷ
zat͡ʂɨnawɔ ‖]

2676

EN The phone rang just as I sat down.

PL Telefon zadzwonił jak tylko usiadłem (♀usiadłam).
ROM Telefon zadzvoniw jak tylko uśadwem (♀uśadwam).
IPA [tɛlɛfɔn zadzvɔnʲiʷ jak tɨlkɔ uɕadʷɛm (uɕadʷam) ||]

2677

EN The thief was difficult to identify, as he was wearing a mask.

PL Złodziej był trudny do zidentyfikowania, bo miał na sobie maskę.
ROM Zwodźej byw trudny do źidentyfikovańa, bo mjaw na sobje maskę.
IPA [zʷɔdʑeʲ bɨʷ trudnɨ dɔ ʑidɛntɨfikɔvanʲa | bɔ mʲaʷ na sɔbʲɛ maskɛ̃ʷ ||]

2678

EN I couldn't contact David as he was on a business trip in Japan and his cellphone doesn't work there.

PL Nie mogłem skontaktować się z Davidem, bo był w podróży służbowej w Japonii i jego komórka nie działała.
ROM Ńe mogwem skontaktovać śę z Davidem, bo byw v podruży swużbovej v Japońii i jego komurka ńe dźawawa.
IPA [nʲɛ mɔgʷem skɔntaktɔvatɕ ɕɛ̃ʷ z davidɛm | bɔ bɨʷ f podruʑɛ̃ sʷuʐbɔveʲ v japɔnʲii i jɛgɔ kɔmurka nʲɛ dʑawawa ||]

2679

EN Some sports, like motorcycle racing, can be dangerous.

PL Niektóre sporty, jak wyścigi motocyklowe, mogą być niebezpieczne.

ROM Ńekture sporty, jak vyśćigi motocyklove, mogą być ńebezpječne.

IPA [nʲɛkturɛ spɔrtɨ | jag vɨɕt͡ɕigi mɔtɔtsɨklɔvɛ | mɔgɔ̃ʷ bɨt͡ɕ nʲɛbɛspʲet͡ʂnɛ ||]

2680

EN You should have done it as I showed you. > You should have done it like this.

PL Powinieneś był (♀powinnaś była) to zrobić tak, jak ci pokazałem (♀pokazałam). > Powinieneś był (♀powinnaś była) to zrobić tak.

ROM Povińeneś byw (♀povinnaś bywa) to zrobić tak, jak ći pokazawem (♀pokazawam). > Povińeneś byw (♀povinnaś bywa) to zrobić tak.

IPA [pɔvinʲɛnɛʑ bɨʷ (pɔvinnaʑ bɨwa) tɔ zrɔbit͡ɕ tak | jak t͡ɕi pɔkazawɛm (pɔkazawam) || > pɔvinʲɛnɛʑ bɨʷ (pɔvinnaʑ bɨwa) tɔ zrɔbit͡ɕ tak ||]

2681

EN As always, you're late to class. > You're late to class, as usual.

PL Jak zawsze, spóźniasz się na zajęcia. > Spóźniasz się na zajęcia, jak zazwyczaj.

ROM Jak zavše, spuźńaš śę na zajęća. > Spuźńaš śę na zajęća, jak zazvyčaj.

IPA [jag zafşɛ | spuʐnʲaş çɛ̃ʷ na zaʲɛ̃nʲtça || > spuʐnʲaş çɛ̃ʷ na zaʲɛ̃nʲtça | jag zazvi͡tşaʲ ||]

2682

EN Jiyeong works as the manager in his company.

PL Jiyeong pracuje jako menedżer w swojej firmie.

ROM Jiyeong pracuje jako meneǰer v svojej firmje.

IPA [(…) pratsujɛ jakɔ mɛnɛd͡ʑɛr f sfɔjeʲ firmʲɛ ||]

2683

EN Euna has to make important decisions, just like the manager.

PL Euna musi podejmować ważne decyzje, tak jak menedżer.

ROM Euna muśi podejmovać važne decyzje, tak jak meneǰer.

IPA [(…) muçi pɔdeʲmɔvad͡ʑ vaʐnɛ dɛtsɨzʲɛ | tak jak mɛnɛd͡ʑɛr ||]

2684

EN That house looks like it's going to fall down. > That house looks as if it's going to fall down.

PL Tamten dom wygląda jakby miał się zawalić. > Tamten dom wygląda jak gdyby miał się zawalić.

ROM Tamten dom vygląda jakby mjaw śę zavalić. > Tamten dom vygląda jak gdyby mjaw śę zavalić.

IPA [tamtɛn dɔm vɨglõnda jagbɨ mʲaʷ ɕɛ̃ʷ zavalitɕ || > tamtɛn dɔm vɨglõnda jag gdɨbɨ mʲaʷ ɕɛ̃ʷ zavalitɕ ||]

2685

EN Iris is very late, isn't she? It looks like she isn't coming. > It looks as if she isn't coming. > It looks as though she isn't coming.

PL Iris jest bardzo spóźniona, prawda? Wygląda na to, że nie przyjdzie. > Wygląda jakby miała nie przyjść. > Wygląda jak gdyby miała nie przyjść.

ROM Iris jest bardzo spuźńona, pravda? Vygląda na to, że ńe přyjdźe. > Vygląda jakby mjawa ńe přyjść. > Vygląda jak gdyby mjawa ńe přyjść.

IPA [(…) jɛzd bardzɔ spuʐnʲɔna | pravda || vɨglõnda na tɔ | zɛ nʲɛ pʂɨdʑɛ || > vɨglõnda jagbɨ mʲawa nʲɛ pʂɨɕtɕ || > vɨglõnda jag gdɨbɨ mʲawa nʲɛ pʂɨɕtɕ ||]

2686

EN　We took an umbrella because it looked like it was going to rain.

PL　Wzięliśmy (♀wzięłyśmy) parasol, bo wyglądało jakby miało padać.

ROM　Vźęliśmy (♀vźęwyśmy) parasol, bo vyglądawo jakby mjawo padać.

IPA　[vʐɛ̃ʷliɕmɨ (vʐɛ̃wɨɕmɨ) parasɔl | bɔ vɨglɔ̃ndawɔ jagbɨ mʲawɔ padatɕ ||]

2687

EN　Do you hear music coming from next door? It sounds like they're having a party.

PL　Słyszysz muzykę dochodzącą z drzwi obok? Brzmi jakby mieli imprezę.

ROM　Swyšyš muzykę doxodzącą z dřvi obok? Břmi jakby mjeli imprezę.

IPA　[sʷɨʂɨʂ muzɨkɛ̃ʷ dɔxɔdʑɔ̃ntsɔ̃ʷ z dʑvi ɔbɔk || bʐmi jagbɨ mʲɛli imprɛzɛ̃ʷ ||]

2688

EN　After the interruption, the speaker went on talking as if nothing had happened.

PL　Po przerwaniu, prelegent kontynuował tak, jakby nic się nie stało.

ROM　Po přervańu, prelegent kontynuovaw tak, jakby ńic śę ńe stawo.

IPA　[pɔ pʂervanʲu | prɛlɛgɛnt kɔntɨnuɔvaʷ tak | jagbɨ nʲits ɕɛ̃ʷ nʲɛ stawɔ ||]

2689

EN When I told them my plan, they looked at me as though I was crazy.

PL Kiedy powiedziałem (♀powiedziałam) im o moim planie, patrzyli na mnie, jakbym był szalony (♀była szalona).

ROM Kjedy povjedźawem (♀povjedźawam) im o moim plańe, patřyli na mńe, jakbym byw šalony (♀bywa šalona).

IPA [kʲɛdɨ pɔvʲɛd͡ʑawɛm (pɔvʲɛd͡ʑawam) im ɔ mɔim planʲɛ | patʂili na mnʲɛ | jagbɨm bɨw ʂalonɨ (bɨwa ʂalɔna) ||]

2690

EN She's always asking me to do things for her, as if I didn't have enough to do already.

PL Ona zawsze prosi mnie o różne rzeczy, tak jakbym nie miał (♀miała) wystarczająco roboty.

ROM Ona zavše prośi mńe o ružne řečy, tak jakbym ńe mjaw (♀mjawa) vystarčająco roboty.

IPA [ɔna zafʂɛ prɔɕi mnʲɛ ɔ ruʐne z̦ɛt͡ʂi | tak jagbɨm nʲɛ mʲaw (mʲawa) vɨstart͡ʂaʲɔ̃ntsɔ rɔbɔtɨ ||]

2691

EN Sachiko is going away for a week in September.

PL Sachiko wyjeżdża na tydzień we wrześniu.

ROM Sachiko vyježǰa na tydźeń ve vřeśńu.

IPA [(…) vɨjeʐd͡ʐa na tɨd͡ʑenʲ ve vʐɛɕnʲu ||]

2692

EN Where have you been? I've been waiting for ages.

PL Gdzie byłeś (♀byłaś)? Czekałem (♀czekałam) wieki.

ROM Gdźe byweś (♀bywaś)? Čekawem (♀čekawam) vjeki.

IPA [gdʑɛ bɨwɛɕ (bɨwaɕ) || t͡ʂɛkawɛm (t͡ʂɛkawam) vʲɛki ||]

2693

EN I fell asleep during the movie. > I fell asleep while I was watching the movie.

PL Zasnąłem (♀zasnęłam) podczas filmu. > Zasnąłem (♀zasnęłam), kiedy oglądałem (♀oglądałam) film.

ROM Zasnąwem (♀zasnęwam) podčas filmu. > Zasnąwem (♀zasnęwam), kjedy oglądawem (♀oglądawam) film.

IPA [zasnɔ̃wɛm (zasnɛ̃wam) pɔt͡ʂas filmu || > zasnɔ̃wɛm (zasnɛ̃wam) | kʲɛdɨ ɔɡlɔ̃ndawɛm (ɔɡlɔ̃ndawam) film ||]

2694

EN We met some really nice people during our vacation.

PL Spotkaliśmy (♀spotkałyśmy) bardzo miłych ludzi na wakacjach.

ROM Spotkaliśmy (♀spotkawyśmy) bardzo miwyx ludźi na vakacjax.

IPA [spɔtkaliɕmɨ (spɔtkawɨɕmɨ) bardzɔ miwɨx ludʑi na vakatsʲax ||]

2695

EN I'll call you sometime during the afternoon.

PL Zadzwonię do ciebie po południu.
ROM Zadzvonę do ćebje po powudńu.
IPA [zadzvɔnʲɛ̃ʷ dɔ tɕɛbʲɛ pɔ pɔwudnʲu ‖]

2696

EN It rained for three (3) days without stopping.

PL Deszcz padał przez trzy dni bez przerwy.
ROM Dešč padaw přez třy dńi bez přervy.
IPA [dɛʂt͡ʂ padaʷ pʂɛs t͡ʂɨ dnʲi bɛs pʂɛrvɨ ‖]

2697

EN There was a phone call for you while you were out.

PL Kiedy cię nie było, był telefon do ciebie.
ROM Kjedy ćę ńe bywo, byw telefon do ćebje.
IPA [kʲɛdɨ tɕɛ̃ʷ nʲɛ bɨwɔ | bɨʷ tɛlɛfɔn dɔ tɕɛbʲɛ ‖]

2698

EN I'll be in London next week, and I hope to see John while I'm there.

PL Będę w Londynie w przyszłym tygodniu i mam nadzieję, że zobaczę Johna kiedy tam będę.
ROM Będę v Londyńe v přyšwym tygodńu i mam nadźeję, że zobačę Joxna kjedy tam będę.
IPA [bɛ̃ndɛ̃ʷ v lɔndinʲɛ f pʂɨʂʷim tɨgɔdnʲu i mam nadʑɛjɛ̃ʷ | ʑɛ zɔbat͡ʂɛ̃ʷ jɔxna kʲɛdɨ tam bɛ̃ndɛ̃ʷ ‖]

2699

EN I sent the package to them today, so they should receive it by Monday. > They should receive it no later than Monday.

PL Wysłałem (♀wysłałam) dziś do nich paczkę, więc powinni ją otrzymać do poniedziałku. > Powinni otrzymać paczkę nie później niż w poniedziałek.

ROM Vyswawem (♀vyswawam) dźiś do ńix pačkę, vjęc povinńi ją otřymać do pońedźawku. > Povinńi otřymać pačkę ńe puźńej ńiž v pońedźawek.

IPA [vɨsʷawɛm (vɨsʷawam) d͡ʑiʐ dɔ nʲix pat͡ʂkɛ̃ʷ | vjɛ̃nts pɔvinnʲi jɔ̃ʷ ɔt͡ʂɨmad͡ʑ dɔ pɔnʲɛd͡ʑaʷku || > pɔvinnʲi ɔt͡ʂɨmat͡ɕ pat͡ʂkɛ̃ʷ nʲɛ puʐnʲɛʲ nʲiʂ f pɔnʲɛd͡ʑawɛk ||]

2700

EN I have to be home by five [o'clock] (5:00). > I have to be home no later than five [o'clock] (5:00).

PL Muszę być w domu do piątej. > Muszę być w domu nie później niż o piątej.

ROM Mušę być v domu do pjątej. > Mušę być v domu ńe puźńej ńiž o pjątej.

IPA [muʂɛ̃ʷ bɨd͡ʑ v dɔmu dɔ pjɔ̃ntɛʲ || > muʂɛ̃ʷ bɨd͡ʑ v domu nʲɛ puʐnʲɛʲ nʲiz̥ ɔ pjɔ̃ntɛʲ ||]

GMS #2701 - 2800

2701

EN I slept until noon this morning. > I didn't get up until noon this morning.

PL Spałem (♀spałam) dziś do południa. > Nie wstawałem (♀wstawałam) dziś aż do południa.

ROM Spawem (♀spawam) dźiś do powudńa. > Ńe vstavawem (♀vstavawam) dźiś aż do powudńa.

IPA [spawɛm (spawam) dʑiʑ dɔ pɔwudnʲa || > nʲɛ fstavawɛm (fstavawam) dʑiɕ aẓ dɔ pɔwudnʲa ||]

2702

EN Pablo will be away until Saturday. > Pablo will be back by Saturday.

PL Pabla nie będzie aż do soboty. > Pablo wróci do soboty.

ROM Pabla ńe będźe aż do soboty. > Pablo vrući do soboty.

IPA [pabla nʲɛ bɛ̃nʲdʑɛ aẓ dɔ sɔbɔtɨ || > (...) vrutɕi dɔ sɔbɔtɨ ||]

2703

EN I have to work until eleven pm (11:00) > I'll have finished my work by eleven pm (11:00).

PL Muszę pracować aż do dwudziestej trzeciej. > Skończę pracę do dwudziestej trzeciej.

ROM Mušę pracovać až do dvudźestej třećej. > Skońčę pracę do dvudźestej třećej.

IPA [muˌs̃ɛ̃ʷ pratsɔvatɕ aˌz do dvudʑestej tʂetɕej || > skɔnʲt͡ʂɛ̃ʷ pratsɛ̃ʷ do dvudʑestej tʂetɕej ||]

2704

EN It's too late to go to the bank now. By the time we get there, it'll be closed.

PL Jest za późno, żeby iść teraz do banku. Do czasu, kiedy tam dojdziemy, będzie zamknięty.

ROM Jest za puźno, żeby iść teraz do banku. Do času, kjedy tam dojdźemy, będźe zamkńęty.

IPA [jɛzd za puʑnɔ | ʐɛbɨ iɕtɕ tɛraz dɔ banku || dɔ t͡ʂasu | kʲedɨ tam dɔʲdʑemɨ | bɛ̃ʲdʑe zamknʲɛ̃ntɨ ||]

2705

EN By the time we get to the movies, it'll have already started.

PL Do czasu, kiedy dojdziemy do kina, film już się zacznie.

ROM Do času, kjedy dojdźemy do kina, film juž śę začńe.

IPA [dɔ t͡ʂasu | kʲedɨ dɔʲdʑemɨ dɔ kina | film juʂ ɕɛ̃ʷ zat͡ʂnʲɛ ||]

2706

EN   Silvio's car broke down on his way to his friend's house. By the time he arrived, everybody had left.

PL   Samochód Silvio zepsuł się po drodze do domu jego przyjaciela (♀przyjaciółki). Do czasu, kiedy on przyjechał, wszyscy już wyszli.

ROM   Samoxud Silvio zepsuw śę po drodze do domu jego přyjaćela (♀přyjaćuwki). Do času, kjedy on přyjexaw, všyscy już vyšli.

IPA   [samɔxut (…) zɛpsuʷ ɕɛ̃ʷ pɔ drɔdʑɛ dɔ dɔmu jɛgɔ pʂijatɕela (pʂijatɕuʷki) || dɔ t͡ʂasu | kʲɛdɨ ɔn pʂijexaʷ | fʂɨstsɨ juz̪ vɨʂli ||]

2707

EN   I'll see you AT noon, ON Wednesday, ON the twenty-fifth, IN December.

PL   Zobaczę cię w południe, w środę, dwudziestego piątego, w grudniu.

ROM   Zobače ćę v powudńe, v środę, dvudźestego pjątego, v grudńu.

IPA   [zɔbat͡ʂɛ̃ʷ tɕɛ̃ʷ f pɔwudnʲɛ | f ɕrɔdɛ̃ʷ | dvudʑestegɔ pjɔ̃ntegɔ | v grudnʲu ||]

2708

EN I'll see you IN the morning, ON May thirty-first (31st), twenty-fourteen (2014).

PL Zobaczę cię rano, trzydziestego pierwszego maja, dwa tysiące czternastego.

ROM Zobačę ćę rano, třydźestego pjervšego maja, dva tyśące čternastego.

IPA [zɔbatʂɛ̃ʷ tɕɛ̃ʷ ranɔ | tʂidʑɛstɛgɔ pʲɛrfʂɛgɔ maja | dva tiɕɔ̃ntsɛ tʂternastɛgɔ ||]

2709

EN I have to work IN the afternoons.

PL Muszę pracować po południu.

ROM Mušę pracovać po powudńu.

IPA [muʂɛ̃ʷ pratsɔvatɕ pɔ pɔwudnʲu ||]

2710

EN The train will be leaving IN a few minutes.

PL Pociąg będzie wyjeżdżał za parę minut.

ROM Poćąg będźe vyježjaw za parę minut.

IPA [pɔtɕɔ̃g bɛ̃nʲdʑɛ vijɛʑdʑaʷ za parɛ̃ʷ minut ||]

2711

EN I'll be back IN a week.

PL Wrócę za tydzień.

ROM Vrucę za tydźeń.

IPA [vrutsɛ̃ʷ za tidʑɛnʲ ||]

2712

EN They're getting married in six (6) months' time.

PL Oni biorą ślub za sześć miesięcy.
ROM Ońi bjorą ślub za šeść mjeśęcy.
IPA [ɔnʲi bʲɔrɔ̃ʷ ɕlub za ʂɛɕtɕ mʲɛɕɛ̃ntsɨ ||]

2713

EN Everything began and ended ON time.

PL Wszystko zaczęło się i skończyło na czas.
ROM Všystko začęwo śę i skończywo na čas.
IPA [fʂɨstkɔ zatʂɛ̃wɔ ɕɛ̃ʷ i skɔnˈtʂɨwɔ na t͡ʂas ||]

2714

EN If I say ten o'clock (10:00), then I mean, be ON time.

PL Jeśli mówię dziesiąta, to mam to na myśli, bądź na czas.
ROM Jeśli muvję dźeśąta, to mam to na myśli, bądź na čas.
IPA [jɛɕli muvjɛ̃ʷ dʑɛɕɔnta | tɔ mam tɔ na mɨɕli | bɔ̃ndʑ na t͡ʂas ||]

2715

EN Will you be home IN time for dinner? > No, I'll be late.

PL Będziesz w domu na obiad? > Nie, spóźnię się.
ROM Będźeš v domu na objad? > Ńe, spuźńę śę.
IPA [bɛ̃nʲdʑɛz v dɔmu na ɔbʲat || > nʲɛ | spuʐnʲɛ̃ʷ ɕɛ̃ʷ ||]

2716

EN We got on the train just IN time.

PL Wsiedliśmy do pociągu akurat na czas.
ROM Vśedliśmy do poćągu akurat na čas.
IPA [fɕɛdliɕmɨ dɔ pɔtɕɔ̃ŋgu akurat na t͡ʂas ‖]

2717

EN I hit the brakes just IN time and didn't hit the child.

PL Nacisnąłem (♀nacisnęłam) hamulec akurat na czas i nie uderzyłem (♀uderzyłam) w dziecko.
ROM Naćisnąwem (♀naćisnęwam) xamulec akurat na čas i ńe udeřywem (♀udeřywam) v dźecko.
IPA [natɕisnɔ̃wɛm (natɕisnɛ̃wam) xamulɛts akurat na t͡ʂas i nʲɛ udɛʐɨwɛm (udɛʐɨwam) v d͡ʑɛtskɔ ‖]

2718

EN At first we didn't get along very well, but in the end we became good friends.

PL Na początku nie byliśmy (♀byłyśmy) ze sobą w dobrych stosunkach, ale w końcu zostaliśmy (♀zostałyśmy) dobrymi przyjaciółmi (♀przyjaciółkami).
ROM Na počątku ńe byliśmy (♀bywyśmy) ze sobą v dobryx stosunkax, ale v końcu zostaliśmy (♀zostawyśmy) dobrymi přyjaćuwmi (♀přyjaćuwkami).
IPA [na pɔt͡ʂɔ̃ntku nʲɛ bɨliɕmɨ (bɨwɨɕmɨ) zɛ sɔbɔ̃ʷ v dɔbrɨx stɔsunkax | alɛ f kɔnʲt͡su zɔstaliɕmɨ (zɔstawɨɕmɨ) dɔbrɨmi pʂɨjatɕuʷmi (pʂɨjatɕuʷkami) ‖]

2719

EN I'm going away at the beginning of January. > I'm going away at the beginning of the year.

PL Wyjeżdżam na początku stycznia. > Wyjeżdżam na początku roku.

ROM Vyježjam na počątku styčńa. > Vyježjam na počątku roku.

IPA [vi̯jeʑd͡ʑam na pɔt͡ʂɔ̃ntku sti̯t͡ʂnʲa || > vi̯jeʑd͡ʑam na pɔt͡ʂɔ̃ntku rɔku ||]

2720

EN I'm coming back at the end of December. > I'm coming back at the end of the year.

PL Wracam pod koniec grudnia. > Wracam pod koniec roku.

ROM Vracam pod końec grudńa. > Vracam pod końec roku.

IPA [vratsam pɔt kɔnʲɛd͡ʑ grudnʲa || > vratsam pɔt kɔnʲets rɔku ||]

2721

EN The hotel we're going to is on a small island in the middle of a lake.

PL Hotel, do którego jedziemy jest na małej wyspie na środku jeziora.

ROM Xotel, do kturego jedźemy jest na mawej vyspje na środku jeźora.

IPA [xɔtɛl | dɔ kturɛgɔ jɛd͡ʑɛmi̯ jest na mawe̯ʲ vispʲɛ na ɕrɔtku jɛʑɔra ||]

2722

EN There's somebody at the door, could you please answer it?

PL Ktoś puka do drzwi, mógłbyś (♀mogłabyś) otworzyć?

ROM Ktoś puka do dřvi, mugwbyś (♀mogwabyś) otvořyć?

IPA [ktɔɕ puka dɔ dʑvi | mukwbɨɕ (mɔgʷabɨɕ) ɔtfɔʑɨtɕ ‖]

2723

EN I like to sit in the back row at the movies.

PL Lubię siedzieć w tylnym rzędzie w kinie.

ROM Lubję śedźeć v tylnym řędźe v kińe.

IPA [lubjɛ̃ʷ ɕedʑetɕ f tɨlnɨm zɛ̃nʲdʑe f kinʲɛ ‖]

2724

EN I just started working in the sales department.

PL Właśnie zacząłem (♀zaczęłam) pracować w dziale sprzedaży.

ROM Vwaśńe začąwem (♀začęwam) pracovać v dźale spředaży.

IPA [vʷaɕnʲɛ zatʂɔ̃wɛm (zatʂɛ̃wam) pratsɔvadʑ v dʑalɛ spʂedazɨ ‖]

2725

EN Our apartment is on the second floor of the building.

PL Nasze mieszkanie jest na drugim piętrze budynku.
ROM Naše mješkańe jest na drugim pjętře budynku.
IPA [naʂɛ mʲɛʂkanʲɛ jɛst na drugim pjɛ̃ntʂɛ budɨnku ‖]

2726

EN They drive on the left in Britain, Japan, and Singapore.

PL W Wielkiej Brytanii, Japonii i Singapurze ludzie jeżdżą po lewej stronie.
ROM V Vjelkjej Brytańii, Japońii i Śingapuře ludźe jeźją po levej strońe.
IPA [v vʲɛlkʲeʲ britanʲii | japɔnʲii i ɕingapuʐɛ luʥɛ jɛʑd͡zɔ̃ʷ pɔ lɛveʲ strɔnʲɛ ‖]

2727

EN I stopped to get gas on the way home from work.

PL Przestałem tankować samochód po drodze z pracy do domu.
ROM Přestawem tankovać samoxud po drodze z pracy do domu.
IPA [pʂɛstawɛm tankɔvat͡ɕ samɔxut pɔ drɔʥɛ s pratsɨ dɔ dɔmu ‖]

2728

EN The plant is in the corner of the room.

PL Kwiatek doniczkowy stoi w rogu pokoju.
ROM Kvjatek dońičkovy stoi v rogu pokoju.
IPA [kfʲatɛg dɔnʲiʧkɔvɨ stɔi v rɔgu pɔkɔju ‖]

2729

EN The mailbox is on the corner of the street.

PL Skrzynka pocztowa jest na rogu ulicy.
ROM Skřynka počtova jest na rogu ulicy.
IPA [skşinka pɔʧtɔva jɛst na rɔgu ulitsɨ ‖]

2730

EN Have you ever been in the hospital?

PL Czy byłeś (♀byłaś) kiedykolwiek w szpitalu?
ROM Čy byweś (♀bywaś) kjedykolvjek v špitalu?
IPA [ʧɨ bɨwɛç (bɨwaç) kʲedɨkɔlvʲek f şpitalu ‖]

2731

EN Have you ever been in prison? > Have you ever been in jail?

PL Czy byłeś (♀byłaś) kiedykolwiek w więzieniu? > Czy byłeś (♀byłaś) kiedykolwiek w pace?
ROM Čy byweś (♀bywaś) kjedykolvjek v vjęźeńu? > Čy byweś (♀bywaś) kjedykolvjek v pace?
IPA [ʧɨ bɨwɛç (bɨwaç) kʲedɨkɔlvʲeg v vjɛ̃nʲʑenʲu ‖ > ʧɨ bɨwɛç (bɨwaç) kʲedɨkɔlvʲek f patsɛ ‖]

2732

EN My brother's in college, and I'm still in high school. > He's in medical school, but I want to go to law school.

PL Mój brat jest w koledżu, a ja wciąż jestem w szkole średniej. > On jest w szkole medycznej, ale ja chcę iść do szkoły prawniczej.

ROM Muj brat jest v koleǰu, a ja vćąž jestem v škole średńej. > On jest v škole medyčnej, ale ja xcę iść do škowy pravńičej.

IPA [muʲ brat jɛst f kɔlɛd͡ʐu | a ja ftɕɔ̃nʐ jɛstɛm f ʂkɔlɛ ɕrɛdnʲɛʲ || > ɔn jɛst f ʂkɔlɛ mɛdɨt͡ʂnɛʲ | alɛ ja xtsɛ̃ʷ iʑdʑ dɔ ʂkɔwɨ pravnʲit͡ʂɛʲ ||]

2733

EN We went ON a cruise last week, and there weren't many people ON the ship.

PL Pojechaliśmy w rejs w ostatnim tygodniu i nie było zbyt wielu ludzi na statku.

ROM Pojexaliśmy v rejs v ostatńim tygodńu i ńe bywo zbyt vjelu ludźi na statku.

IPA [pɔjɛxaliɕmɨ v rɛʲz v ɔstatnʲim tɨgɔdnʲu i nʲɛ bɨwɔ zbɨd vʲɛlu ludʑi na statku ||]

2734

EN There were no seats left when we got ON the train.

PL Nie było wolnych miejsc, kiedy wsiedliśmy do pociągu.

ROM Ńe bywo volnyx mjejsc, kjedy vśedliśmy do poćągu.

IPA [nʲɛ bɨwɔ vɔlnɨx mʲeʲsts | kʲedɨ fɕedliɕmɨ dɔ pɔtɕɔ̃ŋgu ||]

2735

EN The bus was very crowded when we got ON.

PL Autobus był bardzo zatłoczony, kiedy wsiedliśmy do niego.

ROM Autobus byw bardzo zatwočony, kjedy vśedliśmy do ńego.

IPA [autɔbuz bɨʷ bardzɔ zadʷɔt͡ʂɔnɨ | kʲedɨ fɕedliɕmɨ dɔ nʲegɔ ||]

2736

EN I had an aisle seat ON the plane. > I had an aisle seat ON the flight.

PL Siedziałem (♀ siedziałam) przy przejściu w samolocie.

ROM Śedźawem (♀ śedźawam) přy přejśću v samoloće.

IPA [ɕedʑawɛm (ɕedʑawam) pʂɨ pʂeʲɕtɕu f samɔlɔtɕɛ ||]

2737

EN Nuria passed me ON her bike yesterday.

PL Nuria minęła mnie na rowerze wczoraj.
ROM Nuria minęwa mńe na roveře včoraj.
IPA [(…) minẽwa mnʲɛ na rɔvɛʑɛ f͡tʂɔraʲ ‖]

2738

EN My friends are IN China. They'll be going back TO Italy next week.

PL Moi przyjaciele (♀moje przyjaciółki) są w Chinach. Oni (♀one) wracają do Włoch w przyszłym tygodniu.
ROM Moi přyjaćele (♀moje přyjaćuwki) są v Xinax. Ońi (♀one) vracają do Vwox v přyšwym tygodńu.
IPA [mɔi pʂijatɕɛlɛ (mɔjɛ pʂijatɕuʷki) sɔ̃ʷ f xinax ‖ ɔnʲi (ɔnɛ) vratsaʲɔ̃ʷ dɔ vʷɔx f pʂiʂʷɨm tigɔdnʲu ‖]

2739

EN My parents are AT the zoo. My aunt is going TO the zoo to meet them there.

PL Moi rodzice są w zoo. Moja ciocia idzie do zoo, żeby ich spotkać.
ROM Moi rodźice są v zoo. Moja ćoća idźe do zoo, žeby ix spotkać.
IPA [mɔi rɔd͡ʑitsɛ sɔ̃ʷ v zɔɔ ‖ mɔja tɕɔtɕa id͡ʑɛ dɔ zɔɔ | ʑɛbɨ ix spɔtkatɕ ‖]

2740

EN Sir, I'm in a hurry to catch my flight ON time. When will we arrive AT the airport?

PL Proszę pana, spieszę się, żeby złapać samolot na czas. Kiedy przylecimy na lotnisko?

ROM Prošę pana, spješę śę, żeby zwapać samolot na čas. Kjedy přylećimy na lotńisko?

IPA [prɔşɛ̃ʷ pana | spʲɛşɛ̃ʷ ɕɛ̃ʷ | zɛbɨ zʷapatɕ samɔlɔt na t͡ʂas || kʲɛdɨ pşiletɕimɨ na lɔtnʲiskɔ ||]

2741

EN Four of us got INTO a car and the others got ONTO a bus.

PL Czworo z nas wsiadło do samochodu, a reszta wsiadła do autobusu.

ROM Čvoro z nas vśadwo do samoxodu, a rešta vśadwa do autobusu.

IPA [t͡ʂfɔrɔ z nas fɕadʷɔ dɔ samɔxɔdu | a reşta fɕadʷa dɔ autɔbusu ||]

2742

EN Since it was too hot to sit in the sun, we found a table IN the shade.

PL Ponieważ było zbyt gorąco siedzieć w słońcu, znaleźliśmy stolik w cieniu.

ROM Pońevaž bywo zbyt gorąco śedźeć v swońcu, znaleźliśmy stolik v ćeńu.

IPA [pɔnʲevaẓ bɨwɔ zbɨd gɔrõntsɔ ɕedʑetɕ f sʷɔnʲtsu | znalɛʑliɕmɨ stɔlik f tɕenʲu ||]

2743

EN Don't go out IN the rain, or else you'll get all wet.

PL   Nie wychodź w czasie deszczu, bo przemokniesz.
ROM Ńe vyxodź v čaśe dešč256u, bo přemokńeš.
IPA [nʲɛ vɨxɔtɕ f t͡ʂaɕɛ dɛʂt͡ʂu | bɔ pʂɛmɔknʲɛʂ ||]

2744

EN When filling out forms, be sure to print your name IN
     capital letters so it's legible.

PL   Wypełniając formularze, upewnij się, że piszesz
     swoje imię wielkimi literami, żeby było czytelne.
ROM Vypewńając formulaře, upevńij śę, že pišeš svoje
     imję vjelkimi literami, žeby bywo čytelne.
IPA [vɨpɛʷnʲaʲɔ̃nts fɔrmulazɛ | upɛvnʲiʲ ɕɛ̃ʷ | zɛ piʂɛʂ sfɔjɛ
     imjɛ̃ʷ vʲɛlkimi litɛrami | zɛbɨ bɨwɔ t͡ʂɨtɛlnɛ ||]

2745

EN Have you ever been IN love with somebody?

PL   Czy byłeś (♀byłaś) kiedyś zakochany
     (♀zakochana)?
ROM Čy byweś (♀bywaś) kjedyś zakoxany (♀zakoxana)?
IPA [t͡ʂɨ bɨwɛɕ (bɨwaɕ) kʲɛdɨʐ zakɔxanɨ (zakɔxana) ||]

2746

EN IN my opinion, the movie wasn't that great.

PL Moim zdaniem, film nie był zbyt dobry.
ROM Moim zdańem, film ńe byw zbyt dobry.
IPA [mɔim zdanʲɛm | film nʲɛ bɨw zbɨd dɔbrɨ ||]

2747

EN IN my mother's opinion, the food AT this restaurant is the best.

PL Zdaniem mojej mamy, jedzenie w tej restauracji jest najlepsze.
ROM Zdańem mojej mamy, jedzeńe v tej restauraci jest najlepše.
IPA [zdanʲɛm mojeʲ mamɨ | jeʥenʲɛ f teʲ rɛstauratsi jɛst naʲlɛpşɛ ||]

2748

EN Latifa left school AT the age OF seventeen (17). > She left school AT seventeen (17).

PL Latifa opuściła szkołę w wieku siedemnastu lat.
ROM Latifa opuśćiwa škowę v vjeku śedemnastu lat.
IPA [(…) ɔpuɕtɕiwa şkɔʷɛ̃ʷ v vʲɛku ɕɛdɛmnastu lat ||]

2749

EN We took off an hour ago, and now we're flying AT a speed OF nine hundred (900) kilometers per hour AT an altitude OF ten thousand (10,000) meters.

PL Wystartowaliśmy godzinę temu i teraz lecimy z prędkością dziewięciuset kilometrów na godzinę, na wysokości dziesięciu tysięcy metrów.

ROM Vystartovaliśmy godźinę temu i teraz lećimy z prędkośćą dźevjęćuset kilometruv na godźinę, na vysokośći dźeśęću tyśęcy metruv.

IPA [vɨstartɔvaliɕmɨ gɔdʑinɛ̃ʷ tɛmu i tɛraz lɛtɕimɨ s prɛ̃ntkɔɕtɕɔ̃ʷ dʑevjɛ̃ⁿtɕuset kilɔmɛtruv na gɔdʑinɛ̃ʷ | na vɨsɔkɔɕtɕi dʑeɕɛ̃ⁿtɕu tɨɕɛ̃ntsɨ mɛtruf ||]

2750

EN The train was traveling AT a speed OF one hundred twenty (120) miles per hour when the driver lost control. > The train was traveling AT a speed OF two hundred (200) kilometers per hour when the driver lost control.

PL Pociąg jechał z prędkością dwustu kilometrów na godzinę, kiedy maszynista stracił kontrolę.

ROM Poćąg jexaw z prędkośćą dvustu kilometruv na godźinę, kjedy mašyńista straćiw kontrolę.

IPA [pɔtɕɔ̃ŋg jɛxaʷ s prɛ̃ntkɔɕtɕɔ̃ʷ dvustu kilɔmɛtruv na gɔdʑinɛ̃ʷ | kʲedɨ maʂinʲista stratɕiʷ kɔntrɔlɛ̃ʷ ||]

2751

EN Water boils AT a temperature OF one hundred degrees (100º) Celsius.

PL Woda gotuje się w temperaturze stu stopni Celsjusza.

ROM Voda gotuje śę v temperatuře stu stopńi Celsjuša.

IPA [vɔda gɔtujɛ ɕɛ̃ʷ f tɛmpɛratuzɛ stu stɔpnʲi tsɛlsʲuşa ‖]

2752

EN Some singers go ON a world tour every year.

PL Niektórzy piosenkarze jeżdżą na tournée po świecie każdego roku.

ROM Ńektuřy pjosenkaře ježją na tournée po śvjeće każdego roku.

IPA [nʲɛktuzɨ pʲɔsɛnkazɛ jɛʑd͡ʑɔ̃ʷ na tɔurnéɛ pɔ ɕfʲɛtɕɛ kaʑdɛgɔ rɔku ‖]

2753

EN I didn't hear the news ON the radio, nor ON the television; I saw it ON the internet.

PL Nie słuchałem (♀ słuchałam) wiadomości w radiu, ani w telewizji, widziałem (♀ widziałam) je w Internecie.

ROM Ńe swuxawem (♀ swuxawam) vjadomośći v radju, ańi v televizi, vidźawem (♀ vidźawam) je v Interneće.

IPA [nʲɛ sʷuxawɛm (sʷuxawam) vʲadɔmɔɕtɕi v radʲu | anʲi f tɛlɛvizi | vidʑawɛm (vidʑawam) jɛ v intɛrnɛtɕɛ ‖]

2754

EN I've never met the woman IN charge OF marketing, but I've spoken to her ON the phone a few times.

PL Nigdy nie spotkałem (♀spotkałam) kobiety odpowiedzialnej za marketing, ale rozmawiałem (♀rozmawiałam) z nią przez telefon kilka razy.

ROM Ńigdy ńe spotkawem (♀spotkawam) kobjety odpovjedźalnej za marketing, ale rozmavjawem (♀rozmavjawam) z ńą přez telefon kilka razy.

IPA [nʲigdɨ nʲɛ spɔtkawɛm (spɔtkawam) kɔbʲetɨ ɔtpɔvʲɛdʑalnɛʲ za markɛtink | alɛ rɔzmavʲawɛm (rɔzmavʲawam) z nʲɔ̃ w pʂɛs tɛlɛfɔn kilka razɨ ||]

2755

EN There's no train service today because all the railroad workers are ON strike.

PL Pociągi dzisiaj nie jeżdżą, bo maszyniści strajkują.

ROM Poćągi dźiśaj ńe ježją, bo mašyńiśći strajkują.

IPA [pɔtɕɔ̃ŋgi dʑiɕaʲ nʲɛ jɛʐd͡ʑɔ̃w | bɔ maʂɨnʲiɕtɕi straʲkuʲɔ̃w ||]

2756

EN She's put ON a lot of weight this year, so she wants to go ON a diet.

PL Ona przybrała na wadze w tym roku, więc chce przejść na dietę.

ROM Ona přybrawa na vadze v tym roku, vjęc xce přejść na djetę.

IPA [ɔna pşɨbrawa na vadʑɛ f tɨm rɔku | vjɛ̃nts xtsɛ pşɛ ́ɕtɕ na dʲɛtɛ̃ʷ ||]

2757

EN While I was watching F1 racing yesterday, I saw one of the cars catch ON fire.

PL Kiedy oglądałem (♀oglądałam) wczoraj wyścigi F1 (♀jeden), widziałem (♀widziałam) jak zapalił się jeden z samochodów.

ROM Kjedy oglądawem (♀oglądawam) včoraj vyśćigi F1 (♀jeden), vidźawem (♀vidźawam) jak zapaliw śę jeden z samoxoduv.

IPA [kʲɛdɨ ɔglɔ̃ndawɛm (ɔglɔ̃ndawam) ftʂɔraʲ vɨɕtɕigi (…) (jɛdɛn) | vidʑawɛm (vidʑawam) jag zapaliʷ ɕɛ̃ʷ jɛdɛn s samɔxɔduf ||]

2758

EN Sometimes my job can be really stressful, but ON the whole I like the people and enjoy the job.

PL Czasami moja praca potrafi być naprawdę stresująca, ale ogólnie lubię ludzi i podoba mi się ta praca.

ROM Časami moja praca potrafi być napravdę stresująca, ale ogulńe lubję ludźi i podoba mi śę ta praca.

IPA [t͡ʂasami mɔja pratsa pɔtrafi bɨtɕ napravdɛ̃ʷ stresuʲɔ̃ntsa | alɛ ɔgulnʲɛ lubjɛ̃ʷ ludʑi i pɔdɔba mi ɕɛ̃ʷ ta pratsa ‖]

2759

EN I didn't mean to annoy you, I didn't do it ON purpose.

PL Nie chciałem (♀chciałam) cię zdenerwować, nie zrobiłem (♀zrobiłam) tego specjalnie.

ROM Ńe xćawem (♀xćawam) ćę zdenervować, ńe zrobiwem (♀zrobiwam) tego specjalńe.

IPA [nʲɛ xtɕawɛm (xtɕawam) tɕɛ̃ʷ zdenɛrvɔvatɕ | nʲɛ zrɔbiwɛm (zrɔbiwam) tɛgɔ spɛts͡ʲalnʲɛ ‖]

2760

EN He bumped INTO me ON accident.

PL On uderzył we mnie przypadkiem.

ROM On udeřyw ve mńe přypadkjem.

IPA [ɔn udɛʐɨʷ vɛ mnʲɛ pʂɨpatkʲem ‖]

2761

EN He bumped INTO me BY mistake.

PL On uderzył we mnie przez pomyłkę.
ROM On udeřyw ve mńe přez pomywkę.
IPA [ɔn udɛʑɨ̯ʷ vɛ mnʲɛ pʂɛs pɔmɨ̯ʷkɛ̃ʷ ‖]

2762

EN All of my contact information is ON my business
card, but it's easiest to get ahold of me BY email or
cellphone.

PL Wszystkie moje dane kontaktowe są na mojej
wizytówce, ale najłatwiej złapać mnie przez email
lub komórkę.
ROM Všystkje moje dane kontaktove są na mojej
vizytuvce, ale najwatvjej zwapać mńe přez email lub
komurkę.
IPA [fʂɨstkʲɛ mɔjɛ danɛ kɔntaktɔvɛ sɔ̃ʷ na mɔjeʲ viʑituftsɛ
‖ alɛ naʲʷatfʲeʲ zʷapatɕ mnʲɛ pʂɛz email lup kɔmurkɛ̃ʷ
‖]

2763

EN I didn't bring enough cash, so could I pay BY credit
card?

PL Nie wziąłem (♀wzięłam) wystarczająco pieniędzy,
mogę więc zapłacić kartą?
ROM Ńe vźąwem (♀vźęwam) vystarčająco pjeńędzy,
mogę vjęc zapwaćić kartą?
IPA [nʲɛ vzɔ̃wem (vʑɛ̃wam) vɨstart͡ʂaʲɔ̃ntsɔ pʲenʲɛ̃nd͡ʑɨ ‖
mɔgɛ̃ʷ vjɛ̃nd͡ʑ zapʷatɕitɕ kartɔ̃ʷ ‖]

2764

EN You don't need to fix that BY hand, I can write a computer program to help you. > You don't need to fix that manually.

PL Nie musisz naprawiać tego ręcznie, mogę napisać program, żeby ci pomóc. > Nie musisz naprawiać tego manualnie.

ROM Ńe muśiš napravjać tego ręčńe, mogę napisać program, žeby ći pomuc. > Ńe muśiš napravjać tego manualńe.

IPA [nʲɛ muɕiʂ napravʲatɕ tɛgɔ rɛ̃n͡tʂnʲɛ | mɔgɛʷ napisatɕ prɔgram | zɛbɨ tɕi pɔmuts || > nʲɛ muɕiʂ napravʲatɕ tɛgɔ manualnʲɛ ||]

2765

EN My father sometimes goes to work by taxi, and I go to work by bus.

PL Mój tato czasami jeździ do pracy taksówką, a ja jeżdżę do pracy autobusem.

ROM Muj tato časami jeźdźi do pracy taksuvką, a ja ježžę do pracy autobusem.

IPA [muʲ tatɔ t͡ʂasami jɛʑd͡ʑi dɔ pratsɨ taksufkɔ̃ʷ | a ja jɛʑd͡ʑɛ̃ʷ dɔ pratsɨ autɔbusɛm ||]

2766

EN Olga's father is an oil tycoon, and goes to work BY helicopter and BY plane.

PL Tato Olgi jest magnatem naftowym i jeździ do pracy helikopterem i samolotem.

ROM Tato Olgi jest magnatem naftovym i jeźdźi do pracy xelikopterem i samolotem.

IPA [tatɔ ɔlgi jɛst magnatɛm naftɔvim i jɛʐdʑi dɔ pratsi xɛlikɔptɛrɛm i samɔlɔtɛm ||]

2767

EN It's a two-hour drive to the airport BY car, but it's only forty (40) minutes by high-speed rail.

PL Do lotniska są dwie godziny jazdy samochodem, ale tylko czterdzieści minut pociągiem pospiesznym.

ROM Do lotńiska są dvje godźiny jazdy samoxodem, ale tylko čterdźeśći minut poćągjem pospješnym.

IPA [dɔ lɔtnʲiska sɔ̃ʷ dvʲɛ gɔdʑini jazdi samɔxɔdɛm | alɛ tilkɔ t͡ʂtɛrd͡ʑɛçtɕi minut pɔt͡ɕɔ̃ŋgʲɛm pɔspʲɛʂnim ||]

2768

EN I arrived ON the seven-o'clock (7:00) train.

PL Przyjechałem pociągiem o siódmej.

ROM Přyjexawem poćągjem o śudmej.

IPA [pʂijɛxawɛm pɔt͡ɕɔ̃ŋgʲɛm ɔ ɕudmeʲ ||]

2769

EN The door's not broken, so it must have been opened by somebody with a key.

PL Drzwi nie są uszkodzone, więc musiały być otwarte przez kogoś kluczem.

ROM Dřvi ńe są uškodzone, vjęc muśawy być otvarte přez kogoś klučem.

IPA [dzvi nʲɛ sɔ̃ʷ uʂkɔʥɔnɛ | vjɛ̃nts muɕawɨ bɨtɕ ɔtfartɛ pʂɛs kɔgɔɕ kluʈʂ͡em ||]

2770

EN My salary has increased from two thousand dollars ($2000) a month to twenty-five hundred ($2500). > My salary's increased BY five hundred dollars ($500). > My salary has increased from fifteen hundred fifty euros (€1550) a month to nineteen hundred (€1900). > My salary's increased BY three hundred fifty euro (€350).

PL Moje wynagrodzenie wzrosło z sześciu tysięcy czterystu złotych na miesiąc do ośmiu tysięcy złotych. > Moje wynagrodzenie zostało podniesione O tysiąc sześćset złotych.

ROM Moje vynagrodzeńe vzroswo z šeśću tyśęcy čterystu zwotyx na mjeśąc do ośmju tyśęcy zwotyx. > Moje vynagrodzeńe zostawo podńeśone O tyśąc šeśćset zwotyx.

IPA [mɔjɛ vɨnagrɔʥɛnʲɛ vzrɔsʷɔ s ʂɛɕtɕu tiɕɛ̃ntsɨ t͡ʂterɨstu zʷɔtix na mʲɛɕɔ̃nʥ dɔ ɔɕmʲu tiɕɛ̃ntsɨ zʷɔtix || > mɔjɛ vɨnagrɔʥɛnʲɛ zɔstawɔ pɔdnʲɛɕɔnɛ ɔ tiɕɔ̃nts ʂɛɕtɕɛsɛd zʷɔtix ||]

2771

EN I finished the race three (3) meters ahead of you. > I won the race BY three (3) meters.

PL Skończyłem (♀skończyłam) wyścig trzy metry przed tobą. > Wygrałem (♀wygrałam) wyścig trzema metrami.

ROM Skońčywem (♀skońčywam) vyśćig třy metry před tobą. > Vygrawem (♀vygrawam) vyśćig třema metrami.

IPA [skɔnʲt͡ʂɨwɛm (skɔnʲt͡ʂɨwam) vɨçt͡ɕik t͡ʂɨ mɛtrɨ pʂɛt tɔbɔ̃ʷ || > vɨgrawɛm (vɨgrawam) vɨçt͡ɕik t͡ʂɛma mɛtrami ||]

2772

EN Some American companies give college graduates a check FOR five thousand dollars ($5000) AS a signing bonus.

PL Niektóre amerykańskie firmy dają absolwentom koledżów czek na piętnaście tysięcy (15000) złotych jako bonus za zapisanie się.

ROM Ńekture amerykańskje firmy dają absolventom kolejuv ček na pjętnaśće tyśęcy (15000) zwotyx jako bonus za zapisańe śę.

IPA [nʲɛkturɛ amɛrɨkanʲskʲɛ firmɨ dajɔ̃ʷ apsɔlvɛntɔm kɔlɛd͡ʐuf t͡ʂɛk na pjɛ̃dnaçt͡ɕɛ tɨçɛ̃ntsɨ (15000) zʷɔtɨx jakɔ bɔnuz za zapisanʲɛ çɛ̃ʷ ||]

2773

EN I wrote a check FOR five hundred dollars ($500) to the insurance company. > I wrote a check FOR four hundred euros (€400) to the insurance company.

PL Wypisałem (♀wypisałam) czek na tysiąc sześćset osiemdziesiąt (1680) złotych dla firmy ubezpieczeniowej.

ROM Vypisawem (♀vypisawam) ček na tyśąc šeśćset ośemdźeśąt (1680) zwotyx dla firmy ubezpječeńovej.

IPA [vɨpisawɛm (vɨpisawam) t͡ʂɛk na tɨɕɔ̃nts ʂɛɕt͡ʂɛsɛt ɔɕɛmd͡ʑɛɕɔ̃nt (1680) zʷɔtɨɣ dla firmɨ ubɛspʲɛt͡ʂɛnʲoveʲ ‖]

2774

EN The company grew quickly due to a strong demand FOR its products.

PL Firma rozwinęła się szybko z powodu dużego zapotrzebowania na jej produkty.

ROM Firma rozvinęwa śę šybko z povodu dužego zapotřebovańa na jej produkty.

IPA [firma rɔzvinɛ̃wa ɕɛ̃ʷ ʂɨpkɔ s pɔvɔdu duʑɛgɔ zapɔt͡ʂɛbɔvanʲa na jeʲ prɔduktɨ ‖]

2775

EN There's no need FOR impolite behavior.

PL Nie ma potrzeby zachowywać się niegrzecznie.

ROM Ńe ma potřeby zaxovyvać śę ńegřečńe.

IPA [nʲɛ ma pɔt͡ʂɛbɨ zaxɔvɨvat͡ɕ ɕɛ̃ʷ nʲegʐɛt͡ʂnʲɛ ‖]

2776

EN The advantage OF living alone is that you have more freedom.

PL Plusem samotnego życia jest to, że masz więcej wolności.

ROM Plusem samotnego žyća jest to, že maš vjęcej volnośći.

IPA [plusɛm samɔdnɛgɔ ʐɨ̈tɕa jest tɔ | ʐɛ maʂ vjɛ̃ntsɛʲ vɔlnɔɕtɕi ||]

2777

EN In fact, there are many advantages TO living alone.

PL Właściwie, jest wiele plusów samotnego życia.

ROM Vwaśćivje, jest vjele plusuv samotnego žyća.

IPA [vʷaɕtɕivʲɛ | jɛzd vʲɛlɛ plusuf samɔdnɛgɔ ʐɨ̈tɕa ||]

2778

EN The authorities are still baffled by the cause of the explosion.

PL Władze są wciąż zaskoczone przyczyną wybuchu.

ROM Vwadze są vćąž zaskočone přyčyną vybuxu.

IPA [vʷadʑɛ sɔ̃ʷ ftɕɔ̃nʐ zaskɔtʂɔnɛ pʂɨt͡sɨnɔ̃ʷ vɨbuxu ||]

2779

EN I have all the photos OF my family in my cellphone.

PL Mam wszystkie zdjęcia mojej rodziny w komórce.
ROM Mam všystkje zdjęća mojej rodźiny v komurce.
IPA [mam fʂistkʲɛ zdjɛ̃nʲtɕa mɔjeʲ rɔdʑini f kɔmurtsɛ ‖]

2780

EN I think we're lost. We need to get a map OF this city.
— I'll search FOR an app.

PL Myślę, że się zgubiliśmy. Potrzebuję mapy tego
miasta. — Poszukam aplikacji.
ROM Myślę, že śę zgubiliśmy. Potřebuję mapy tego mjasta.
— Pošukam aplikaci.
IPA [miɕlɛ̃ʷ | zɛ ɕɛ̃ʷ zgubiliɕmi ‖ pɔtʂɛbuʲɛ̃ʷ mapi tɛgɔ
mʲasta ‖ — pɔʂukam aplikatsi ‖]

2781

EN There's always an increase IN the number OF traffic
accidents around New Year's.

PL Zawsze jest wzrost liczby wypadków drogowych w
okolicach Nowego Roku.
ROM Zavše jest vzrost ličby vypadkuv drogovyx v
okolicax Novego Roku.
IPA [zafʂɛ jɛzd vzrɔst lidʐbi vipatkuv drɔgɔvɨɣ v
ɔkɔlitsax nɔvɛgɔ rɔku ‖]

2782

EN The last twenty (20) years has seen a tremendous decrease IN crime.

PL W ostatnich dwudziestu latach miał miejsce dramatyczny spadek przestępczości.

ROM V ostatńix dvudźestu latax mjaw mjejsce dramatyčny spadek přestępčośći.

IPA [v ɔstatnʲiɨ dvudʑestu latax mʲaʷ mʲeʲstsɛ dramatɨt͡sni spadɛk pʂestɛ̃mpt͡ʂɔt͡ɕi ‖]

2783

EN It was a bad year for the company as it faced a huge drop IN sales.

PL To był zły rok dla firmy, ponieważ miał miejsce ogromny spadek w sprzedaży.

ROM To byw zwy rok dla firmy, pońevaž mjaw mjejsce ogromny spadek v spředaży.

IPA [tɔ bɨʷ zʷɨ rɔg dla firmɨ | pɔnʲevaz̪ mʲaʷ mʲeʲstsɛ ɔgrɔmnɨ spadɛk f spʂedazɨ ‖]

2784

EN Since the accident was my fault, I had to pay for the damage to the other car.

PL Ponieważ wypadek był z mojej winy, musiałem (♀musiałam) zapłacić za uszkodzenie innego samochodu.

ROM Pońevaž vypadek byw z mojej viny, muśawem (♀muśawam) zapwaćić za uškodzeńe innego samoxodu.

IPA [pɔnʲɛvaz̪ vɨpadɛg bɨʷ z mɔjɛʲ vinɨ | muʨawɛm (muʨawam) zapʷatɕidʑ za uʂkɔdʑɛnʲɛ innɛgɔ samɔxɔdu ||]

2785

EN A lot of my friends are getting married this year. I've been getting lots of invitations TO wedding banquets.

PL Wielu moich przyjaciół bierze ślub w tym roku. Dostałem (♀dostałam) wiele zaproszeń na wesela.

ROM Vjelu moix přyjaćuw bjeře ślub v tym roku. Dostawem (♀dostawam) vjele zaprošeń na vesela.

IPA [vʲɛlu mɔix pʂijaʨuʷ bʲɛʐɛ ɕlup f tɨm rɔku || dɔstawɛm (dɔstawam) vʲɛlɛ zaprɔʂɛnʲ na vɛsɛla ||]

2786

EN The scientists have been working ON a solution TO the problem FOR many years.

PL Naukowcy pracują nad rozwiązaniem problemu od wielu lat.

ROM Naukovcy pracują nad rozvjązańem problemu od vjelu lat.

IPA [naukɔftsɨ pratsuʲɔ̃ʷ nad rɔzvjɔ̃nzanʲɛm prɔblɛmu ɔd vʲɛlu lat ||]

2787

EN I was very surprised BY her reaction TO my simple suggestion.

PL Byłem zaskoczony (♀ byłam zaskoczona) jej reakcją na moją prostą sugestię.

ROM Bywem zaskočony (♀ bywam zaskočona) jej reakcją na moją prostą sugestję.

IPA [bɨwem zaskɔt͡ʂɔnɨ (bɨwam zaskɔt͡ʂɔna) jeʲ rɛaktsjɔ̃ʷ na mɔʲɔ̃ʷ prɔstɔ̃ʷ sugɛstjɛ̃ʷ ||]

2788

EN His attitude toward his job is so positive that he increases his sales every month.

PL Jego stosunek do pracy jest tak pozytywny, że podwyższa swoją sprzedaż każdego miesiąca.

ROM Jego stosunek do pracy jest tak pozytyvny, że podvyžša svoją spředaž każdego mjeśąca.

IPA [jɛgɔ stɔsunɛg dɔ pratsɨ jɛst tak pɔzɨtɨvnɨ | ʐɛ pɔdvɨʂʂa sfɔʲɔ̃ʷ spʂɛdaʂ kaʐdɛgɔ mʲɛɕɔ̃ntsa ||]

2789

EN Do you have a good relationship WITH your parents?

PL Jesteś w dobrych relacjach z twoimi rodzicami?
ROM Jesteś v dobryx relacjax z tvoimi rodźicami?
IPA [jɛstɛʐ v dɔbrɨx rɛlatsʲax s tfɔimi rɔdʑitsami ‖]

2790

EN The police want to question a suspect in connection with the murder.

PL Policja chce przesłuchać podejrzanego w sprawie morderstwa.
ROM Policja xce přeswuxać podejřanego v spravje morderstva.
IPA [pɔlitsʲa xtsɛ pʂɛsʷuxatɕ pɔdɛʲʐãnɛgɔ f spravʲɛ mɔrdɛrstfa ‖]

2791

EN The police believe there's a connection between the two (2) murders, based on DNA evidence.

PL Policja wierzy, że było powiązanie między dwoma morderstwami, bazując na dowodach genetycznych.
ROM Policja vjeřy, że bywo povjązańe mjędzy dvoma morderstvami, bazując na dovodax genetyčnyx.
IPA [pɔlitsʲa vʲɛʐɨ | ʐɛ bɨwɔ pɔvjɔ̃nzanʲɛ mjɛ̃ndʑ dvɔma mɔrdɛrstfami | bazuʲɔ̃nts na dɔvɔday gɛnɛtɨt͡ʂnɨx ‖]

2792

EN There are minor differences between many European languages.

PL Są małe różnice między językami europejskimi.

ROM Są mawe ružńice mjędzy językami europejskimi.

IPA [sɔ̃ʷ mawɛ ruzɲ̍ʲitsɛ mjɛ̃nʥɨ jɛ̃nzɨkami ɛurɔpɛʲskimi ‖]

2793

EN It was really kind of you to help me. I really appreciate it.

PL To było miłe, że mi pomogłeś (♀pomogłaś). Naprawdę to doceniam.

ROM To bywo miwe, że mi pomogweś (♀pomogwaś). Napravdę to doceńam.

IPA [tɔ bɨwɔ miwɛ | zɛ mi pɔmɔgʷɛɕ (pɔmɔgʷaɕ) ‖ napravdɛ̃ʷ tɔ dɔtsɛnʲam ‖]

2794

EN He donated half his wealth to charity, which was very generous of him.

PL On oddał połowę dochodu na cele charytatywne, co było bardzo hojne z jego strony.

ROM On oddaw powowę doxodu na cele xarytatyvne, co bywo bardzo xojne z jego strony.

IPA [ɔn ɔddaʷ pɔwɔvɛ̃ʷ dɔxɔdu na tsɛlɛ xarɨtatɨvnɛ | tsɔ bɨwɔ bardʑɔ xɔʲnɛ z jɛgɔ strɔnɨ ‖]

2795

EN Always be polite and nice to strangers. They might be the boss at your next job.

PL Zawsze bądź grzeczny i miły (♀grzeczna i miła) dla obcych. Mogą być twoim szefem w następnej pracy.

ROM Zavše bądź gřečny i miwy (♀gřečna i miwa) dla obcyx. Mogą być tvoim šefem v następnej pracy.

IPA [zafʂɛ bɔ̃ɲdʑ gʑɛt͡ʂnɨ i miwɨ (gʑɛt͡ʂna i miwa) dla ɔptsɨx || mɔgɔ̃ʷ bɨt͡ɕ tfoim ʂɛfɛm v nastɛ̃mpnɛʲ pratsɨ ||]

2796

EN Rashid is really angry about what his brother said.

PL Rashid jest naprawdę zły za to, co jego brat powiedział.

ROM Rashid jest napravdę zwy za to, co jego brat povjedźaw.

IPA [(…) jɛst napravdɛ̃ʷ zʷɨ za tɔ | tsɔ jɛgɔ brat pɔvʲɛd͡ʑaʷ ||]

2797

EN He's upset with him because he wants to put their parents in a nursing home.

PL On jest smutny, ponieważ chce umieścić swoich rodziców w domu spokojnej starości.

ROM On jest smutny, pońevaž xce umjeśćić svoix rodźicuv v domu spokojnej starośći.

IPA [ɔn jɛst smudnɨ | pɔnʲɛvaʂ xtsɛ umʲɛɕt͡ɕit͡ɕ sfoix rɔd͡ʑitsuv v dɔmu spɔkɔʲnɛʲ starɔt͡ɕi ||]

2798

EN   In fact, his sister was even more furious when she
     heard it.

PL   Właściwie, jego siostra była jeszcze bardziej
     wkurzona, kiedy to usłyszała.

ROM Vwaśćivje, jego śostra bywa ješče bardźej vkuřona,
     kjedy to uswyšawa.

IPA [vʷaɕʨivʲɛ | jɛgɔ ɕɔstra bɨwa jɛʂʈʂɛ bardʑɛʲ fkuzɔna |
     kʲɛdɨ tɔ usʷɨʂawa ||]

2799

EN   Are you excited about going to Europe next week?

PL   Jesteś podekscytowany (♀podekscytowana)
     wyjazdem do Europy w przyszłym tygodniu?

ROM Jesteś podekscytowany (♀podekscytovana) vyjazdem
     do Europy v přyšwym tygodńu?

IPA [jɛstɛɕ pɔdɛkstsɨtɔvanɨ (pɔdɛkstsɨtɔvana) vɨjazdɛm dɔ
     ɛurɔpɨ f pʂɨʂʷim tɨgɔdnʲu ||]

2800

EN Actually, I'm upset about not getting invited to the most important conference.

PL Właściwie, jestem smutny (♀ smutna), bo nie zostałem (♀ zostałam) zaproszony (♀ zaproszona) na najważniejszą konferencję.

ROM Vwaścivje, jestem smutny (♀ smutna), bo ńe zostawem (♀ zostawam) zaprošony (♀ zaprošona) na najvažńejšą konferencję.

IPA [vʷaɕtɕivʲɛ | jɛstɛm smudnɨ (smudna) | bɔ nʲɛ zɔstawɛm (zɔstawam) zaprɔʂɔnɨ (zaprɔʂɔna) na naˈjvaʐɳʲeʲʂɔ̃ʷ kɔnfɛrɛntsjɛ̃ʷ ||]

GMS #2801 - 2900

2801

EN I'm sorry to hear that.

PL Przykro mi.
ROM Přykro mi.
IPA [pṣɨkrɔ mi ‖]

2802

EN Were you nervous about giving a speech in a foreign language?

PL Byłeś zdenerwowany (♀byłaś zdenerwowana) przemawiając w innym języku?
ROM Byweś zdenervovany (♀bywaś zdenervovana) přemavjając v innym języku?
IPA [bɨwɛʐ zdɛnɛrvɔvanɨ (bɨwaʐ zdɛnɛrvɔvana) pṣɛmavʲaʲɔ̃nʥ v innɨm jɛ̃nzɨku ‖]

2803

EN I was very pleased with the audience's reception of my speech.

PL Reakcja publiczności na moją przemowę była bardzo miła.
ROM Reakcja publičnośći na moją přemovę bywa bardzo miwa.
IPA [rɛaktsʲa publiʧnɔʨʨi na mɔʲɔ̃ʷ pṣɛmɔvɛ̃ʷ bɨwa barʣɔ miwa ‖]

2804

EN Everybody was shocked by the news on September eleventh (11th), two thousand one (2001).

PL Każdy był zszokowany wiadomościami jedenastego września, dwa tysiące pierwszego (2001).

ROM Každy byw zšokovany vjadomośćami jedenastego vřeśńa, dva tyśące pjervšego (2001).

IPA [kaʐdɨ bɨʷ sʂɔkɔvanɨ vʲadɔmɔçtɕami jɛdɛnastɛgɔ vʐɛɕnʲa | dva tɨçõntsɛ pʲɛrfʂɛgɔ (2001) ‖]

2805

EN I was very impressed with his speech. He's an eloquent speaker.

PL Byłem (♀byłam) pod wrażeniem jego przemowy. On jest elokwentnym mówcą.

ROM Bywem (♀bywam) pod vražeńem jego přemovy. On jest elokventnym muvcą.

IPA [bɨwɛm (bɨwam) pɔd vraʐɛnʲɛm jɛgɔ pʂɛmɔvɨ ‖ ɔn jest ɛlɔkfɛndnɨm muftsɔ̃ʷ ‖]

2806

EN   I didn't enjoy my last job. When I got fed up with it, I asked to resign.

PL   Nie podobała mi się moja ostatnia praca. Kiedy miałem (♀miałam) jej dość, złożyłem (♀złożyłam) rezygnację.

ROM   Ńe podobawa mi śę moja ostatńa praca. Kjedy mjawem (♀mjawam) jej dość, zwożywem (♀zwożywam) rezygnację.

IPA   [nʲɛ pɔdɔbawa mi çɛ̃ʷ mɔja ɔstatnʲa pratsa ‖ kʲɛdɨ mʲawɛm (mʲawam) jeʲ dɔçtç | zʷɔz̟ɨwɛm (zʷɔz̟ɨwam) rezɨgnatsjɛ̃ʷ ‖]

2807

EN   I'm sorry about the mess. I'll clean it up later.

PL   Przepraszam za bałagan. Posprzątam go później.

ROM   Přeprašam za bawagan. Pospřątam go puźńej.

IPA   [pṣepraṣam za bawagan ‖ pɔspṣɔ̃ntam gɔ puʐnʲeʲ ‖]

2808

EN I'm sorry for shouting at you yesterday. > I'm sorry I shouted at you yesterday. — Thank you for apologizing to me.

PL Przepraszam, że krzyczałem (♀krzyczałam) na ciebie wczoraj. > Przepraszam, że krzyczałem (♀krzyczałam) na ciebie wczoraj. — Nie ma za co.

ROM Přeprašam, že křyčawem (♀křyčawam) na ćebje včoraj. > Přeprašam, že křyčawem (♀křyčawam) na ćebje včoraj. — Ńe ma za co.

IPA [pşɛpraşam | zɛ kşɨt͡şawɛm (kşɨt͡şawam) na tɕɛbʲɛ ft͡şoraʲ || > pşɛpraşam | zɛ kşɨt͡şawɛm (kşɨt͡şawam) na tɕɛbʲɛ ft͡şoraʲ || — nʲɛ ma za t͡so ||]

2809

EN I feel sorry for the loser. > I pity the loser.

PL Szkoda mi przegranego. > Żałuję przegranego.

ROM Škoda mi přegranego. > Žawuję přegranego.

IPA [şkoda mi pşɛɡranɛɡo || > z̦awuʲɛ̃ʷ pşɛɡranɛɡo ||]

2810

EN Are you scared of spiders? > Are you afraid of spiders? > Are spiders scary? > Are spiders frightening?

PL Boisz się pająków? > Obawiasz się pająków? > Czy pająki są straszne? > Czy pająki są przerażające?

ROM Boiš śę pająkuv? > Obavjaš śę pająkuv? > Čy pająki są strašne? > Čy pająki są přerażające?

IPA [bɔiş çɛ̃ʷ paʲɔ̃ŋkuf || > ɔbavʲaş çɛ̃ʷ paʲɔ̃ŋkuf || > t͡şɨ paʲɔ̃ŋki sɔ̃ʷ straşnɛ || > t͡şɨ paʲɔ̃ŋki sɔ̃ʷ pşerazaʲɔ̃ntsɛ ||]

2811

EN Do you fear spiders? > Do spiders scare you? > Do spiders frighten you?

PL Boisz się pająków? > Czy pająki są dla ciebie straszne? > Czy pająki cię przerażają?

ROM Boiš śę pająkuv? > Čy pająki są dla ćebje strašne? > Čy pająki ćę přerażają?

IPA [bɔiş çɛ̃ʷ paʲɔ̃ŋkuf || > t͡şɨ paʲɔ̃ŋki sɔ̃ʷ dla tɕebʲɛ straşnɛ || > t͡şɨ paʲɔ̃ŋki tɕɛ̃ʷ pşerazaʲɔ̃ʷ ||]

2812

EN I'm terrified of spiders. > Spiders terrify me.

PL Jestem przerażony (♀przerażona) pająkami. >
Pająki mnie przerażają.

ROM Jestem přeražony (♀přeražona) pająkami. > Pająki
mńe přeražają.

IPA [jɛstɛm pşɛrazɔnɨ (pşɛrazɔna) paʲɔŋkami || > paʲɔŋki
mnʲɛ pşɛrazaʲɔ̃ʷ ||]

2813

EN The giant spider in The Hobbit scared me to death!

PL Wielki pająk w Hobbicie przestraszył mnie na
śmierć!

ROM Vjelki pająk v Xobbiće přestrašyw mńe na śmjerć!

IPA [vʲɛlki paʲɔŋk f xɔbbitɕɛ pşɛstraşɨʷ mnʲɛ na ɕmʲɛrtɕ ||
]

2814

EN Some children feel proud of their parents, while
others are ashamed of them.

PL Niektóre dzieci są dumne ze swoich rodziców,
podczas gdy inne się ich wstydzą.

ROM Ńekture dźeći są dumne ze svoix rodźicuv, podčas
gdy inne śę ix vstydzą.

IPA [nʲɛkturɛ dʑɛtɕi sɔ̃ʷ dumnɛ zɛ sfɔix rɔdʑitsuf | pɔttşaz
gdɨ innɛ ɕɛ̃ʷ ix fstɨdʑɔ̃ʷ ||]

2815

EN Many children make their parents proud, while some make their parents ashamed.

PL Wiele dzieci sprawia, że ich rodzice są dumni, podczas gdy niektóre sprawiają, że rodzice się ich wstydzą.

ROM Vjele dźeći spravja, že ix rodźice są dumńi, podčas gdy ńekture spravjają, że rodźice śę ix vstydzą.

IPA [vʲɛlɛ ʥɛtɕi spravʲa | zɛ ix rɔʥitsɛ sɔ̃ʷ dumnʲi | pɔt͡ʂaz gdɨ nʲɛkturɛ spravʲaʲɔ̃ʷ | zɛ rɔʥitsɛ ɕɛ̃ʷ ix fstɨʥɔ̃ʷ ||]

2816

EN Don't be jealous or envious of that popular girl in school.

PL Nie bądź zazdrosny o tę popularną dziewczynę ze szkoły.

ROM Ńe bądź zazdrosny o tę popularną dźevčynę ze škowy.

IPA [nʲɛ bɔ̃ɲʥ zazdrɔsnɨ ɔ tɛ̃ʷ pɔpularnɔ̃ʷ ʥɛft͡ʂinɛ̃ʷ zɛ ʂkɔwɨ ||]

2817

EN The police remained suspicious of the suspect's motives.

PL Policja pozostała podejrzliwa w stosunku do motywów podejrzanego.

ROM Policja pozostawa podejřliva v stosunku do motyvuv podejřanego.

IPA [pɔlitsʲa pɔzɔstawa pɔdeʲʐ̣liva f stɔsunku dɔ mɔtivuf pɔdeʲʐ̣anɛgɔ ‖]

2818

EN The audience was critical of the music performance.

PL Publiczność była krytyczna wobec występu muzycznego.

ROM Publičność bywa krytyčna vobec vystępu muzyčnego.

IPA [publit͡ʂnɔʑd͡ʑ bɨwa kritɨt͡ʂna vɔbɛd͡ʑ vɨstɛ̃mpu muzɨt͡ʂnɛgɔ ‖]

2819

EN Many countries are not tolerant of foreigners.

PL Wiele krajów nie jest tolerancyjnych wobec cudzoziemców.

ROM Vjele krajuv ńe jest tolerancyjnyx vobec cudzoźemcuv.

IPA [vʲɛlɛ krajuv nʲɛ jɛst tɔlɛrantsɨ̯ʲnɨɣ vɔbɛts t͡sud͡zɔʑɛmtsuf ‖]

2820

EN Are you aware of the seriousness of this crime?

PL Jesteś świadomy (♀świadoma) powagi tego przestępstwa?

ROM Jesteś śvjadomy (♀śvjadoma) povagi tego přestępstva?

IPA [jɛstɛɕ ɕfʲadɔmɨ (ɕfʲadɔma) pɔvagi tɛgɔ pʂɛstɛ̃mpstfa ||]

2821

EN I wasn't conscious during the operation. The doctors had given me anesthesia.

PL Nie byłem (♀byłam) świadomy (♀świadoma) podczas operacji. Lekarze dali mi znieczulenie.

ROM Ńe bywem (♀bywam) śvjadomy (♀śvjadoma) podčas operaci. Lekaře dali mi zńečuleńe.

IPA [nʲɛ bɨwɛm (bɨwam) ɕfʲadɔmɨ (ɕfʲadɔma) pɔtt͡ʂas ɔpɛratsi || lɛkaʐɛ dali mi znʲet͡ʂulɛnʲɛ ||]

2822

EN I'm fully confident that you're capable of passing the exam.

PL Jestem zupełnie pewny, że możesz zdać ten egzamin.

ROM Jestem zupewńe pevny, že možeš zdać ten egzamin.

IPA [jɛstɛm zupɛʷnʲɛ pɛvnɨ | ʐɛ mɔʐɛʐ̩ zdat͡ɕ tɛn ɛgzamin ||]

2823

EN The paper I wrote for class was full of obvious mistakes.

PL Wypracowanie, które napisałem (♀napisałam) na zajęcia było pełne oczywistych błędów.

ROM Vypracovańe, kture napisawem (♀napisawam) na zajęća bywo pewne oćyvistyx bwęduv.

IPA [vɨpratsɔvanʲɛ | kturɛ napisawɛm (napisawam) na zaʲɛ̃nʲtɕa bɨwɔ pɛʷnɛ ɔt͡ɕɨvistɨɣ bwɛ̃nduf ||]

2824

EN He's late again. It's typical of him to keep everybody waiting.

PL On znów się spóźnił. To typowe, że on każe wszystkim czekać.

ROM On znuv śę spuźńiw. To typove, że on każe všystkim čekać.

IPA [ɔn znuf ɕɛ̃ʷ spuʑnʲiʷ || tɔ tɨpɔvɛ | ʐɛ ɔn kaʐɛ fʂɨstkim t͡ʂɛkatɕ ||]

2825

EN I'm tired of eating the same food every day. Let's try something different.

PL Jestem zmęczony (♀zmęczona) jedzeniem tego samego codziennie. Spróbujmy czegoś innego.

ROM Jestem zmęčony (♀zmęčona) jedzeńem tego samego codźeńńe. Sprubujmy čegoś innego.

IPA [jɛstɛm zmɛ̃nt͡ʂɔnɨ (zmɛ̃nt͡ʂɔna) jɛd͡ʑɛnʲɛm tɛgɔ samɛgɔ tsɔd͡ʑɛnnʲɛ || sprubuʲmɨ t͡ʂɛgɔɕ innɛgɔ ||]

2826

EN She told me she's arriving tonight. — Are you sure of it?

PL Ona powiedziała mi, że przyjeżdża dziś wieczorem. — Jesteś tego pewien (♀pewna)?

ROM Ona povjedźawa mi, że přyježja dźiś vječorem. — Jesteś tego pevjen (♀pevna)?

IPA [ɔna pɔvʲɛʥawa mi | ʐɛ pʂijezʥa ʥiʐ vʲɛt͡ʂɔrɛm || — jɛstɛɕ tɛgɔ pɛvʲɛn (pɛvna) ||]

2827

EN Shakira got married to an American, and now she's married with two (2) children.

PL Shakira wzięła ślub z Amerykaninem i teraz jest mężatką z dwojgiem dzieci.

ROM Shakira vźęwa ślub z Amerykańinem i teraz jest mężatką z dvojgjem dźeći.

IPA [(…) vʐɛ̃wa ɕlub z amɛrikanʲinɛm i tɛraz jɛst mɛ̃nʐatkɔ̃ʷ z dvɔʲgʲɛm ʥɛt͡ɕi ||]

2828

EN The customs in their country are similar to ours.

PL Zwyczaje w ich kraju są podobne do naszych.

ROM Zvyčaje v ix kraju są podobne do našyx.

IPA [zvit͡ʂajɛ v ix kraju sɔ̃ʷ pɔdɔbnɛ dɔ naʂɨx ||]

2829

EN The film was completely different from what I'd been expecting.

PL Film był zupełnie inny od tego, czego oczekiwałem (♀ oczekiwałam).

ROM Film byw zupewńe inny od tego, čego očekivawem (♀ očekivawam).

IPA [film bɨʷ zupeʷnʲɛ innɨ ɔt tɛgɔ | t͡ʃɛgɔ ɔt͡ʂɛkivawɛm (ɔt͡ʂɛkivawam) ||]

2830

EN If you're dependent on your parents, it means you still need them for money. If not, then you're financially independent.

PL Jeśli jesteś zależny od swoich rodziców, oznacza to, że wciąż potrzebujesz ich dla pieniędzy. Jeśli nie, wtedy jestes finansowo niezależny.

ROM Jeśli jesteś zależny od svoix rodźicuv, označa to, że vćąż potřebuješ ix dla pjeńędzy. Jeśli ńe, vtedy jestes finansovo ńezależny.

IPA [jɛɕli jɛstɛʑ zalɛʐnɨ ɔt sfɔix rɔd͡ʑitsuf | ɔznat͡ʂa tɔ | ʐɛ ft͡ɕɔ̃nʂ pɔt͡ʂɛbujɛʂ iɣ dla pʲɛnʲɛ̃nd͡ʑɨ || jɛɕli nʲɛ | ftɛdɨ jɛstɛs finansɔvɔ nʲɛzalɛʐnɨ ||]

2831

EN When we got to the Eiffel Tower, it was crowded with tourists.

PL Kiedy dostaliśmy się do Wieży Eiffle'a, były tam tłumy turystów.

ROM Kjedy dostaliśmy śę do Vježy Eiffle'a, bywy tam twumy turystuv.

IPA [kʲedɨ dɔstaliçmɨ çɛ̃ʷ dɔ vʲeʑɨ ɛiffle'a | bɨwɨ tam tʷumɨ turɨstuf ||]

2832

EN Italy is famous for its art, cuisine, architecture, history, and fashion. It's rich in culture.

PL Włochy są znane ze swojej sztuki, kuchni, architektury, historii i mody. Są bogate w kulturę.

ROM Vwoxy są znane ze svojej štuki, kuxńi, arxitektury, xistorii i mody. Są bogate v kulturę.

IPA [vʷɔxɨ sɔ̃ʷ znanɛ zɛ sfɔjeʲ ʂtuki | kuxnʲi | arxitɛkturɨ | xistɔrii i mɔdɨ || sɔ̃ʷ bɔgatɛ f kulturɛ̃ʷ ||]

2833

EN The police are still trying to determine who was responsible for the murders.

PL Policja wciąż próbuje określić, kto był odpowiedzialny za morderstwa.

ROM Policja vćąž prubuje określić, kto byw odpovjedźalny za morderstva.

IPA [pɔlitsʲa ftɕɔ̃ŋʂ prubujɛ ɔkrɛɕlitɕ | ktɔ bɨʷ ɔtpɔvʲɛdʑalnɨ za mɔrdɛrstfa ||]

2834

EN Have you responded to your boss's email?

PL Odpowiedziałeś (♀odpowiedziałaś) na email szefa?
ROM Odpovjedźaweś (♀odpovjedźawaś) na email šefa?
IPA [ɔtpɔvʲɛdʑaweɕ (ɔtpɔvʲɛdʑawaɕ) na ɛmail ʂɛfa ‖]

2835

EN I can't understand this, can you explain it to me?

PL Nie rozumiem tego, możesz mi to wytłumaczyć?
ROM Ńe rozumjem tego, možeš mi to vytwumačyć?
IPA [nʲɛ rɔzumʲɛm tɛgɔ | mɔʐɛʂ mi tɔ vɨdʷumat͡ʂɨtɕ ‖]

2836

EN Let me describe to you how it happened.

PL Pozwól mi opisać, co się stało.
ROM Pozvul mi opisać, co śę stawo.
IPA [pɔzvul mi ɔpisatɕ | tsɔ ɕɛ̃ʷ stawɔ ‖]

2837

EN His lawyer refused to answer the policeman's question.

PL Jego prawnik odmówił odpowiedzi na pytanie policjanta.
ROM Jego pravńik odmuviw odpovjedźi na pytańe policjanta.
IPA [jɛgɔ pravnʲik ɔdmuviʷ ɔtpɔvʲɛdʑi na pɨtanʲɛ pɔlitsʲjanta ‖]

2838

EN Don't worry, they think you're funny. They weren't laughing at you, they were laughing at your joke.

PL Nie martw się, oni myślę, że jesteś śmieszny. Oni nie śmiali się z ciebie, oni śmiali się z twojego żartu.

ROM Ńe martv śę, ońi myślę, że jesteś śmješny. Ońi ńe śmjali śę z ćebje, ońi śmjali śę z tvojego żartu.

IPA [nʲɛ martf ɕɛ̃ʷ | ɔnʲi miɕlɛ̃ʷ | zɛ jɛstɛɕ ɕmʲɛʂni || ɔnʲi nʲɛ ɕmʲali ɕɛ̃ʷ s tɕɛbʲɛ | ɔnʲi ɕmʲali ɕɛ̃ʷ s tfɔjɛɡɔ z̦artu ||]

2839

EN The suspect was shouting at the police very loudly.

PL Podejrzany krzyczał w stronę policji bardzo głośno.

ROM Podejřany křyčaw v stronę polici bardzo gwośno.

IPA [pɔdɛʲz̦ani kʂitʂaʷ f strɔnɛ̃ʷ pɔlitsi bardzɔ ɡʷɔɕnɔ ||]

2840

EN The police pointed their guns at the suspect and told him to lie on the ground.

PL Policja namierzyła broń w stronę podejrzanego i powiedziała mu, żeby położył się na ziemi.

ROM Policja namjeřywa broń v stronę podejřanego i povjedźawa mu, żeby powożyw śę na źemi.

IPA [pɔlitsʲa namʲɛz̦iwa brɔnʲ f strɔnɛ̃ʷ pɔdɛʲz̦anɛɡɔ i pɔvʲɛdz̦awa mu | z̦ɛbi pɔwɔz̦i̦ʷ ɕɛ̃ʷ na z̦ɛmi ||]

2841

EN But the man reached for his pockets, and that's when the police started shooting at him.

PL Ale mężczyzna sięgnął do kieszeni i wtedy policja zaczęła do niego strzelać.

ROM Ale mężčyzna śęgnąw do kješeńi i vtedy policja začęwa do ńego střelać.

IPA [alɛ mɛ̃ɲʂt͡ʂɨzna ɕɛ̃ŋgnɔ̃w dɔ kʲɛ̧ɛɲʲi i ftɛdɨ pɔlit͡sʲa zat͡ʂɛ̃wa dɔ nʲɛgɔ stʂɛlatɕ ||]

2842

EN And then onlookers started shouting to each other.

PL I wtedy gapie zaczęli krzyczeć do siebie.

ROM I vtedy gapje zaczęli křyčeć do śebje.

IPA [i ftɛdɨ gapʲɛ zat͡ʂɛ̃wli kʂɨt͡ʂɛd͡ʑ dɔ ɕɛbʲɛ ||]

2843

EN Somebody threw a shoe at the politician.

PL Ktoś rzucił butem w polityka.

ROM Ktoś řućiw butem v polityka.

IPA [ktɔɕ ʐut͡ɕiw butɛm f pɔlitɨka ||]

2844

EN I asked her to throw the keys to me from the window,
but when they hit the ground, they fell down a drain.

PL Poprosiłem (♀poprosiłam) ją, żeby rzuciła mi klucze
z okna, ale kiedy one uderzyły o ziemię, wpadły do
studzienki kanalizacyjnej.

ROM Poprośiwem (♀poprośiwam) ją, żeby řućiwa mi
kluče z okna, ale kjedy one udeřywy o źemję,
vpadwy do studźenki kanalizacyjnej.

IPA [pɔprɔɕiwɛm (pɔprɔɕiwam) jɔ̃ʷ | zɛbɨ zu̜tɕiwa mi
klutɕ̑ɛ z ɔkna | alɛ kʲɛdɨ ɔnɛ udɛzʲiwɨ ɔ zɛmjɛ̃ʷ |
fpadʷɨ dɔ studʑɛnki kanalizatsɨʲneʲ ||]

2845

EN We had a morning meeting and a discussion about
what we should do.

PL Mieliśmy (♀miałyśmy) poranne spotkanie i dyskusję
o tym, co powinniśmy (♀powinnyśmy) zrobić.

ROM Mjeliśmy (♀mjawyśmy) poranne spotkańe i dyskusję
o tym, co povinńiśmy (♀povinnyśmy) zrobić.

IPA [mʲɛliɕmɨ (mʲawi̜ɕmɨ) pɔrannɛ spɔtkanʲɛ i diskusjɛ̃ʷ ɔ
tɨm | tsɔ pɔvinnʲi̜ɕmɨ (pɔvinni̜ɕmɨ) zrɔbitɕ ||]

2846

EN If you're worried about it, don't just sit there, do something about it.

PL Jeśli się tym martwisz, nie siedź tu, tylko zrób coś z tym.

ROM Jeśli śę tym martviš, ńe śedź tu, tylko zrub coś z tym.

IPA [jɛɕli ɕɛ̃ʷ tɨm martfiʂ | nʲɛ ɕɛtɕ tu | tɨlkɔ zrup tsɔɕ s tɨm ||]

2847

EN He's so selfish that he doesn't care about anybody else.

PL On jest tak egoistyczny, że nie obchodzi go nikt inny.

ROM On jest tak egoistyčny, že ńe obxodźi go ńikt inny.

IPA [ɔn jest tak ɛgɔistɨt͡ʂnɨ | ʐɛ nʲɛ ɔpxɔd͡ʑi gɔ nʲikt innɨ ||]

2848

EN You're an independent person and can make your own decisions. I don't care what you do.

PL Jesteś niezależną osobą i możesz podejmować własne decyzje. Nie obchodzi mnie co robisz.

ROM Jesteś ńezależną osobą i možeš podejmovać vwasne decyzje. Ńe obxodźi mńe co robiš.

IPA [jɛstɛɕ nʲɛzalɛʐnɔ̃ʷ ɔsɔbɔ̃ʷ i mɔʐɛʂ pɔdɛʲmɔvad͡ʑ vʷasnɛ dɛtsɨzʲɛ || nʲɛ ɔpxɔd͡ʑi mnʲɛ tsɔ rɔbiʂ ||]

2849

EN Would you care for a hot drink or some hot soup?

PL Chciałbyś (♀chciałabyś) coś gorącego do picia lub gorącą zupę?

ROM Xćawbyś (♀xćawabyś) coś gorącego do pića lub gorącą zupę?

IPA [xtɕaʷbɨɕ (xtɕawabɨɕ) tsɔʑ gɔrɔ̃ntsɛgɔ dɔ pitɕa lub gɔrɔ̃ntsɔ̃ʷ zupɛ̃ʷ ||]

2850

EN My grandfather is already ninety (90) years old and needs somebody to care for him, so we take turns looking after him.

PL Mój dziadek ma już dziewięćdziesiąt lat i potrzebuje kogoś, żeby o niego dbał. Więc opiekujemy się nim na zmianę.

ROM Muj dźadek ma już dźevjęćdźeśąt lat i potřebuje kogoś, żeby o ńego dbaw. Vjęc opjekujemy śę ńim na zmjanę.

IPA [muʲ dʑadɛk ma juʐ dʑɛvjɛ̃nʲdʑdʑɛɕɔ̃nt lat i pɔtʂɛbujɛ kɔgɔɕ | ʐɛbɨ ɔ nʲɛgɔ dbaʷ || vjɛ̃nts ɔpʲɛkujɛmɨ ɕɛ̃ʷ nʲim na zmʲanɛ̃ʷ ||]

2851

EN Vikram and Lakshmi both take turns taking care of their elderly parents.

PL Vikram i Lakshimi na zmianę opiekują się swoimi starszymi rodzicami.

ROM Vikram i Laksximi na zmjanę opjekują śę svoimi staršymi rodźicami.

IPA [(…) i laksximi na zmʲanɛ̃ʷ ɔpʲɛkuʲɔ̃ʷ ɕɛ̃ʷ sfɔimi starʂɨmi rɔdʑitsami ||]

2852

EN I'll take care of all the travel arrangements so you don't need to worry about anything.

PL Zajmę się wszystkimi planami podróży, więc nie musisz martwić się o nic.

ROM Zajmę śę všystkimi planami podružy, vjęc ńe muśiš martvić śę o ńic.

IPA [zaʲmɛ̃ʷ ɕɛ̃ʷ fʂɨstkimi planami pɔdruʑ‿ | vjɛ̃nts nʲɛ muɕiʂ martfitɕ ɕɛ̃ʷ ɔ nʲits ||]

2853

EN Why don't you apply FOR this job? — I'd like to apply TO university instead.

PL Dlaczego nie chcesz aplikować do tej pracy? — Zamiast, chciałbym (♀chciałabym) aplikować na uniwersytet.

ROM Dlačego ńe xceš aplikovać do tej pracy? — Zamjast, xćawbym (♀xćawabym) aplikovać na uńiversytet.

IPA [dla͡tʂɛgɔ nʲɛ xtsɛʂ aplikɔvad͡ʑ dɔ tɛʲ pratsɨ || — zamʲast | xt͡ɕaᵂbɨm (xt͡ɕawabɨm) aplikɔvat͡ɕ na unʲiversɨtet ||]

2854

EN You should leave FOR work earlier so you get there on time.

PL Powinieneś (♀powinnaś) wychodzić do pracy wcześniej, żebyś był (♀była) tam na czas.

ROM Povińeneś (♀povinnaś) vyxodźić do pracy včeśńej, żebyś byw (♀bywa) tam na čas.

IPA [pɔvinʲɛnɛɕ (pɔvinnaɕ) vɨxɔd͡ʑid͡ʑ dɔ pratsɨ ft͡ʂɛɕnʲɛʲ | zɛbɨʑ bɨᵂ (bɨwa) tam na t͡ʂas ||]

2855

EN What kind of person have you dreamed of becoming?

PL Jaką osobą chciałbyś (♀chciałabyś) się stać?

ROM Jaką osobą xćawbyś (♀xćawabyś) śę stać?

IPA [jakɔ̃ᵂ ɔsɔbɔ̃ᵂ xt͡ɕaᵂbɨɕ (xt͡ɕawabɨɕ) ɕɛ̃ᵂ stat͡ɕ ||]

2856

EN My father heard from an old friend in high school last night.

PL Do mojego taty ostatniego wieczoru odezwał się stary przyjaciel ze szkoły średniej.

ROM Do mojego taty ostatńego vječoru odezvaw śę stary přyjaćel ze škowy średńej.

IPA [dɔ mɔjɛgɔ tatɨ ɔstatnʲɛgɔ vʲet͡ʂɔru ɔdɛzvaʷ ɕɛ̃ʷ starɨ pʂɨjat͡ɕɛl zɛ ʂkɔwɨ ɕrɛdnʲɛʲ ‖]

2857

EN You remind me of my mother's kindness.

PL Swoją uprzejmością przypominasz mi moją mamę.

ROM Svoją upřejmośćą přypominaš mi moją mamę.

IPA [sfɔʲɔ̃ʷ upʂɛʲmɔɕt͡ɕɔ̃ʷ pʂɨpɔminaʂ mi mɔʲɔ̃ʷ mamɛ̃ʷ ‖]

2858

EN That's a good idea. Why didn't I think of that?

PL To dobry pomysł. Dlaczego o tym nie pomyślałem (♀pomyślałam)?

ROM To dobry pomysw. Dlačego o tym ńe pomyślawem (♀pomyślawam)?

IPA [tɔ dɔbrɨ pɔmɨsw ‖ dlat͡ʂɛgɔ ɔ tɨm nʲɛ pɔmɨɕlawɛm (pɔmɨɕlawam) ‖]

2859

EN I'm glad you reminded me about the meeting, because I'd totally forgotten about it.

PL Cieszę się, że przypomniałeś (♀przypomniałaś) mi o spotkaniu, bo zupełnie bym o tym zapomniał (♀zapomniała).

ROM Ćešę šę, že přypomńaweś (♀přypomńawaś) mi o spotkańu, bo zupewńe bym o tym zapomńaw (♀zapomńawa).

IPA [tɕɛʂɛ̃ʷ ɕɛ̃ʷ | zɛ pʂɨpɔmnʲawɛɕ (pʂɨpɔmnʲawaɕ) mi ɔ spɔtkanʲu | bɔ zupɛʷnʲɛ bɨm ɔ tɨm zapɔmnʲaʷ (zapɔmnʲawa) ||]

2860

EN I'd like to complain to the manager about your service.

PL Chciałbym (♀chciałabym) złożyć skargę do menedżera na twoje (♀wasze) usługi.

ROM Xćawbym (♀xćawabym) zwożyć skargę do menejera na tvoje (♀vaše) uswugi.

IPA [xtɕaʷbɨm (xtɕawabɨm) zʷɔʑɨtɕ skargɛ̃ʷ dɔ mɛnɛd͡ʐɛra na tfɔjɛ (vaʂɛ) usʷugi ||]

2861

EN Samiya was complaining of a pain in her tummy, so we advised her to see a doctor as soon as possible.

PL Samiya narzekała na ból brzucha, więc doradziłem (♀doradziłam) jej, żeby poszła do lekarza tak szybko, jak to możliwe.

ROM Samiya nařekawa na bul břuxa, vjęc doradźiwem (♀doradźiwam) jej, żeby poswa do lekařa tak šybko, jak to možlive.

IPA [(…) naʐɛkawa na bul bʐuxa | vjɛ̃ʥ dɔraʥiwɛm (dɔraʥiwam) jeʲ | zɛbɨ pɔʂʷa dɔ lɛkaʐa tak ʂɨpkɔ | jak tɔ mɔʐ̟livɛ ||]

2862

EN I knew he was strange because everybody had warned me about him.

PL Wiedziałem (♀wiedziałam), że jest dziwny, bo każdy mnie przed nim ostrzegał.

ROM Vjedźawem (♀vjedźawam), że jest dźivny, bo każdy mńe před ńim ostřegaw.

IPA [vʲɛʥawɛm (vʲɛʥawam) | zɛ jɛzd ʥivnɨ | bɔ kaʐdɨ mnʲɛ pʂɛd nʲim ɔstʂɛgaʷ ||]

2863

EN Scientists continue to warn us about the effects of global warming.

PL Naukowcy wciąż nas ostrzegają o skutkach globalnego ocieplenia.

ROM Naukovcy vćąż nas ostřegają o skutkax globalnego oćepleńa.

IPA [naukɔftsɨ ftɕɔ̃nz̧ nas ɔstʂɛgaʲɔ̃ʷ ɔ skutkaɣ glɔbalnɛgɔ ɔtɕɛplɛnʲa ||]

2864

EN She accused me of being selfish.

PL Oskarżyła mnie o bycie egoistą.

ROM Oskarżywa mńe o byće egoistą.

IPA [ɔskarʐɨwa mnʲɛ ɔ bɨtɕɛ ɛgɔistɔ̃ʷ ||]

2865

EN After discovering he had been wrongly accused of murder, the authorities let him out of prison.

PL Po odkryciu, że był niesłusznie oskarżony o morderstwo, władze wypuściły go z więzienia.

ROM Po odkryću, że byw ńeswušńe oskarżony o morderstvo, vwadze vypuśćiwy go z vjęźeńa.

IPA [pɔ ɔtkrɨtɕu | ʑɛ bɨʷ nʲɛsʷuʂnʲɛ ɔskarʐɔnɨ ɔ mɔrdɛrstfɔ | vʷadʑɛ vɨpuɕtɕiwɨ gɔ z vjɛ̃nʲʐɛnʲa ||]

2866

EN Some students were suspected of cheating on the exam.

PL Niektórzy uczniowie byli podejrzewani o ściąganie na egzaminie.

ROM Ńektuřy učńovje byli podejřevańi o śćągańe na egzamińe.

IPA [nʲɛktuʑɨ u͡tʂnʲɔvʲɛ bɨli pɔdɛʲʑɛvanʲi ɔ ɕt͡ɕɔ̃ŋganʲɛ na ɛgzaminʲɛ ||]

2867

EN His parents don't approve of what he does, but they can't stop him.

PL Jego rodzice nie akceptują tego, co on robi, ale nie mogą go powstrzymać.

ROM Jego rodźice ńe akceptują tego, co on robi, ale ńe mogą go povstřymać.

IPA [jɛgɔ rɔd͡ʑit͡sɛ nʲɛ aktsɛptuʲɔ̃ʷ tɛgɔ | t͡sɔ ɔn rɔbi | alɛ nʲɛ mɔgɔ̃ʷ gɔ pɔfst͡ʂɨmat͡ɕ ||]

2868

EN The famous actor died OF a heart attack when he was only fifty-one (51).

PL Sławny aktor zmarł z powodu zawału serca, kiedy miał tylko pięćdziesiąt jeden lat.

ROM Swavny aktor zmarw z povodu zavawu serca, kjedy mjaw tylko pjęćdźeśąt jeden lat.

IPA [sʷavnɨ aktɔr zmarw s pɔvɔdu zavawu sɛrtsa | kʲɛdɨ mʲaʷ tɨlkɔ pjɛ̃ʲd͡ʑd͡ʑɛɕɔ̃nt jɛdɛn lat ||]

2869

EN He died FROM heart disease.

PL On zmarł z powodu choroby serca.
ROM On zmarw z povodu xoroby serca.
IPA [ɔn zmarw s pɔvɔdu xɔrɔbɨ sɛrtsa ||]

2870

EN Our meal consisted of seven (7) courses.

PL Nasz posiłek składał się z siedmiu dań.
ROM Naš pośiwek skwadaw śę z śedmju dań.
IPA [naʂ pɔɕiwɛk skʷadaʷ ɕɛ̃ʷ s ɕedmʲu danʲ ||]

2871

EN Water consists of hydrogen oxide.

PL Woda składa się z tlenku wodoru.
ROM Voda skwada śę z tlenku vodoru.
IPA [vɔda skʷada ɕɛ̃ʷ s tlɛnku vɔdɔru ||]

2872

EN Cake consists mainly of sugar, flour, and butter.

PL Ciasto składa się głównie z cukru, mąki i masła.
ROM Ćasto skwada śę gwuvńe z cukru, mąki i maswa.
IPA [tɕastɔ skʷada ɕɛ̃ʷ gʷuvnʲɛ s tsukru | mɔ̃ŋki i masʷa
     ||]

2873

EN I didn't have enough money to pay for the meal.

PL Nie miałem (♀miałam) wystarczająco pieniędzy,
żeby zapłacić za posiłek.

ROM Ńe mjawem (♀mjawam) vystarčająco pjeńędzy, żeby
zapwaćić za pośiwek.

IPA [nʲɛ mʲawɛm (mʲawam) vɨstartʂaʲɔ̃ntsɔ pʲenʲɛ̃nʥɨ |
z̃ɛbɨ zapʷatɕiʥ za pɔɕiwɛk ||]

2874

EN I didn't have enough money to pay the rent.

PL Nie miałem (♀miałam) wystarczająco pieniędzy,
żeby zapłacić czynsz.

ROM Ńe mjawem (♀mjawam) vystarčająco pjeńędzy, żeby
zapwaćić čynš.

IPA [nʲɛ mʲawɛm (mʲawam) vɨstartʂaʲɔ̃ntsɔ pʲenʲɛ̃nʥɨ |
z̃ɛbɨ zapʷatɕitɕ t͡ʂɨnʂ ||]

2875

EN When you went to the movies with your boyfriend,
did he pay for the tickets?

PL Kiedy poszłaś do kina z chłopakiem, czy on zapłacił
za bilety?

ROM Kjedy pošwaś do kina z xwopakjem, čy on zapwaćiw
za bilety?

IPA [kʲedɨ pɔʂʷaʑ dɔ kina s xʷɔpakʲɛm | t͡ʂɨ ɔn zapʷatɕiʷ
za bilɛtɨ ||]

2876

EN I couldn't pay the minimum amount on my credit card bill.

PL Nie mogłem (♀mogłam) zapłacić minimalnej kwoty z rachunku mojej karty kredytowej.

ROM Ńe mogwem (♀mogwam) zapwaćić mińimalnej kvoty z raxunku mojej karty kredytovej.

IPA [nʲɛ mɔgʷɛm (mɔgʷam) zapʷatɕitɕ minʲimalnɛʲ kfɔtɨ z raxunku mɔjeʲ kartɨ krɛdɨtɔvɛʲ ||]

2877

EN After doing a homestay in England, I thanked my hosts for their kind hospitality.

PL Po pobycie w Anglii, dziękowałem (♀dziękowałam) gospodarzom za ich uprzejmą gościnność.

ROM Po pobyće v Anglii, dźękovawem (♀dźękovawam) gospodařom za ix upřejmą gośćinność.

IPA [pɔ pɔbɨtɕe v anglii | dʑɛ̃ŋkɔvawɛm (dʑɛ̃ŋkɔvawam) gɔspɔdazɔm za ix upʂɛʲmɔ̃ʷ gɔɕtɕinnɔɕtɕ ||]

2878

EN It's difficult to forgive a murderer for his crimes.

PL Trudno jest wybaczyć mordercy jego przestępstwa.

ROM Trudno jest vybačyć mordercy jego přestępstva.

IPA [trudnɔ jɛzd vɨbatʂɨtɕ mɔrdɛrtsɨ jɛgɔ pʂɛstɛ̃mpstfa ||]

2879

EN No matter how much a murderer apologizes for what
he's done, it doesn't bring the victims back.

PL Nieważne jak bardzo morderca przepraszam za to, co
zrobił, to nie przywróci życia ofiarom.

ROM Ńevažne jak bardzo morderca přeprašam za to, co
zrobiw, to ńe přyvrući žyća ofjarom.

IPA [nʲevaz̦ɲe jag bardzɔ mɔrdɛrtsa pʂɛpraʂam za tɔ | tsɔ
zrɔbiʷ | tɔ nʲɛ pʂɨvrutɕi z̦i̦tɕa ɔfʲarɔm ||]

2880

EN The misunderstanding was my fault, so I apologized.
> I apologized for the misunderstanding.

PL Nieporozumienie było z mojej winy, więc
przeprosiłem (♀przeprosiłam). > Przeprosiłem
(♀przeprosiłam) za nieporozumienie.

ROM Ńeporozumjeńe bywo z mojej viny, vjęc
přeprośiwem (♀přeprośiwam). > Přeprośiwem
(♀přeprośiwam) za ńeporozumjeńe.

IPA [nʲepɔrɔzumʲenʲɛ bɨwɔ z mɔjeʲ vinɨ | vjẽnts
pʂɛprɔɕiwem (pʂɛprɔɕiwam) || > pʂɛprɔɕiwem
(pʂɛprɔɕiwam) za nʲepɔrɔzumʲenʲɛ ||]

2881

EN Don't blame your behavior on your sister. You owe her an apology.

PL Nie wiń swojej siostry za twoje zachowanie. Jesteś jej winien (♀winna) przeprosiny.

ROM Ńe viń svojej śostry za tvoje zaxovańe. Jesteś jej vińen (♀vinna) přeprośiny.

IPA [nʲɛ vinʲ sfɔjeʲ ɕɔstrɨ za tfɔjɛ zaxɔvanʲɛ || jɛstɛɕ jeʲ vinʲen (vinna) pʂɛprɔɕinɨ ||]

2882

EN She always says everything is my fault. > She always blames me for everything.

PL Ona zawsze mówi, że wszystko to moja wina. > Ona zawsze wini mnie za wszystko.

ROM Ona zavše muvi, že všystko to moja vina. > Ona zavše vińi mńe za všystko.

IPA [ɔna zafʂɛ muvi | ʐɛ fʂɨstkɔ tɔ mɔja vina || > ɔna zafʂɛ vinʲi mnʲɛ za fʂɨstkɔ ||]

2883

EN Do you blame the government for the economic crisis? > I think everybody wants to blame the government for the economic crisis.

PL Winisz rząd za kryzys ekonomiczny? > Myślę, że każdy chce winić rząd za kryzys ekonomiczny.

ROM Vińiš řąd za kryzys ekonomičny? > Myślę, że każdy xce vińić řąd za kryzys ekonomičny.

IPA [vinʲiz̦ z̃ɔnd za krɨzɨs ɛkɔnɔmít͡ʂnɨ || > mɨɕlɛ̃ʷ | z̦ɛ kaz̦dɨ xtsɛ vinʲidʑ z̃ɔnd za krɨzɨs ɛkɔnɔmít͡ʂnɨ ||]

2884

EN The number of people suffering from heart disease has increased. > The number of heart disease sufferers has increased.

PL Liczba osób cierpiących na choroby serca wzrosła. > Liczba chorych na serce wzrosła.

ROM Lična osub ćerpjącyx na xoroby serca vzroswa. > Lična xoryx na serce vzroswa.

IPA [lid͡ʑba ɔsup t͡ɕɛrpjɔ̃ntsɨx na xɔrɔbɨ sɛrtsa vzrɔsʷa || > lid͡ʑba xɔrɨx na sɛrtsɛ vzrɔsʷa ||]

2885

EN I think the increase in violent crime is the fault of television. > I blame the increase in violent crime on television.

PL Myślę, że wzrost liczby przestępstw opartych na przemocy jest winą telewizji. > Winię telewizję za wzrost liczby przestępstw opartych na przemocy.

ROM Myślę, że vzrost ličby přestępstv opartyx na přemocy jest viną televizi. > Vińę televizję za vzrost ličby přestępstv opartyx na přemocy.

IPA [miçlɛ̃ʷ | zɛ vzrɔst liʥbɨ pşɛstɛ̃mpstf ɔpartɨx na pşɛmɔtsɨ jɛzd vinɔ̃ʷ tɛlɛvizi || > vinʲɛ̃ʷ tɛlɛvizjɛ̃ʷ za vzrɔst liʥbɨ pşɛstɛ̃mpstf ɔpartɨx na pşɛmɔtsɨ ||]

2886

EN I think the increase in suicides recently is to be blamed on the economy.

PL Myślę, że ostatni wzrost liczby samobójstw jest winą gospodarki.

ROM Myślę, że ostatńi vzrost ličby samobujstv jest viną gospodarki.

IPA [miçlɛ̃ʷ | zɛ ɔstatnʲi vzrɔst liʥbɨ samɔbuʲstf jɛzd vinɔ̃ʷ gɔspɔdarki ||]

2887

EN My mother suffers from bad headaches.

PL Moja mama cierpi na okropne bóle głowy.

ROM Moja mama ćerpi na okropne bule gwovy.

IPA [mɔja mama tɕerpi na ɔkrɔpnɛ bulɛ gʷɔvɨ ||]

2888

EN   Sunblock protects the skin from the harmful effects of the sun's ultraviolet (UV) rays.

PL   Filtr przeciwsłoneczny chroni skórę przed szkodliwymi efektami promieniowania słonecznego UV.

ROM   Filtr přećivswonečny xrońi skurę před škodlivymi efektami promjeńovańa swonečnego UV.

IPA   [filtr pşɛtɕifsʷɔnet͡şnɨ xrɔnʲi skurɛ̃ʷ pşɛt şkɔdlivɨmi ɛfɛktami prɔmʲɛnʲɔvanʲa sʷɔnet͡şnɛgɔ uf ‖]

2889

EN   The rock star needs a bodyguard to protect him from crazy fans.

PL   Gwiazda rocka potrzebuje ochroniarza do ochrony przed szalonymi fanami.

ROM   Gvjazda rocka potřebuje oxrońařa do oxrony před šalonymi fanami.

IPA   [gvʲazda rɔtska pɔtşɛbujɛ ɔxrɔnʲaza dɔ ɔxrɔnɨ pşɛt şalɔnɨmi fanami ‖]

2890

EN I don't know when I'll get home, as it depends on traffic conditions.

PL Nie wiem kiedy dotrę do domu, ponieważ to zależy od korków.

ROM Ńe vjem kjedy dotrę do domu, pońevaž to zależy od korkuv.

IPA [nʲɛ vʲɛm kʲɛdɨ dɔtrɛ̃ʷ dɔ dɔmu | pɔnʲɛvaʂ tɔ zalɛʐɨ ɔt kɔrkuf ‖]

2891

EN Everybody relies on her because she always keeps her promises.

PL Każdy na niej polega, bo ona zawsze dotrzymuje obietnic.

ROM Každy na ńej polega, bo ona zavše dotřymuje objetńic.

IPA [kazdɨ na nʲɛʲ pɔlega | bɔ ɔna zafʂe dɔtʂɨmuje ɔbʲɛtnʲits ‖]

2892

EN His salary is so low that he doesn't have enough to live on.

PL Jego wynagrodzenie jest tak niskie, że on nie ma wystarczająco na życie.

ROM Jego vynagrodzeńe jest tak ńiskje, že on ńe ma vystarčająco na žyće.

IPA [jɛgɔ vɨnagrɔdzɛnʲe jest tak nʲiskʲɛ | zɛ ɔn nʲe ma vɨstartʂaʲɔ̃ntsɔ na zɨtɕɛ ‖]

2893

EN She is a very simple woman, and lives on just bread and eggs.

PL Ona jest bardzo prostą kobietą i żyje tylko na chlebie i jajkach.

ROM Ona jest bardzo prostą kobjetą i żyje tylko na xlebje i jajkax.

IPA [ɔna jɛzd barʣɔ prɔstɔ̃ʷ kɔbʲɛtɔ̃ʷ i ʐɨjɛ tɨlkɔ na xlɛbʲɛ i jaʲkax ||]

2894

EN We held a party to congratulate my sister on being admitted to law school.

PL Zorganizowaliśmy imprezę, żeby pogratulować mojej siostrze dostania się do szkoły prawniczej.

ROM Zorgańizovaliśmy imprezę, żeby pogratulovać mojej śostře dostańa śę do škowy pravńičej.

IPA [zɔrganʲizɔvaliɕmɨ imprɛzɛ̃ʷ | ʐɛbɨ pɔgratulɔvatɕ mɔjɛʲ ɕɔstʂɛ dɔstanʲa ɕɛ̃ʷ dɔ ʂkɔvɨ pravnʲit͡ʂɛʲ ||]

2895

EN I congratulated my brother for winning the tennis tournament.

PL Pogratulowałem (♀pogratulowałam) mojemu bratu wygrania turnieju tenisowego.

ROM Pogratulovavem (♀pogratulovavam) mojemu bratu vygrańa turńeju teńisovego.

IPA [pɔgratulɔvavɛm (pɔgratulɔvavam) mɔjɛmu bratu vɨgranʲa turnʲeju tenʲisɔvɛgɔ ||]

2896

EN You know you can rely on me if you ever need any help.

PL Wiesz, że możesz na mnie polegać, jeśli kiedykolwiek potrzebujesz pomocy.

ROM Vješ, že možeš na mńe polegać, jeśli kjedykolvjek potřebuješ pomocy.

IPA [vʲɛʂ | ʐɛ mɔʐɛʂ na mnʲɛ pɔlɛgatɕ | jɛɕli kʲɛdɨkɔlvʲɛk pɔtʂɛbujɛʂ pɔmɔtsɨ ||]

2897

EN It's terrible that some people are dying of hunger while others eat too much.

PL To straszne, że niektórzy ludzie umierają z głodu, podczas gdy inni jedzą zbyt dużo.

ROM To strašne, že ńektuřy ludźe umjerają z gwodu, podčas gdy inńi jedzą zbyt dužo.

IPA [tɔ straʂnɛ | ʐɛ nʲɛktuʐɨ ludʑɛ umʲɛraʲɔ̃ʷ z gʷɔdu | pɔtʂaz gdɨ innʲi jɛdʑɔ̃ʷ zbɨd duʐɔ ||]

2898

EN The accident was my fault, so I had to pay for the repairs.

PL Ten wypadek był z mojej winy, więc musiałem (♀musiałam) zapłacić za naprawdę.

ROM Ten vypadek byw z mojej viny, vjęc muśawem (♀muśawam) zapwaćić za napravdę.

IPA [tɛn vɨpadɛg bɨʷ z mɔjeʲ vinɨ | vjɛ̃nts muɕawɛm (muɕawam) zapʷatɕidʑ za napravdɛ̃ʷ ||]

2899

EN Her speech in English was impeccable, so I complimented her afterwards.

PL Jej przemowa po angielsku była bezbłędna, więc pochwaliłem (♀pochwaliłam) ją później.

ROM Jej přemova po angjelsku bywa bezbwędna, vjęc poxvaliwem (♀poxvaliwam) ją puźńej.

IPA [jeʲ pʂɛmɔva pɔ angʲɛlsku bɨwa bɛzbwɛ̃ndna | vjɛ̃ts pɔxfaliwɛm (pɔxfaliwam) jɔ̃ʷ puʐnʲeʲ ||]

2900

EN Since she doesn't have a job, she depends on her parents for money.

PL Ponieważ ona nie ma pracy, polega na pieniądzach od rodziców.

ROM Pońevaž ona ńe ma pracy, polega na pjeńądzax od rodźicuv.

IPA [pɔnʲevaz̪ ɔna nʲɛ ma pratsɨ | pɔlɛga na pʲɛnʲɔ̃ndʑax ɔd rɔdʑitsuf ||]

GMS #2901 - 3000

2901

EN They wore warm clothes to protect themselves from the cold.

PL Oni (♀one) mieli (♀miały) na sobie ciepłe ubrania, żeby chronić się od zimna.

ROM Ońi (♀one) mjeli (♀mjawy) na sobje ćepwe ubraña, żeby xrońić śę od źimna.

IPA [ɔnʲi (ɔnɛ) mʲɛli (mʲawɨ) na sɔbʲɛ tɕɛpʷɛ ubranʲa | zɛbɨ xrɔnʲitɕ ɕɛ̃ʷ ɔd zimna ||]

2902

EN All their sweaters and blankets were not enough to prevent them from getting sick though.

PL Jednak ich wszystkie swetry i koce nie wystarczyły, żeby ochronić ich od zachorowania.

ROM Jednak ix všystkje svetry i koce ńe vystarčywy, żeby oxrońić ix od zaxorovaña.

IPA [jɛdnak ix fʂɨstkʲɛ sfɛtrɨ i kɔtsɛ nʲɛ vistartʂɨwɨ | zɛbɨ ɔxrɔnʲitɕ ix ɔd zaxɔrɔvanʲa ||]

2903

EN I believe in saying what I think.

PL Mówię to, co myślę.

ROM Muvję to, co myślę.

IPA [muvjɛ̃ʷ tɔ | tsɔ mɨɕlɛ̃ʷ ||]

2904

EN Karim is a lawyer who specializes in company law.

PL Karim jest prawnikiem, który specjalizuje się w prawie handlowym.

ROM Karim jest pravńikjem, ktury specjalizuje śę v pravje xandlovym.

IPA [(…) jest pravn^{j}ik^{j}em | kturɨ spets^{j}alizuje ɕɛ̃^{w} f prav^{j}ɛ xandlɔvɨm ||]

2905

EN I hope you succeed in finding the job you want.

PL Mam nadzieję, że odniesiesz sukces w szukaniu wymarzonej pracy.

ROM Mam nadźeję, że odńeśeš sukces v šukańu vymařonej pracy.

IPA [mam nadʑe^{j}ɛ̃^{w} | zɛ ɔdn^{j}eɕeʂ suktsɛs f ʂukan^{j}u vɨmazɔne^j pratsɨ ||]

2906

EN He lost control of his car and crashed it into the highway barrier.

PL On stracił kontrolę nad samochodem i uderzył w barierkę na autostradzie.

ROM On straćiw kontrolę nad samoxodem i udeřyw v barjerkę na autostradźe.

IPA [ɔn stratɕi^w kɔntrɔlɛ̃^{w} nat samɔxɔdem i udɛʑɨ^w v bar^{j}erkɛ̃^{w} na autɔstradʑɛ ||]

2907

EN Megan and I ran into each other on the subway on Monday.

PL Megan i ja wpadliśmy (♀wpadłyśmy) na siebie w przejściu podziemnym w poniedziałek.

ROM Megan i ja vpadliśmy (♀vpadwyśmy) na śebje v přejśću podźemnym v pońedźawek.

IPA [(…) i ja fpadlięmɨ (fpadʷięmɨ) na ɕɛbʲɛ f pʂɛʲɕtɕu pɔdʑɛmnɨm f pɔnʲɛdʑawɛk ‖]

2908

EN His novels have been translated from English into thirty (30) languages.

PL Jego powieści zostały przetłumaczone z angielskiego na trzydzieści języków.

ROM Jego povjeśći zostawy přetwumačone z angjelskjego na třydźeśći językuv.

IPA [jɛgɔ pɔvʲɛɕtɕi zɔstawɨ pʂɛdʷumat͡sɔnɛ z angʲɛlskʲɛgɔ na tʂɨdʑɛɕtɕi jɛ̃nzɨkuf ‖]

2909

EN This book is divided into three (3) parts.

PL Ta książka jest podzielona na trzy części.

ROM Ta kśążka jest podźelona na třy čęśći.

IPA [ta kɕɔ̃ʂka jɛst pɔdʑɛlɔna na tʂɨ t͡ʂɛ̃nʲɕtɕi ‖]

2910

EN I threw the coconut onto the rock again, and it finally split open.

PL Rzuciłem (♀rzuciłam) znowu kokosem w skałę i nareszcie rozdzielił się na pół.

ROM Řućiwem (♀řućiwam) znovu kokosem v skawę i narešće rozdźeliw śę na puw.

IPA [z̦ut͡ɕiwɛm (z̦ut͡ɕiwam) znɔvu kɔkɔsɛm f skaʷɛ̃ʷ i narɛ̃șt͡ɕɛ rɔzd̦z̦eliʷ ɕɛ̃ʷ na puʷ ||]

2911

EN A truck collided with a bus on the highway this morning, causing a five-car pile-up.

PL Ciężarówka miała kolizję z autobusem na autostradzie tego ranka, powodując karambol pięciu samochodów.

ROM Ćężaruvka mjawa kolizję z autobusem na autostradźe tego ranka, povodując karambol pjęću samoxoduv.

IPA [t͡ɕɛ̃nz̦arufka mʲawa kɔlizjɛ̃ʷ z autobusɛm na autɔstrad̦z̦ɛ tɛgɔ ranka | pɔvɔduʲɔ̃nts karambɔl pjɛ̃ʲt͡ɕu samɔxɔduf ||]

2912

EN Please fill this pot with water and put it on the stove to boil.

PL Proszę napełnij ten rondel wodą i postaw na kuchence, żeby się zagotowała.

ROM Prošę napewńij ten rondel vodą i postav na kuxence, żeby śę zagotovawa.

IPA [prɔʂɛ̃ʷ napɛʷnʲiʲ tɛn rɔndɛl vɔdɔ̃ʷ i pɔstav na kuxɛntsɛ | ʐɛbɨ ɕɛ̃ʷ zagɔtɔvawa ||]

2913

EN Our parents provide us with food, clothing, education, healthcare and love.

PL Nasi rodzice zapewniają nam jedzenie, ubrania, wykształcenie, opiekę zdrowotną i miłość.

ROM Naśi rodźice zapevńają nam jedzeńe, ubrańa, vykštawceńe, opjekę zdrovotną i miwość.

IPA [naɕi rɔdʑitsɛ zapevnʲaʲɔ̃ʷ nam jɛdʑɛnʲɛ | ubranʲa | vɨkʂtaʷtsɛnʲɛ | ɔpʲɛkɛ̃ʷ zdrɔvɔdnɔ̃ʷ i miwɔɕtɕ ||]

2914

EN Our teachers provide us with an education necessary for competing in the real world.

PL Nasi nauczyciele zapewniają nam wykształcenie niezbędne do konkurowania z innymi w prawdziwym świecie.

ROM Naśi naučyćele zapevńają nam vykštawceńe ńezbędne do konkurovańa z innymi v pravdźivym śvjeće.

IPA [naçi nau͡tʂi̥tɕɛlɛ zapɛvnʲaʲɔ̃ʷ nam vi̥kʂtaʷtsɛnʲɛ nʲɛzbẽndnɛ dɔ kɔnkurɔvanʲa z inni̥mi f pravd͡ʑivi̥m ɕfʲɛtɕɛ ‖]

2915

EN Whatever happened to that murder case? Did the police end up finding the killer?

PL Co się stało ze sprawą morderstwa? Czy policja przestała szukać zabójcy?

ROM Co śę stawo ze spravą morderstva? Čy policja přestawa šukać zabujcy?

IPA [tsɔ ɕɛ̃ʷ stawɔ zɛ spravɔ̃ʷ mɔrdɛrstfa ‖ t͡ʂi̥ pɔlit͡sʲa pʂɛstawa ʂukad͡ʑ zabuʲtsi̥ ‖]

2916

EN They happened to come across an important piece of evidence, and now he's in prison.

PL Oni przypadkowo natrafili na ważny dowód i zabójca jest teraz w więzieniu.

ROM Ońi přypadkovo natrafili na važny dovud i zabujca jest teraz v vjęźeńu.

IPA [ɔnʲi pşɨpatkɔvɔ natrafili na vazn̦ɨ dɔvud i zabuʲtsa jɛst tɛraz v vjɛ̃nʲʑɛnʲu ‖]

2917

EN I wanted to stay home, but my friends insisted on my coming.

PL Chciałem (♀chciałam) zostaćw domu, ale moi przyjaciele nalegali, żebym przyszedł (♀przyszła).

ROM Xćawem (♀xćawam) zostaćv domu, ale moi přyjaćele nalegali, žebym přyšedw (♀přyšwa).

IPA [xtɕawɛm (xtɕawam) zɔstadʑv dɔmu | alɛ mɔi pşɨjatɕɛlɛ nalɛgali | zɛbɨm pşɨşɛdw (pşɨşʷa) ‖]

2918

EN How much time do you spend on your English assignments every day?

PL Jak dużo czasu spędzasz codziennie na zadaniach z angielskiego?

ROM Jak dužo času spędzaš codźeńńe na zadańax z angjelskjego?

IPA [jag duzↄ t͡şasu spɛ̃dʑaş tsɔdʑɛnnʲɛ na zadanʲaɣ z angʲɛlskʲɛgↄ ‖]

2919

EN If you have trash that can be recycled, throw it away in the proper bins.

PL Jeśli masz śmieci, które mogą być przetworzone, wyrzuć je do odpowiednich koszy.

ROM Jeśli maš śmjeći, kture mogą być přetvořone, vyřuć je do odpovjedńix košy.

IPA [jeçli maş çmʲɛtçi | kturɛ mɔgɔ̃ʷ bɨtç pşɛtfɔʑɔnɛ | viʑutç jɛ dɔ ɔtpɔvʲɛdnʲix kɔşɨ ||]

2920

EN Take your shoes off before coming inside my house, and please don't wake the baby up.

PL Zdejmij buty przed wejściem do mojego domu i proszę nie obudź dziecka.

ROM Zdejmij buty před vejśćem do mojego domu i prošę ńe obudź dźecka.

IPA [zdɛʲmiʲ butɨ pşɛd vɛʲçtçɛm dɔ mɔjɛgɔ dɔmu i prɔşɛ̃ʷ nʲɛ ɔbudʑ dʑɛtska ||]

2921

EN The fridge isn't working because you haven't plugged it in properly.

PL Lodówka nie działa, ponieważ nie podłączyłeś (♀podłączyłaś) jej właściwie.

ROM Loduvka ńe dźawa, pońevaž ńe podwączyweś (♀podwączywaś) jej vwaśćivje.

IPA [lɔdufka nʲɛ dʑawa | pɔnʲɛvaʑ nʲɛ pɔdwɔ̃nt͡şɨwɛç (pɔdwɔ̃nt͡şɨwaç) jɛʲ vʷaçtçivʲɛ ||]

2922

EN Xavier went to college but dropped out after a couple semesters. He's what we call a college drop-out.

PL Xavier poszedł do koledżu, ale rzucił szkołę po paru semestrach.

ROM Xavier pošedw do koleju, ale řućiw škowę po paru semestrax.

IPA [(…) pɔşedw dɔ kɔlɛd͡ʐu | alɛ ʐutɕiᵂ ʂkɔᵂɛ̃ᵂ pɔ paru sɛmɛstrax ||]

2923

EN What did you get out of your college education? — Besides a professional degree, I also made many friends for life.

PL Co wyniosłeś ze swojej edukacji w koledżu? — Poza dyplomem zawodowym, zdobyłem wielu przyjaciół na całe życie.

ROM Co vyńosweś ze svojej edukaci v koleju? — Poza dyplomem zavodovym, zdobywem vjelu přyjaćuw na cawe žyće.

IPA [tsɔ vɨnʲɔsᵂɛʐ zɛ sfɔjeʲ ɛdukatsi f kɔlɛd͡ʐu || — pɔza dɨplɔmɛm zavɔdɔvɨm | zdɔbɨwɛm vʲɛlu pʂɨjatɕuᵂ na tsawɛ ʐɨ̡tɕɛ ||]

2924

EN   I'd promised I'd attend her wedding, now there's nothing I can do to get out of it.

PL   Obiecałem (♀obiecałam), że przyjdę na jej ślub, teraz nie mogę nic zrobić, żeby się od tego wymigać.

ROM Objecawem (♀objecawam), że přyjdę na jej ślub, teraz ńe mogę ńic zrobić, żeby śę od tego vymigać.

IPA [ɔbʲɛtsawɛm (ɔbʲɛtsawam) | zɛ pʂɨʲdɛ̃ʷ na jeʲ ɕlup | teraz nʲɛ mɔgɛ̃ʷ nʲidʑ zrɔbitɕ | zɛbɨ ɕɛ̃ʷ ɔt tegɔ vɨmigatɕ ||]

2925

EN   The police outsmarted the murderer; he simply couldn't get away with murder.

PL   Policja przechytrzyła mordercę; on po prostu nie mógł uciec z miejsca morderstwa.

ROM Policja přexytřywa mordercę; on po prostu ńe mugw ućec z mjejsca morderstva.

IPA [politsʲa pʂɛxɨtʂɨwa mɔrdɛrtsɛ̃ʷ | ɔn pɔ prɔstu nʲɛ mugw utɕɛdʑ z mʲeʲstsa mɔrdɛrstfa ||]

2926

EN You can tell Tomoko works out at the gym every day because she looks great. She jogs, takes a yoga class, does aerobics, and lifts weights.

PL Można zgadnąć, że Tomoko ćwiczy na siłowni codziennie, bo świetnie wygląda. Ona biega, chodzi na jogę, aerobik i podnosi ciężary.

ROM Można zgadnąć, że Tomoko ćviču na śiwovńi codźenńe, bo śvjetńe vygląda. Ona bjega, xodźi na jogę, aerobik i podnośi ćężary.

IPA [mɔʐna zgadnɔ̃ɲtɕ | ʐɛ (…) tɕɕfitʂɨ na ɕiwɔvnʲi tsɔdʑennʲɛ | bɔ ɕfʲetnʲɛ vɨglɔ̃nda || ɔna bʲega | xɔdʑi na jɔgɛ̃ʷ | aerɔbik i pɔdnɔɕi tɕɛ̃nzạrɨ ||]

2927

EN It seems that Ludwig and Rita's relationship is having trouble, but we really hope they work it out.

PL Wygląda na to, że Ludwig i Rita mają problemy w związku, ale mamy nadzieję, że uda im się to przetrwać.

ROM Vygląda na to, że Ludwig i Rita mają problemy v zvjązku, ale mamy nadźeję, że uda im śę to pṙetrvać.

IPA [vɨglɔ̃nda na tɔ | ʐɛ (…) i (…) maʲɔ̃ʷ prɔblɛmɨ v zvjɔ̃nsku | alɛ mamɨ nadʑeʲɛ̃ʷ | ʐɛ uda im ɕɛ̃ʷ tɔ pʂetrvatɕ ||]

2928

EN The two (2) companies worked out a cooperation agreement.

PL Dwie firmy wypracowały porozumienie o współpracy.

ROM Dvje firmy vypracovavy porozumjeńe o vspuwpracy.

IPA [dvʲɛ firmɨ vɨpratsɔvawɨ pɔrɔzumʲɛnʲɛ ɔ fspuʷpratsɨ ||]

2929

EN Nobody believed Sara at first, but she turned out to be right.

PL Nikt na początku nie wierzył Sarze, ale okazało się, że miała rację.

ROM Ńikt na počątku ńe vjeřyw Saře, ale okazawo śę, że mjawa rację.

IPA [nʲikt na pɔt͡ʂɔ̃ntku nʲɛ vʲɛzɨ̇ʷ sazɛ | alɛ ɔkazawɔ ɕɛ̃ʷ | zɛ mʲawa ratsjɛ̃ʷ ||]

2930

EN Better find a gas station. We're running out of gas.

PL Lepiej znajdź stację paliwową. Kończy nam się paliwo.

ROM Lepjej znajdź stację palivovą. Kończy nam śę palivo.

IPA [lɛpʲɛʲ znaʲtɕ statsjɛ̃ʷ palivɔvɔ̃ʷ || kɔnʲt͡ʂɨ nam ɕɛ̃ʷ palivɔ ||]

2931

EN Please buy more toilet paper before you use it all up.

PL Proszę, kup więcej papieru toaletowego, zanim cały zużyjesz.

ROM Prošę, kup vjęcej papjeru toaletovego, zańim cawy zužyješ.

IPA [prɔṣɛ̃ʷ | kub vjɛ̃ntsɛʲ papʲeru tɔaletɔvɛgɔ | zanʲim tsawɨ zuzɨjeṣ ||]

2932

EN I'm sorry, the book you're looking for isn't in stock. It's all sold out.

PL Przepraszam, książka, której szukasz nie jest w sprzedaży. Wszystkie egzemplarze zostały wykupione.

ROM Přeprašam, kśążka, kturej šukaš ńe jest v spředaży. Všystkje egzemplaře zostawy vykupjone.

IPA [pṣepraṣam | kçɔ̃nṣka | kturɛʲ ṣukaṣ nʲɛ jest f spṣedazɨ || fṣɨstkʲɛ ɛgzɛmplazɛ zɔstawɨ vɨkupʲɔnɛ ||]

2933

EN I've been handing out business cards all day, and now I'm all out of them.

PL Rozdawałem (♀rozdawałam) wizytówki przez cały dzień i teraz nie mam już żadnej.

ROM Rozdavawem (♀rozdavawam) vizytuvki přez cawy dźeń i teraz ńe mam już žadnej.

IPA [rɔzdavawɛm (rɔzdavawam) vizɨtufki pṣes tsawɨ dʑenʲ i tɛraz nʲɛ mam juz ̣ządnɛʲ ||]

2934

EN Valentina found a beautiful dress at the department store, but she wanted to try it on before she bought it.

PL Valentina znalazła piękną sukienkę w domu handlowym, ale chciała ją przymierzyć zanim ją kupi.

ROM Valentina znalazwa pjękną sukjenkę v domu xandlovym, ale xćawa ją přymjeřyć zańim ją kupi.

IPA [(…) znalazᵂa pjẽŋknɔ̃ᵂ sukʲɛnkɛ̃ᵂ v dɔmu xandlɔvɨm | alɛ xtɕawa jɔ̃ᵂ ps̪ɨmʲɛʑɨʥ zanʲim jɔ̃ᵂ kupi ‖]

2935

EN Please don't stop telling your story, please go on.

PL Proszę, nie przestawaj opowiadać historii, kontynuuj.

ROM Prošę, ńe přestavaj opovjadać xistorii, kontynuuj.

IPA [prɔs̪ɛ̃ᵂ | nʲɛ ps̪ɛstavaʲ ɔpɔvʲadatɕ xistɔrii | kɔntɨnuuʲ ‖]

2936

EN The concert had to be called off because of the typhoon.

PL Koncert musiał być odwołany z powodu tajfunu.

ROM Koncert muśaw być odvowany z povodu tajfunu.

IPA [kɔntsɛrt muɕaᵂ bɨtɕ ɔdvɔwanɨ s pɔvɔdu taʲfunu ‖]

2937

EN Tomorrow I'm off to Paris.

PL Jutro wyjeżdżam do Paryża.
ROM Jutro vyježǰam do Paryža.
IPA [jutrɔ vɨjɛʐ͡dʑam dɔ parɨʐa ‖]

2938

EN Oscar left home at the age of eighteen (18) and went off to Spain.

PL Odscar opuścił dom w wieku osiemnastu lat i pojechał do Hiszpanii.
ROM Odscar opuściw dom v vjeku ośemnastu lat i pojexaw do Xišpańii.
IPA [ɔtstsar ɔpuɕtɕiʷ dɔm v vʲɛku ɔɕemnastu lat i pɔjɛxaʷ dɔ xiʂpanʲii ‖]

2939

EN Our plane was delayed on the tarmac and we couldn't take off for an hour.

PL Nasz samolot był opóźniony i nie mogliśmy wystartować przez godzinę.
ROM Naš samolot byw opuźńony i ńe mogliśmy vystartovać přez godźinę.
IPA [naʂ samolɔd bɨʷ ɔpuʐnʲɔnɨ i nʲɛ mɔɡliɕmɨ vɨstartɔvatɕ pʂɛz ɡɔdʑinɛ̃ʷ ‖]

2940

EN My parents and friends saw me off at the airport before I embarked on my adventure around the world.

PL Moi rodzice i przyjaciele odprowadzili mnie na lotnisko zanim rozpocząłem (♀ rozpoczęłam) swoje przygody dookoła świata.

ROM Moi rodźice i přyjaćele odprovadźili mńe na lotńisko zańim rozpoćąwem (♀ rozpoćęwam) svoje přygody dookowa śvjata.

IPA [mɔi rɔd͡ʑitsɛ i pʂijat͡ɕɛlɛ ɔtprɔvad͡ʑili mnʲɛ na lɔtnʲiskɔ zanʲim rɔspɔt͡ʂɔ̃wɛm (rɔspɔt͡ʂɛ̃wam) sfɔjɛ pʂiɡɔdɨ dɔɔkɔwa t͡ɕfʲata ‖]

2941

EN I don't want to keep going on discussing marketing, let's move on to the production issues.

PL Nie chcę kontynuować dyskusji o marketingu, przejdźmy do kwestii produkcji.

ROM Ńe xcę kontynuovać dyskusi o marketingu, přejdźmy do kvestii produkci.

IPA [nʲɛ xtsɛ̃ʷ kɔntɨnuɔvad͡ʑ dɨskusi ɔ markɛtingu | pʂɛjd͡ʑmɨ dɔ kfɛstii prɔduktsi ‖]

2942

EN Mahmud always dozes off in economics class.

PL Mahmud zawsze śpi na zajęciach z ekonomii.

ROM Mahmud zavše śpi na zajęćax z ekonomii.

IPA [(…) zafʂɛ ɕpi na zaʲɛ̃nʲtɕaɣ z ɛkɔnɔmii ‖]

2943

EN The food was lousy and the service sucked, then they charged us an arm and a leg! We totally got ripped off!

PL Jedzenie było kiepskie, a obsługa beznadziejna, a oni policzyli nam za to fortunę! Zdzierstwo!

ROM Jedzeńe bywo kjepskje, a obswuga beznadźejna, a ońi poličyli nam za to fortunę! Zdźerstvo!

IPA [jɛʥɛnʲɛ bɨwɔ kʲɛpskʲɛ | a ɔpsʷuga bɛznaʥɛʲna | a ɔnʲi pɔlitʂɨli nam za tɔ fɔrtunẽʷ || zʥɛrstfɔ ||]

2944

EN He always buys expensive things to show off.

PL On zawsze kupuje drogie rzeczy, żeby się popisać.

ROM On zavše kupuje drogje řečy, żeby śę popisać.

IPA [ɔn zafʂɛ kupujɛ drɔgʲɛ z̢ɛtʂɨ | z̢ɛbɨ ɕẽʷ pɔpisatɕ ||]

2945

EN Some old houses were torn down to make room for a new housing development. The owners of the houses tried to protest, but it was to no avail.

PL niektóre stare domy były zbudzone, żeby zrobić przestrzeń na nowe budynki mieszkalne. Właściciele domów próbowali protestować, ale na nic się to zdało.

ROM ńekture stare domy bywy zbudzone, żeby zrobić přestřeń na nove budynki mješkalne. Vwaścićele domuv prubovali protestovać, ale na ńic śę to zdawo.

IPA [nʲɛkturɛ starɛ dɔmɨ bɨwɨ zbudʑɔnɛ | ʐɛbɨ zrɔbitɕ pʂɛstʂɛnʲ na nɔvɛ budɨnki mʲɛʂkalnɛ || vʷaɕtɕitɕɛlɛ dɔmuf prubɔvali prɔtɛstɔvatɕ | alɛ na nʲits ɕɛ̃ʷ tɔ zdawɔ ||]

2946

EN One man was so upset by the whole ordeal that he commited suicide.

PL Pewien mężczyzna był tak nieszczęśliwy, że popełnił samobójstwo.

ROM Pevjen mężčyzna byw tak ńeščęślivy, że popewńiw samobujstvo.

IPA [pɛvʲen mɛ̃nʂt͡ʂɨzna bɨʷ tak nʲɛʂt͡ʂɛ̃nʲɕlivɨ | ʐɛ pɔpɛʷnʲiʷ samɔbuʲstfɔ ||]

2947

EN The firefighters were able to put the fire out before the house burned down.

PL Strażacy zdołali ugasić pożar, zanim dom spłonął.

ROM Strażacy zdowali ugaśić požar, zańim dom spwonąw.

IPA [strazãtsɨ zdɔwali ugaɕitɕ pɔʐar | zanʲim dɔm spʷɔnɔ̃w ‖]

2948

EN However, the firefighters had a hard time trying to calm a woman down. Apparently, her cat perished in the fire.

PL Jednak strażacy mieli trudności z uspokojeniem kobiety. Widocznie jej kot zginął w ogniu.

ROM Jednak strażacy mjeli trudnośći z uspokojeńem kobjety. Vidočńe jej kot zginąw v ogńu.

IPA [jednak strazãtsɨ mʲɛli trudnɔɕtɕi z uspɔkɔjenʲɛm kɔbʲetɨ ‖ vidɔt͡ʂnʲɛ jeʲ kɔd zginɔ̃w v ɔgnʲu ‖]

2949

EN Talks between Russia and the United States have broken down.

PL Rozmowy pomiędzy Rosją i Stanami Zjednoczonymi popsuły się.

ROM Rozmovy pomjędzy Rosją i Stanami Zjednočonymi popsuwy śę.

IPA [rɔzmɔvɨ pɔmjɛ̃d͡ʑ rɔsjɔ̃w i stanami zʲednɔt͡ʂɔnɨmi pɔpsuwɨ ɕɛ̃w ‖]

2950

EN After college, Zahida was turned down from every job she applied for. Finding a job was difficult.

PL Po koledżu Zahida była odrzucana z każdej pracy, do której aplikowała. Znalezienie pracy było trudne.

ROM Po koleju Zahida bywa odřucana z każdej pracy, do kturej aplikovawa. Znaleźeńe pracy bywo trudne.

IPA [pɔ kɔlɛd͡ʑu (…) bɨwa ɔdʐutsana s kaʑdeʲ pratsɨ | dɔ ktureʲ aplikɔvawa || znalɛʑɛnʲɛ pratsɨ bɨwɔ trudnɛ ||]

2951

EN When Ichirou had just arrived in London, a man came up to him in the street and asked for money, so he gave him a few Japanese yen.

PL Kiedy Ichirou przyjechał do Londynu, na ulicy podszedł do niego mężczyzna i poprosił o pieniądze, więc Ichirou dał mu kilka japońskich jenów.

ROM Kjedy Ichirou přyjexaw do Londynu, na ulicy podšedw do ńego mężčyzna i poprośiw o pjeńądze, vjęc Ichirou daw mu kilka japońskix jenuv.

IPA [kʲɛdɨ (…) pʂɨjɛxaʷ dɔ lɔndɨnu | na ulitsɨ pɔtʂɛdw dɔ nʲɛgɔ mɛ̃nʂtʂɨzna i pɔprɔɕiʷ ɔ pʲɛnʲɔ̃nd͡ʑɛ | vjɛ̃nts (…) daʷ mu kilka japɔnʲskix jɛnuf ||]

2952

EN   The police are going to ask us a lot of questions, so we need to back each other up.

PL   Policja zamierza zadać nam wiele pytań, więc musimy się wspierać.

ROM Policja zamjeřa zadać nam vjele pytań, vjęc muśimy śę vspjerać.

IPA [pɔlitsʲa zamʲɛʑa zadatɕ nam vʲɛlɛ pɨtanʲ | vjɛ̃ts muɕimɨ ɕɛ̃ʷ fspʲɛratɕ ||]

2953

EN   The police set up a special task force to investigate the murders.

PL   Policja utworzyła jednostkę do zadań specjalnych, żeby prowadzić dochodzenia w sprawie morderstw.

ROM Policja utvořywa jednostkę do zadań specjalnyx, żeby provadźić doxodzeńa v spravje morderstv.

IPA [pɔlitsʲa utfɔʑɨwa jɛdnɔstkɛ̃ʷ dɔ zadanʲ spɛtsʲalnɨx | ʑɛbɨ prɔvadʑidʑ dɔxɔdzɛnʲa f spravʲɛ mɔrdɛrstf ||]

2954

EN You should always back up your computer files just in case the hard drive dies.

PL Powinieneś (♀powinnaś) zawsze tworzyć kopię zapasową plików z twojego komputera na wypadek zepsucia twojego dysku twardego

ROM Povińeneś (♀povinnaś) zavše tvořyć kopję zapasovą plikuv z tvojego komputera na vypadek zepsuća tvojego dysku tvardego

IPA [pɔvinʲɛnɛç (pɔvinnaç) zafʂɛ tfɔʑɨtɕ kɔpjɛ̃ʷ zapasɔvɔ̃ʷ plikuf s tfɔjɛgɔ kɔmputɛra na vɨpadɛg zɛpsutɕa tfɔjɛgɔ dɨsku tfardɛgɔ]

2955

EN You should always save your files as you're working on them just in case your computer crashes.

PL Powinieneś (♀powinnaś) zawsze zapisywać pliki kiedy pracujesz nad nimi na wypadek zawieszenia się komputera.

ROM Povińeneś (♀povinnaś) zavše zapisyvać pliki kjedy pracuješ nad ńimi na vypadek zavješeńa śę komputera.

IPA [pɔvinʲɛnɛç (pɔvinnaç) zafʂɛ zapisɨvatɕ pliki kʲɛdɨ pratsujɛʂ nad nʲimi na vɨpadɛg zavʲɛʂɛnʲa ɕɛ̃ʷ kɔmputɛra ‖]

2956

EN   The police accidentally shot and killed a man. They
     tried to cover up what really happened, but it became
     a big scandal.

PL   Policjanci przypadkowo strzelili do mężczyzny i
     zabili go. Próbowali ukryć, co się naprawdę stało, ale
     stało się to wielkim skandalem.

ROM Policjanći přypadkovo střelili do mężčyzny i zabili
     go. Prubovali ukryć, co śę napravdę stawo, ale stawo
     śę to vjelkim skandalem.

IPA [pɔlitsʲantɕi pʂipatkɔvɔ stʂɛlili dɔ mɛ̃ⁿʂt͡ʂizni i zabili
     gɔ || prubɔvali ukritɕ | tsɔ ɕɛ̃ʷ napravdɛ̃ʷ stawɔ | alɛ
     stawɔ ɕɛ̃ʷ tɔ vʲelkim skandalɛm ||]

2957

EN   They couldn't just brush it under the carpet and
     expect everything to blow over and go away.

PL   Oni nie mogli zamieść tego pod dywan i oczekiwali,
     że wszystko ucichnie.

ROM Ońi ńe mogli zamjeść tego pod dyvan i očekivali, że
     všystko ućixńe.

IPA [ɔnʲi nʲɛ mɔgli zamʲɛɕtɕ tɛgɔ pɔd divan i ɔt͡ʂekivali |
     zɛ fʂistkɔ utɕixnʲɛ ||]

2958

EN The murder suspect got bad press, but he wasn't the culprit; he was not the man who did it.

PL Podejrzany o morderstwo był opisywany negatywnie w prasie, ale nie był sprawcą; on nie był człowiekiem, który to zrobił.

ROM Podejřany o morderstvo byw opisyvany negatyvńe v praśe, ale ńe byw spravcą; on ńe byw čwovjekjem, ktury to zrobiw.

IPA [pɔdeʲzani ɔ mɔrderstfɔ bɨʷ ɔpisɨvani negativnʲɛ f praçɛ | alɛ nʲɛ bɨʷ spraftsɔ̃ʷ | ɔn nʲɛ bɨʷ t͡ʂʷɔvʲɛkʲem | kturɨ tɔ zrɔbiʷ ||]

2959

EN Since he got so much bad press, it wouldn't just blow over. Everybody knew him now.

PL Ponieważ tak dużo o nim pisano, sprawa nie ucichła. Każdy go teraz znał.

ROM Pońevaž tak dužo o ńim pisano, sprava ńe ućixwa. Každy go teraz znaw.

IPA [pɔnʲevaʂ tag duʐɔ ɔ nʲim pisanɔ | sprava nʲɛ utçixʷa || kaʐdɨ gɔ tɛraz znaʷ ||]

2960

EN So he sued and was awarded compensation for damage to his reputation.

PL Więc on zwrócił się do sądu i otrzymał odszkodowanie za nadszarpnięcie jego reputacji.

ROM Vjęc on zvrućiw śę do sądu i otřymaw odškodovańe za nadšarpńęće jego reputaci.

IPA [vjẽnts ɔn zvrutɕiʷ ɕɛ̃ʷ dɔ sɔ̃ndu i ɔtʂɨmaʷ ɔtʂkɔdɔvanʲɛ za natʂarpnʲɛ̃nʲtɕɛ jɛgɔ rɛputatsi ||]

2961

EN We just won a new contract, but completing it will take up the next three (3) months.

PL Właśnie dostaliśmy (♀dostałyśmy) nowy kontrakt, ale uzupełnienie go zajmie kolejne trzy miesiące.

ROM Vwaśńe dostaliśmy (♀dostawyśmy) novy kontrakt, ale uzupewńeńe go zajmje kolejne třy mjeśące.

IPA [vʷaɕnʲɛ dɔstaliɕmɨ (dɔstawɨɕmɨ) novɨ kɔntrakt | alɛ uzupeʷnʲɛnʲɛ gɔ zaʲmʲɛ kɔleʲnɛ tʂɨ mʲɛɕɔ̃ntsɛ ||]

2962

EN My parents were away on business when I was a child, so my grandparents brought me up. > My grandparents raised me.

PL Moi rodzice byli w podróży służbowej, kiedy byłem (♀byłam) dzieckiem, więc wychowali mnie dziadkowie. > Dziadkowie mnie wychowali.

ROM Moi rodźice byli v podružy swužbovej, kjedy bywem (♀bywam) dźeckjem, vjęc vyxovali mńe dźadkovje. > Dźadkovje mńe vyxovali.

IPA [mɔi rɔdʑitsɛ bili f pɔdruʑɨ sʷuʐbɔvej | kʲɛdɨ biwɛm (biwam) dʑɛtskʲem | vjɛ̃ndʑ vixɔvali mnʲɛ dʑatkɔvʲɛ || > dʑatkɔvʲɛ mnʲɛ vixɔvali ||]

2963

EN If you can't find a hotel for the night, you'll end up sleeping on the street.

PL Jeśli nie możesz znaleźć hotelu, skończysz śpiąc na ulicy.

ROM Jeśli ńe možeš znaleźć xotelu, skończyš śpjąc na ulicy.

IPA [jeɕli nʲɛ mɔʐɛʐ znalɛɕtɕ xɔtelu | skɔnʲt͡ʂɨ̹ɕ ɕpjɔ̃nts na ulitsɨ ||]

2964

EN There was a fight on the street and three (3) men ended up in the hospital.

PL Na ulicy była bójka i trzech mężczyzn skończyło w szpitalu.

ROM Na ulicy bywa bujka i třex mężčyzn skońćywo v špitalu.

IPA [na ulitsɨ bɨwa buʲka i tʂɛx mɛ̃nʂtʂɨzn skɔnʲt͡ʂɨwɔ f ʂpitalu ||]

2965

EN Don't argue with the police officer, or you'll just end up getting arrested.

PL Nie kłóć się z policjantem albo skończysz w areszcie.

ROM Ńe kwuć śę z policjantem albo skońćyš v arešće.

IPA [nʲɛ kʷut͡ɕ ɕɛ̃ʷ s pɔlitsʲantɛm albɔ skɔnʲt͡ʂɨʐ v arɛʂt͡ɕɛ ||]

2966

EN There are two (2) universities in the city, and students make up twenty percent (20%) of the population.

PL W mieście są dwa uniwersytety, a studenci stanowią dwadzieścia procent (20%) populacji.

ROM V mjeśće są dva uńiversytety, a studenći stanovją dvadźeśća procent (20%) populaci.

IPA [v mʲɛɕt͡ɕɛ sɔ̃ʷ dva unʲiversɨtetɨ | a studɛnt͡ɕi stanɔvjɔ̃ʷ dvad͡ʑɛɕt͡ɕa prɔtsɛnt (20%) pɔpulatsi ||]

2967

EN I'll be ready in a few minutes. You go on ahead and I'll catch up with you.

PL Będę gotowy (♀ gotowa) za parę minut. Idź, a ja cię dogonię.

ROM Będę gotovy (♀ gotova) za parę minut. Idź, a ja ćę dogońę.

IPA [bɛ̃ndɛ̃ʷ gɔtɔvɨ (gɔtɔva) za parɛ̃ʷ minut || itɕ | a ja tɕɛ̃ʷ dɔgɔnʲɛ̃ʷ ||]

2968

EN My parents dropped me off at the airport two (2) hours before my flight was scheduled to take off.

PL Moi rodzice podrzucili mnie na lotnisko dwie godziny przed zaplanowanym wystartowaniem mojego samolotu.

ROM Moi rodźice podřućili mńe na lotńisko dvje godźiny před zaplanovanym vystartovańem mojego samolotu.

IPA [mɔi rɔdʑitsɛ pɔdʐutɕili mnʲɛ na lɔtnʲiskɔ dvʲɛ gɔdʑinɨ pʂɛd zaplanɔvanɨm vɨstartɔvanʲɛm mɔjɛgɔ samɔlɔtu ||]

2969

EN My parents were there again to pick me up when I flew back home.

PL Moi rodzice byli tam znowu, żeby odebrać mnie, kiedy przyleciałem (♀przyleciałam) z powrotem.

ROM Moi rodźice byli tam znovu, żeby odebrać mńe, kjedy přylećawem (♀přylećawam) z povrotem.

IPA [mɔi rɔdʑitsɛ bɨli tam znɔvu | ʐɛbɨ ɔdɛbratɕ mnʲɛ | kʲedɨ pʂiletɕawɛm (pʂiletɕawam) s pɔvrɔtɛm ||]

2970

EN Simon is terribly creative, and is always coming up with great ideas.

PL Simon jest bardzo kreatywny i zawsze wpada na świetne pomysły.

ROM Simon jest bardzo kreatyvny i zavše vpada na śvjetne pomyswy.

IPA [(…) jɛzd bardzɔ kreativnɨ i zafʂɛ fpada na ɕfʲednɛ pɔmɨsʷɨ ||]

2971

EN I'm saving my money up for a trip around the world.

PL Oszczędzam pieniądze na wycieczkę dookoła świata.

ROM Oščędzam pjeńądze na vyćečkę dookowa śvjata.

IPA [ɔʂt͡ʂɛ̃ndzam pʲenʲɔ̃ndzɛ na vɨtɕet͡ʂkɛ̃ʷ dɔɔkɔwa ɕfʲata ||]

2972

EN The F1 racer caught fire and blew up. Luckily the driver just narrowly escaped.

PL Samochód F1 zapalił się i wybuchł. Na szczęście, kierowca zdążył uciec.

ROM Samoxud F1 zapaliw śę i vybuxw. Na ščęśće, kjerovca zdążyw ućec.

IPA [samɔxut (…) zapali^w ɕɛ̃^w i vɨbuxw || na ʂtʂɛ̃n^jɕtɕɛ | k^jɛrɔftsa zdɔ̃nzɨ̰^w utɕɛts ||]

2973

EN A friend of mine was attacked and beaten up a few days ago. He's been in the hospital ever since.

PL Mój przyjaciel był zaatakowany i pobity kilka dni temu. Od tego czasu on jest w szpitalu.

ROM Muj přyjaćel byw zaatakovany i pobity kilka dńi temu. Od tego času on jest v špitalu.

IPA [mu^j pʂijatɕel bɨ^w zaatakɔvanɨ i pɔbitɨ kilka dn^ji tɛmu || ɔt tɛgɔ t͡ʂasu ɔn jɛst f ʂpitalu ||]

2974

EN Ludwig and Rita broke up. > Ludwig and Rita split up.

PL Ludwig i Rita zerwali ze sobą. > Ludwig i Rita rozstali się.

ROM Ludwig i Rita zervali ze sobą. > Ludwig i Rita rozstali śę.

IPA [(…) i (…) zɛrvali zɛ sɔbɔ̃^w || > (…) i (…) rɔsstali ɕɛ̃^w ||]

2975

EN   Ludwig and Rita ended up breaking up. > Ludwig
      and Rita ended up splitting up.

PL   Ludwig i Rita zerwali ze sobą. > Ludwig i Rita
      rozstali się.

ROM   Ludwig i Rita zervali ze sobą. > Ludwig i Rita
      rozstali śę.

IPA   [(…) i (…) zɛrvali zɛ sɔbɔ̃ʷ ‖ > (…) i (…) rɔsstali
      ɕɛ̃ʷ ‖]

2976

EN   They couldn't get along with each other, so the
      relationship didn't work out in the end.

PL   Oni nie mogli się dogadać, więc nie wiodło im się w
      związku.

ROM   Ońi ńe mogli śę dogadać, vjęc ńe vjodwo im śę v
      zvjązku.

IPA   [ɔnʲi nʲɛ mɔgli ɕɛ̃ʷ dɔgadatɕ | vjɛ̃nts nʲɛ vʲɔdʷɔ im
      ɕɛ̃ʷ v zvjɔ̃nsku ‖]

2977

EN   Plans to build a new factory have been held up
      because of the company's financial problems.

PL   Plany zbudowania nowej fabryki zostały wstrzymane
      z powodu problemów finansowych firmy.

ROM   Plany zbudovańa novej fabryki zostawy vstřymane z
      povodu problemuv finansovyx firmy.

IPA   [planɨ zbudɔvanʲa nɔvɛʲ fabrʲki zɔstawɨ fstʂɨmanɛ s
      pɔvɔdu prɔblɛmuf finansɔvɨx firmɨ ‖]

2978

EN We live next to an international airport, so we have to put up with a lot of noise.

PL Mieszkamy obok międzynarodowego lotniska, więc musimy znosić dużo hałasu.

ROM Mješkamy obok mędzynarodovego lotńiska, vjęc muśimy znośić dužo xawasu.

IPA [mʲɛʂkamɨ ɔbɔk mɛ̃ndʑɨnarɔdɔvɛgɔ lɔtnʲiska | vjɛ̃nts muɕimɨ znɔɕidʑ duʐɔ xawasu ||]

2979

EN The two (2) brothers are identical twins, so everybody gets them mixed up.

PL Tych dwóch braci to identyczni bliźniacy. Więc każdy ich myli.

ROM Tyx dvux braći to identyčńi bliźńacy. Vjęc každy ix myli.

IPA [tɨɣ dvuɣ bratɕi tɔ idɛntɨt͡ʂnʲi bliʐnʲatsɨ || vjɛ̃nts kaʐdɨ ix mɨli ||]

2980

EN Your house is an absolute mess. When are you going to get this place cleaned up?

PL W twoim domu jest okropny bałagan. Kiedy masz zamiar tam posprzątać?

ROM V tvoim domu jest okropny bawagan. Kjedy maš zamjar tam pospřątać?

IPA [f tfɔim dɔmu jɛst ɔkrɔpnɨ bawagan || kʲɛdɨ maʐ zamʲar tam pɔspʂɔ̃ntatɕ ||]

2981

EN When your language training starts getting tough, it means you're about to make a big breakthrough, so stick with it and don't give up.

PL Kiedy trening języka zaczyna być ciężki, oznacza to, że czeka cię duży przełom, więc kontynuuj i się nie poddawaj.

ROM Kjedy treńing języka začyna być ćężki, označa to, že čeka ćę duży přewom, vjęc kontynuuj i śę ńe poddavaj.

IPA [kʲedɨ trenʲing jẽnzɨka zatʂɨna bɨtɕ tɕẽnʂki | ɔznatʂa tɔ | zɛ t̂ʂeka tɕẽʷ duzɨ pʂewɔm | vjẽnts kɔntɨnuuʲ i ɕẽʷ nʲɛ pɔddavaʲ ||]

2982

EN Whoever used up all the milk and eggs should go out and buy some more. And get some toilet paper while you're at it.

PL Ktokolwiek zużył całe mleko i jajka, powinien wyjść i je kupić. I kupić też papier toaletowy, jak już będzie w sklepie.

ROM Ktokolvjek zużyw cawe mleko i jajka, povińen vyjść i je kupić. I kupić też papjer toaletovy, jak juž będźe v sklepje.

IPA [ktɔkɔlvʲeg zuzɨʷ tsawe mlɛkɔ i jaʲka | pɔvinʲen vɨʲɕtɕ i je kupitɕ || i kupitɕ tɛʂ papʲer tɔaletɔvi | jak juz̥ bẽnʲdʑe f sklɛpʲɛ ||]

2983

EN People used to carry pagers around, but they've completely fallen out of use.

PL Ludzie kiedyś nosili pagery, ale one zupełnie wyszły z użycia.

ROM Ludźe kjedyś nośili pagery, ale one zupewńe vyšwy z użyća.

IPA [ludʑɛ kʲɛdɨɕ nɔɕili pagerɨ | alɛ ɔnɛ zupɛʷnʲɛ viʂʷɨ z uʑɨtɕa ||]

2984

EN My manager pointed out a potential problem with our new marketing plan.

PL Mój manager wskazał potencjalny problem z naszym nowym planem marketingowym.

ROM Muj manager vskazaw potencjalny problem z našym novym planem marketingovym.

IPA [muʲ manager fskazaʷ pɔtɛntsʲalnɨ prɔblɛm z naʂim nɔvɨm planɛm marketingɔvɨm ||]

2985

EN A decision has to be made now. We can't put it off any longer.

PL Decyzja musi być podjęta teraz. Nie możemy już przełożyć tego na później.

ROM Decyzja muśi być podjęta teraz. Ńe możemy już přewożyć tego na puźńej.

IPA [dɛtsizʲa muɕi bɨtɕ pɔdjɛ̃nta tɛras || nʲɛ mɔʐɛmɨ juʂ pʂɛwɔʑɨtɕ tɛgɔ na puʐnʲɛʲ ||]

2986

EN I was offered a job at the oil company, but I decided to turn it down.

PL Zaoferowano mi pracę w firmie naftowej, ale zdecydowałem (♀zdecydowałam) się ją odrzucić.

ROM Zaoferovano mi pracę v firmje naftovej, ale zdecydovawem (♀zdecydovawam) śę ją odřućić.

IPA [zaɔfɛrɔvanɔ mi pratsɛ̃ʷ f firmʲɛ naftɔveʲ | alɛ zdɛtsɨdɔvawɛm (zdɛtsɨdɔvawam) ɕɛ̃ʷ jɔ̃ʷ ɔdʑutɕitɕ ||]

2987

EN Several men got angry with Jack in the bar and Jack told them he wasn't afraid to take them on.

PL Kilkunastu mężczyzn zdenerwowało się na Jacka w barze, a Jack powiedział, że nie boi się stawić im czoła.

ROM Kilkunastu mężčyzn zdenervovawo śę na Jacka v baře, a Jack povjedzaw, że ńe boi śę stavić im čowa.

IPA [kilkunastu mɛ̃nʂtʂɨzn zdɛnɛrvɔvawɔ ɕɛ̃ʷ na jatska v bazɛ | a (…) pɔvʲɛdʑaʷ | zɛ nʲɛ bɔi ɕɛ̃ʷ stavitɕ im t͡ʂɔwa ||]

2988

EN They took it out into the street, and Jack let them have it. Jack put them down one by one, and the spectacle really drew a crowd.

PL Wyszli z tym na ulicę i Jack położył na ziemię jednego po drugim. To przedstawienie przyciągnęło tłum.

ROM Vyšli z tym na ulicę i Jack powożyw na żemję jednego po drugim. To představjeńe přyćągnąwo twum.

IPA [vɨʂli s tɨm na ulitsɛ̃ʷ i (...) pɔwɔʐɨʷ na ʑɛmjɛ̃ʷ jɛdnɛgɔ pɔ drugim || tɔ pʂɛtstavʲɛnʲɛ pʂɨtɕɔ̃ŋgnɔ̃wɔ tʷum ||]

2989

EN A man was knocked down by a car when crossing the street and had to be taken to the hospital.

PL Mężczyzna został potrącony przez samochód, kiedy przechodził przez ulicę i został zabrany do szpitala.

ROM Mężčyzna zostaw potrącony přez samoxud, kjedy přexodźiw přez ulicę i zostaw zabrany do špitala.

IPA [mɛ̃nʂtʂɨzna zɔstaʷ pɔtrɔ̃ntsɔnɨ pʂɛs samɔxut | kʲɛdɨ pʂɛxɔdʑiʷ pʂɛz ulitsɛ̃ʷ i zɔstaʷ zabranɨ dɔ ʂpitala ||]

2990

EN In the aftermath of the tornado, they discovered a lot of uprooted trees and houses that had been blown down.

PL W wyniku tornado, odkryli wiele drzew wyrwanych z korzeniami i powalonych domów.

ROM V vyńiku tornado, odkryli vjele dřev vyrvanyx z kořeńami i povalonyx domuv.

IPA [v vinʲiku tɔrnadɔ | ɔtkrʲili vʲɛlɛ dʐɛv vɨrvanɨx s kɔʐɛnʲami i pɔvalɔnɨɣ dɔmuf ||]

2991

EN Please calm down. Everything will turn out all right.

PL Proszę, uspokój się. Wszystko będzie dobrze.

ROM Prošę, uspokuj śę. Všystko będźe dobře.

IPA [prɔʂɛ̃ʷ | uspɔkuʲ ɕɛ̃ʷ || fʂɨstkɔ bɛ̃nʲdʑɛ dɔbʐɛ ||]

2992

EN When the police questioned him, he decided to leave out an important detail.

PL Kiedy policja go przesłuchiwała, zdecydował się pominąć istotny szczegół.

ROM Kjedy policja go přeswuxivawa, zdecydovaw śę pominąć istotny ščeguw.

IPA [kʲɛdɨ pɔlitsʲa gɔ pʂɛsʷuxivava | zdɛtsɨdɔvaʷ ɕɛ̃ʷ pɔminɔ̃ɲtɕ istɔdnɨ ʂʈʂɛguʷ ||]

2993

EN When talking with the police, you shouldn't make up stories or lie.

PL Rozmawiając z policją, nie powinieneś (♀powinnaś) wymyślać lub kłamać.

ROM Rozmavjając z policją, ńe povińeneś (♀povinnaś) vymyślać lub kwamać.

IPA [rɔzmavʲaʲɔ̃nts s pɔlitsjɔ̃ʷ | nʲɛ pɔvinʲɛnɛɕ (pɔvinnaɕ) vɨmɨɕlatɕ lup kʷamatɕ ||]

2994

EN When Sara decided to move to India and start a new life, she gave away all of her belongings.

PL Kiedy Sara zdecydowała przeprowadzić się do Indii i zacząć nowe życia, oddała wszystkie swoje rzeczy.

ROM Kjedy Sara zdecydovawa přeprovadźić śę do Indii i začąć nove žyća, oddawa všystkje svoje řečy.

IPA [kʲɛdɨ (…) zdɛtsɨdɔvawa pʂɛprɔvadʑitɕ ɕɛ̃ʷ dɔ indii i zatʂɔ̃ntɕ nɔvɛ zɨtɕa | ɔddawa fʂɨstkʲɛ sfɔjɛ zɛtʂɨ ||]

2995

EN Put a smile on your face, and you'll certainly get lots of smiles back.

PL Uśmiechnij się, a w zamian dostaniesz mnóstwo innych uśmiechów.

ROM Uśmjexńij śę, a v zamjan dostańeš mnustvo innyx uśmjexuv.

IPA [uɕmʲexnʲiʲ ɕɛ̃ʷ | a v zamʲan dɔstanʲɛʂ mnustfɔ innɨx uɕmʲexuf ||]

2996

EN　I waved to the children on the bus, and they waved back.

PL　Pomachałem (♀pomachałam) do dzieci w autobusie i one też do mnie pomachały.

ROM　Pomaxawem (♀pomaxawam) do dźeći v autobuśe i one też do mńe pomaxawy.

IPA　[pɔmaxawɛm (pɔmaxawam) dɔ dʑɛtɕi v autɔbuɕɛ i ɔnɛ tɛẓ dɔ mnʲɛ pɔmaxawɨ ‖]

2997

EN　My first job was at a travel agency, and I didn't like it much. But now, looking back on the experience, I really learned a lot.

PL　Moja pierwsza praca była w biurze podróży i nie lubiłem (♀lubiłam) jej za bardzo. Ale teraz, patrząc w przeszłość na doświadczenie, nauczyłem (♀nauczyłam) się bardzo dużo.

ROM　Moja pjervša praca bywa v bjuře podruży i ńe lubiwem (♀lubiwam) jej za bardzo. Ale teraz, patřąc v přešwość na dośvjadčeńe, naučywem (♀naučywam) śę bardzo dužo.

IPA　[mɔja pʲɛrfʂa pratsa bɨwa v bʲuʑɛ pɔdruʑɨ i nʲɛ lubiwɛm (lubiwam) jeʲ za bardzɔ ‖ alɛ tɛras | patʂɔ̃nts f pʂɛʂʷɔɕtɕ na dɔɕfʲattʂɛnʲɛ | nautʂɨwɛm (nautʂɨwam) ɕɛ̃ʷ bardzɔ duzɔ ‖]

2998

EN When are you going to pay me back the money I lent you?

PL Kiedy zamierzasz oddać mi pieniądze, które ci pożyczyłem (♀ pożyczyłam)?

ROM Kjedy zamjeřaš oddać mi pjeńądze, kture ći požyčywem (♀ požyčywam)?

IPA [kʲɛdɨ zamʲɛʑaʂ ɔddatɕ mi pʲɛnʲɔ̃nʥɛ | kturɛ tɕi pɔʑɨ̑tʂɨwɛm (pɔʑɨ̑tʂɨwam) ‖]

2999

EN When you cause problems with the wrong people, those problems will come pay you back, or come back to haunt you.

PL Kiedy masz problemy z niewłaściwymi ludźmi, te problemy odpłacą ci się lub wrócą, żeby cię zniszczyć.

ROM Kjedy maš problemy z ńevwaśćivymi ludźmi, te problemy odpwacą ći śę lub vrucą, żeby ćę zńiščyć.

IPA [kʲɛdɨ maʂ prɔblɛmɨ z nʲɛvʷaɕtɕivimi luʥmi | tɛ prɔblɛmɨ ɔtpʷatsɔ̃ʷ tɕi ɕɛ̃ʷ lub vrutsɔ̃ʷ | ʑɛbɨ tɕɛ̃ʷ znʲiʂtʂɨtɕ ‖]

3000

EN The lone ranger got on his horse and rode off into the sunset.

PL Samotny jeździeć wsiadł na konia i odjechał w stronę zachodu słońca.

ROM Samotny jeźdźeć vśadw na końa i odjexaw v stronę zaxodu swońca.

IPA [samɔdnɨ jeʑʥɛtɕ fɕadw na kɔnʲa i ɔdʲɛxaʷ f strɔnɛ̃ʷ zaxɔdu sʷɔnʲtsa ‖]

Polish Index

bochenek [bɔxɛnɛk]: 2230
bogaci [bɔgatsi]: 2292
bogate [bɔgatɛ]: 2832
bogatym [bɔgatɨm]: 2298
boi [bɔi]: 2987
boisz [bɔiş]: 2810, 2811
boją [bɔjõʷ]: 2170, 2284
boję [bɔjɛ̃ʷ]: 2173
bójka [bujka]: 2964
bóle [bulɛ]: 2887
bomby [bɔmbɨ]: 2198
bonus [bɔnuz]: 2772
brak [brak]: 2211
bramki [bramki]: 2162
bratu [bratu]: 2895
broń [brɔɲ]: 2840
brytania [brɨtaɲa]: 2315
brytanii [brɨtanii]: 2726
brzucha [bzuxa]: 2861
budynek [budɨnɛg]: 2467, 2482
budynki [budɨnki]: 2945
budynkiem [budɨnkʲɛm]: 2008, 2009, 2216
bujając [bujajõnts]: 2127
burzę [buzɛ̃ʷ]: 2554
butelki [butɛlki]: 2136
butem [butɛm]: 2843
bycie [bɨtɕɛ]: 2109, 2210, 2864
byłoby [bɨwɔbɨ]: 2384
bym [bɨm]: 2859
byśmy [bɨɕmɨ]: 2538
całą [tsawõʷ]: 2456
cele [tsɛlɛ]: 2794
celem [tsɛlɛm]: 2543
charakteru [xaraktɛru]: 2124
charytatywne [xarɨtatɨvnɛ]: 2794
chciałaś [xtɕawaɕ]: 2503
chciałeś [xtɕawɛɕ]: 2503
chciałyśmy [xtɕawɨɕmɨ]: 2058, 2588
chcieliśmy [xtɕɛliɕmɨ]: 2058, 2588
chcoiaż [xtsɔjaz]: 2659
chętnie [xɛ̃ntɲɛ]: 2395
chińczycy [xiɲtʂɨtsɨ]: 2295
chiński [xiɲski]: 2316

chleba [xlɛba]: 2230
chlebie [xlɛbʲɛ]: 2893
chłopakiem [xwɔpakʲɛm]: 2875
chłopiec [xwɔpʲɛts]: 2548
chociaż [xɔtɕaz]: 2655
chociaż [xɔtɕaş]: 2656
chodnik [xɔdnig]: 2172
chodziłam [xɔdʑiwam]: 2516
chodziłem [xɔdʑiwɛm]: 2516
chodziliśmy [xɔdʑiliɕmɨ]: 2459
chodziłyśmy [xɔdʑiwɨɕmɨ]: 2459
chodzisz [xɔdʑiş]: 2128
choroba [xɔrɔba]: 2608
choroby [xɔrɔbɨ]: 2869, 2884
chorych [xɔrɨx]: 2884
chroni [xrɔni]: 2888
chronić [xrɔnitɕ]: 2270, 2901
chwili [xfili]: 2609
ciekawy [tɕɛkavɨ]: 2178
ciekawych [tɕɛkavɨx]: 2254
cieniu [tɕɛniu]: 2742
ciepłe [tɕɛpwɛ]: 2901
cieplejsze [tɕɛplɛjşɛ]: 2145
cierpi [tɕɛrpi]: 2887
cierpiących [tɕɛrpʲõntsɨx]: 2884
cierpliwą [tɕɛrplivõʷ]: 2627
cierpliwości [tɕɛrplivɔɕtsi]: 2289
cieszę [tɕɛşɛ̃ʷ]: 2859
cieszymy [tɕɛşɨmɨ]: 2160
ciężarówka [tɕɛ̃nʐarufka]: 2911
ciężary [tɕɛ̃nʐarɨ]: 2926
ciężej [tɕɛ̃nʐɛj]: 2037
ciężki [tɕɛ̃nʂki]: 2981
cieższa [tɕɛ̃nʂşa]: 2607
cmentarz [tsmɛntaʂ]: 2526
cudowną [tsudɔvnõʷ]: 2258
cudzoziemców [tsudzɔʑɛmtsuf]: 2819
cukru [tsukru]: 2872
ćwiczeń [tɕfitʂɛɲ]: 2036
ćwiczy [tɕvitʂɨ]: 2926
ćwiczyć [tɕfitʂɨdʑ]: 2036
czarną [tʂarnõʷ]: 2282
czegokolwiek [tʂɛgɔkɔlvʲɛk]: 2393

czegoś [tʂɛgɔʐ]: 2136

czek [tʂɛk]: 2772, 2773

czekac [tʂɛkadʐ]: 2014

czekałam [tʂɛkawam]: 2609, 2692

czekałem [tʂɛkawɛm]: 2692

czekania [tʂɛkaɲa]: 2084

czekolada [tʂɛkɔlada]: 2330

czekoladek [tʂɛkɔladɛk]: 2551

część [tʂɛ̃ɲɕtɕ]: 2170, 2436

części [tʂɛ̃ɲɕtsi]: 2260, 2338, 2909

częściej [tʂɛ̃ɲɕtɕɛj]: 2144, 2604

częstuj [tʂɛ̃nstuj]: 2346

członkiem [tʂwɔnkʲɛm]: 2668

członków [tʂwɔnkuf]: 2668

czoła [tʂɔwa]: 2987

czternastego [tʂtɛrnastɛgɔ]: 2708

czterystu [tʂtɛrɨstu]: 2770

czuła [tʂuwa]: 2656

czułam [tʂuwam]: 2088, 2209

czułem [tʂuwɛm]: 2088, 2209

czworo [tʂvɔrɔ]: 2741

czyim [tʂɨim]: 2516

czyją [tʂɨjõʷ]: 2331

czynsz [tʂɨnʂ]: 2874

czystą [tʂɨstõʷ]: 2288

czytającego [tʂɨtajõntsɛgɔ]: 2197

czytanie [tʂɨtaɲɛ]: 2074

czytelne [tʂɨtɛlnɛ]: 2744

dać [datɕ]: 2256

dają [dajõʷ]: 2511, 2772

daje [dajɛ]: 2111

dałam [dawam]: 2499

dałaś [dawaɕ]: 2458

daleka [dalɛka]: 2590

dałem [dawɛm]: 2499

dałeś [dawɛɕ]: 2458

dali [dali]: 2137, 2821

dań [daɲ]: 2870

dane [danɛ]: 2762

dano [danɔ]: 2471

davidem [davidɛm]: 2678

dawał [davaw]: 2298

dawna [davna]: 2591

dbał [dbaw]: 2850

dc [tts]: 2321

decyzja [dɛtsɨʑʲa]: 2629, 2985

decyzje [dɛtsɨʑʲɛ]: 2683, 2848

denerwować [dɛnɛrvɔvatɕ]: 2560

denerwujące [dɛnɛrvujõntsɛ]: 2089

dentystą [dɛntistõʷ]: 2262

dietę [dʲɛtɛ̃ʷ]: 2756

długiej [dwugʲɛj]: 2168

dłużej [dwuʑɛj]: 2116, 2564, 2609

dóbr [dubr]: 2550

dobrych [dɔbrɨx]: 2655, 2718, 2789

doceniam [dɔtsɛɲam]: 2793

dochodu [dɔxɔdu]: 2794

dochodzącą [dɔxɔdʑõntsõʷ]: 2687

dochodzenia [dɔxɔdʑɛɲa]: 2953

doczekać [dɔtʂɛkadʑ]: 2082

doczekać [dɔtʂɛkatɕ]: 2106

dogadać [dɔgadatɕ]: 2419, 2976

dogonię [dɔgɔɲɛ̃ʷ]: 2967

dojdziemy [dɔjdʑɛmi]: 2704, 2705

dojrzałe [dɔjʐawɛ]: 2597

dołączeniem [dɔwõntsɛɲɛm]: 2175

dołączyła [dɔwõntsɨwa]: 2030

dolar [dɔlar]: 2296

dołujące [dɔwujõntsɛ]: 2234

doniczkowy [dɔnitʂkɔvɨ]: 2728

donnę [dɔnnɛ̃ʷ]: 2186

dookoła [dɔɔkɔwa]: 2940, 2971

dopóki [dɔpuki]: 2671

doradził [dɔradʑiw]: 2015

doradziłam [dɔradʑiwam]: 2861

doradziłem [dɔradʑiwɛm]: 2861

dorastałam [dɔrastawam]: 2093, 2521

dorastałem [dɔrastawɛm]: 2093, 2521

dorośli [dɔrɔɕli]: 2595

dość [dɔɕtɕ]: 2806

dostaje [dɔstajɛ]: 2622

dostał [dɔstaw]: 2486

dostałyśmy [dɔstawɨɕmi]: 2961

dostania [dɔstaɲa]: 2107, 2894

dostaniem [dɔstaɲɛm]: 2132

doświadczeń [dɔɕfʲattʂɛɲ]: 2228

filipiny [filipinɨ]: 2312
filtr [filtr]: 2888
finansowe [finansɔvɛ]: 2085
finansowo [finansɔvɔ]: 2830
finansowych [finansɔvɨx]: 2977
fiodora [fʲɔdɔra]: 2187
firma [firma]: 2333, 2543, 2774
formularze [fɔrmulazɛ]: 2744
fortunę [fɔrtunɛ̃ʷ]: 2943
francuzami [frantsuzami]: 2435
francuzi [frantsuzi]: 2294
franza [franza]: 2197
gapie [gapʲɛ]: 2842
gaz [gas]: 2621
gdy [gdɨ]: 2184, 2814, 2815, 2897
genetycznych [gɛnɛtɨtʂnɨx]: 2791
globalnego [glɔbalnɛgɔ]: 2863
głodu [gwɔdu]: 2897
głośno [gwɔɕnɔ]: 2590, 2839
głównie [gwuvɲɛ]: 2872
głównym [gwuvnɨm]: 2341
głupia [gwupʲa]: 2586
głupie [gwupʲɛ]: 2078, 2156
godzinami [gɔdzinami]: 2024
golenia [gɔlɛɲa]: 2204
gorącą [gɔrõntsɔ̃ʷ]: 2849
gorącego [gɔrõntsɛgɔ]: 2849
górami [gurami]: 2308, 2310
gorzej [gɔzɛj]: 2602
gościnność [gɔɕtsinnɔɕtɕ]: 2877
gospodarka [gɔspɔdarka]: 2281
gospodarki [gɔspɔdarki]: 2025, 2886
gospodarzom [gɔspɔdazɔm]: 2877
grając [grajõnts]: 2200
grudnia [grudɲa]: 2720
grudniu [grudniu]: 2707
grupą [grupõʷ]: 2312
grupie [grupʲɛ]: 2435
grzeczna [gzɛtʂna]: 2795
grzeczny [gzɛtʂnɨ]: 2795
gwiazd [gvʲast]: 2271
gwiazd [gvʲazd]: 2536
gwiazda [gvʲazda]: 2889

gwiazdy [gvʲazdɨ]: 2269
hamulec [xamulɛts]: 2717
handlowym [xandlɔvɨm]: 2904, 2934
historia [xistɔrʲa]: 2287, 2586
historii [xistɔrii]: 2478, 2562, 2832, 2935
hiszpanami [xiʂpanami]: 2435
hobbicie [xɔbbitɕɛ]: 2813
hodować [xɔdɔvatɕ]: 2375
hojne [xɔjnɛ]: 2794
hood [xɔɔd]: 2298
hoteli [xɔtɛli]: 2449
idealnie [idɛalɲɛ]: 2574
identyczni [idɛntɨtʂni]: 2979
im [im]: 2066, 2113, 2564, 2612, 2613, 2614, 2615, 2689, 2927, 2976, 2987
indiach [indʲax]: 2457
indii [indii]: 2994
informacje [infɔrmatsʲɛ]: 2667
informacji [infɔrmatsʲi]: 2233
innego [innɛgɔ]: 2629, 2784, 2825
inni [inni]: 2425, 2897
inny [innɨ]: 2469, 2829, 2847
innych [innɨx]: 2995
innymi [innɨmi]: 2914
inspektorem [inspɛktɔrɛm]: 2331
interesującego [intɛrɛsujõntsɛgɔ]: 2563
interesujących [intɛrɛsujõntsɨɣ]: 2228
internecie [intɛrnɛtɕɛ]: 2753
istotny [istɔtnɨ]: 2992
jabłka [japwka]: 2597
jacka [jatska]: 2987
jadlam [jadlam]: 2644
jajkach [jajkax]: 2893
jakby [jagbɨ]: 2684, 2685, 2686, 2687, 2688
jakbym [jagbɨm]: 2689, 2690
jakichś [jakixɕ]: 2437
jakim [jakim]: 2671
jako [jakɔ]: 2377, 2529, 2682, 2772
japońskich [japɔɲskix]: 2951
jeansy [jeansɨ]: 2221
jechaliśmy [jɛxaliɕmɨ]: 2542

jedenastego [jɛdɛnastɛgɔ]: 2804
jedną [jɛdnõʷ]: 2536
jednak [jɛdnag]: 2177
jednak [jɛdnak]: 2902, 2948
jednego [jɛdnɛgɔ]: 2988
jednostkę [jɛdnɔstkẽʷ]: 2953
jednym [jɛdnɨm]: 2563
jedyna [jɛdɨna]: 2163
jedyną [jɛdɨnõʷ]: 2485
jedynie [jɛdɨɲɛ]: 2118
jedyny [jɛdɨnɨ]: 2163
jedzą [jɛdʑõʷ]: 2897
jedzeniem [jɛdʑɛɲɛm]: 2825
jedziemy [jɛdʑɛmɨ]: 2721
jenów [jɛnuf]: 2951
jestes [jɛstɛs]: 2668, 2830
jeżdżą [jɛʑdʑõʷ]: 2604, 2752, 2755
jeźdżą [jɛʑdʑõʷ]: 2726
jeżdżących [jɛʑdʑõntsɨɣ]: 2076
jeżdżenia [jɛʑdʑɛɲa]: 2092, 2093
jeździć [jɛʑdʑidʑ]: 2670
jeździli [jɛʑdʑili]: 2384
jeziora [jɛʑɔra]: 2721
język [jẽnzɨk]: 2138, 2589
języków [jẽnzɨkuf]: 2425, 2575, 2908
językowe [jẽnzɨkɔvɛ]: 2074
jork [jɔrk]: 2328
jutrzejsze [jutʂɛjsɛ]: 2339
kair [kair]: 2299
kanadą [kanadõʷ]: 2307
kanalizacyjnej [kanalizatsɨjnɛj]: 2844
kanapka [kanapka]: 2455
karambol [karambɔl]: 2911
kartą [kartõʷ]: 2763
kartce [karttsɛ]: 2474
karty [kartɨ]: 2876
katastrofą [katastrɔfõʷ]: 2454
każdą [kaʑdõʷ]: 2468
każde [kaʑdɛ]: 2470, 2474
każdego [kaʑdɛgɔ]: 2752, 2788
każdej [kaʑdɛj]: 2440, 2950
każdemu [kaʑdemu]: 2451, 2471
każdym [kaʑdɨm]: 2449, 2466

każe [kaʑɛ]: 2824
kenia [kɛɲa]: 2306
kiepskie [kʲɛpskʲɛ]: 2943
kierowca [kʲɛrɔftsa]: 2473, 2486, 2972
kierownikowi [kʲɛrɔvnikɔvi]: 2166
kieszeni [kʲɛʂɛni]: 2208, 2841
kilkunastu [kilkunastu]: 2987
kimkolwiek [kimkɔlvʲɛk]: 2215
kłamać [kwamatɕ]: 2993
kłamstwa [kwamstfa]: 2108
klientem [klʲɛntɛm]: 2166
kłóć [kwutɕ]: 2965
kłopoty [kwɔpɔtɨ]: 2085, 2397
klub [klup]: 2668
klubu [klubu]: 2175
kluczem [klutʂɛm]: 2769
kobietą [kɔbʲɛtõʷ]: 2481, 2893
kobiety [kɔbʲɛtɨ]: 2754, 2948
koce [kɔtsɛ]: 2902
kocham [kɔxam]: 2047
kogoś [kɔgɔʑ]: 2003
kokosem [kɔkɔsem]: 2910
kolano [kɔlanɔ]: 2200
koledż [kɔlɛtʂ]: 2371
koledżów [kɔlɛdʐuf]: 2772
koledżu [kɔlɛdʐu]: 2274, 2275, 2732,
    2922, 2923, 2950
kolejce [kɔlɛjtsɛ]: 2084
kolejne [kɔlɛjnɛ]: 2961
kolizję [kɔlizʲẽʷ]: 2911
komórce [kɔmurtsɛ]: 2779
komórka [kɔmurka]: 2678
komórkę [kɔmurkẽʷ]: 2762
komórkowy [kɔmurkɔvɨ]: 2038
kompletna [kɔmplɛdna]: 2381
komunikacją [kɔmunikatsʲõʷ]: 2213
kończysz [kɔɲtʂɨʂ]: 2279
konferencja [kɔnfɛrɛntsʲa]: 2577
konferencję [kɔnfɛrɛntsʲẽʷ]: 2800
koniec [kɔɲɛts]: 2720
konieczne [kɔɲɛtʂnɛ]: 2533, 2659
konkurowania [kɔnkurɔvaɲa]: 2914
kontaktowe [kɔntaktɔvɛ]: 2762
kontrakt [kɔntrakt]: 2961

małej [mawɛj]: 2721
maliki [maliki]: 2091
mało [mawɔ]: 2416, 2417, 2420, 2421, 2533
małżeństwo [mawzɛ̃nstfɔ]: 2290
mamę [mamɛ̃ʷ]: 2857
manager [managɛr]: 2984
mandat [mandat]: 2486
manualnie [manualɲɛ]: 2764
mapę [mapɛ̃ʷ]: 2538, 2662
mapy [mapɨ]: 2780
marketing [markɛtink]: 2754
marketingowym [markɛtingɔvɨm]: 2984
marketingu [markɛtingu]: 2941
marnujesz [marnujɛʂ]: 2133
martw [martf]: 2838
martwić [martfitɕ]: 2117, 2852
martwienia [martfʲɛɲa]: 2080
martwisz [martfiʂ]: 2846
maskę [maskɛ̃ʷ]: 2677
masła [maswa]: 2872
maszyniści [maʂɨɲiɕtsi]: 2755
maszynista [maʂɨnista]: 2750
matka [matka]: 2377
mąż [mõnz]: 2091
mebel [mɛbɛl]: 2239
meble [mɛblɛ]: 2232, 2530
męcząca [mɛ̃ntʂõntsa]: 2160
medycznej [mɛdɨtʂnɛj]: 2732
mędzynarodowego [mɛ̃ndʑinarɔdɔvɛgɔ]: 2978
menedżera [mɛnɛdʑɛra]: 2030, 2860
menedżerem [mɛnɛdʑɛrɛm]: 2031
metrami [mɛtrami]: 2771
metrów [mɛtruf]: 2749
metry [mɛtrɨ]: 2771
mężczyzn [mɛ̃nʂtʂɨzn]: 2323, 2545, 2964, 2987
mężczyzną [mɛ̃nʂtʂɨznõʷ]: 2552
mężczyzny [mɛ̃nʂtʂɨznɨ]: 2556, 2956
miało [mʲawɔ]: 2281, 2339, 2450, 2533, 2686
miały [mʲawɨ]: 2901

miałyśmy [mʲawɨɕmɨ]: 2058, 2845
między [mʲɛ̃ndʑi]: 2300, 2307, 2791, 2792
miejsca [mʲɛjstsa]: 2206, 2227, 2925
mieliśmy [mʲɛliɕmɨ]: 2058, 2236, 2238, 2238, 2258, 2407, 2430, 2538, 2845
mierzyłam [mʲɛʐɨwam]: 2574
mierzyłem [mʲɛʐɨwɛm]: 2574
miesiąc [mʲɛɕõndʑ]: 2770
miesiąca [mʲɛɕõntsa]: 2788
miesiące [mʲɛɕõntsɛ]: 2961
mieszkalne [mʲɛʂkalnɛ]: 2945
miłe [miwɛ]: 2587, 2793
milej [milɛj]: 2390
mileny [milɛnɨ]: 2272
mili [mili]: 2520, 2587
milionów [milʲɔnuv]: 2536
miliony [milʲɔnɨ]: 2271
miłość [miwɔɕtɕ]: 2913
miłych [miwɨx]: 2694
miłymi [miwɨmi]: 2587
mimo [mimɔ]: 2573, 2652, 2655, 2656, 2657, 2658, 2661
minęła [minɛ̃wa]: 2737
minimalnej [minimalnɛj]: 2876
minuty [minutɨ]: 2343
mirze [mizɛ]: 2107
mleczna [mlɛtʂna]: 2330
móc [muts]: 2143
mocną [mɔtsnõʷ]: 2282
mody [mɔdɨ]: 2832
mógł [mugw]: 2146, 2150, 2437, 2578, 2662, 2925
mogłaś [mɔgwaɕ]: 2449, 2449
mogłbyś [mɔkwbiɕ]: 2056
mogłeś [mɔgwɛɕ]: 2449
moglibyśmy [mɔglibiɕmɨ]: 2206
mogliśmy [mɔgliɕmɨ]: 2034, 2364, 2430, 2450, 2939
mogło [mɔgwɔ]: 2454
mogłyby [mɔgwɨbi]: 2600, 2601
mogłyśmy [mɔgwɨɕmɨ]: 2034, 2364, 2450
moimi [mɔimi]: 2212

mojemu [mɔjɛmu]: 2895
mokra [mɔkra]: 2568
mokry [mɔkrɨ]: 2568
monachium [mɔnaxium]: 2630
morderca [mɔrdɛrtsa]: 2879
mordercę [mɔrdɛrtsɛ̃ʷ]: 2925
mordercy [mɔrdɛrtsɨ]: 2878
morderstw [mɔrdɛrstf]: 2953
morderstwa [mɔrdɛrstfa]: 2790, 2833, 2915, 2925
morderstwami [mɔrdɛrstfami]: 2791
morderstwo [mɔrdɛrstfɔ]: 2865, 2958
moskwie [mɔskfʲɛ]: 2320
motocyklowe [mɔtɔtsɨklɔvɛ]: 2679
motywów [mɔtɨvuf]: 2817
mówcą [muftsɔ̃ʷ]: 2805
możliwość [mɔʐʲivɔʐdʑ]: 2389
możliwości [mɔʐʲivɔɕtsi]: 2138
możliwym [mɔʐʲivim]: 2626
mur [mur]: 2316
muzycznego [muzɨtʂnɛgɔ]: 2818
muzyka [muzɨka]: 2357, 2590
myli [mɨli]: 2979
myślą [mɨɕlɔ̃ʷ]: 2363
myśleliśmy [mɨɕlɛliɕmɨ]: 2608
myśli [mɨɕwi]: 2178
nacisnąć [natsisnɔ̃ndʑ]: 2035
nacisnąłem [natsisnɔ̃wɛm]: 2717
nacisnęłam [natsisnɛ̃wam]: 2717
nad [nad]: 2195, 2786, 2955
nadszarpnięcie [natʂarpɲɛ̃ntɕɛ]: 2960
naftowa [naftɔva]: 2333
naftowej [naftɔvɛj]: 2986
naftowy [naftɔvɨ]: 2333
naftowym [naftɔvim]: 2766
najdłuższa [najdwuʂʂa]: 2266
najgorszym [najgɔrʂim]: 2626
najłatwiej [najwatfʲɛj]: 2762
najlepsze [najlɛpsɛ]: 2747
najmłodszym [najmwɔtʂim]: 2277
najnudniejszych [najnudɲɛjʂix]: 2563
najnudniejszym [najnudɲɛjʂim]: 2625
najstarszy [najstarʂɨ]: 2628
najważniejsza [najvaʐɲɛjʂa]: 2629

najważniejszą [najvaʐɲɛjʂɔ̃ʷ]: 2800
największym [najvʲɛ̃ŋkʂim]: 2303, 2304, 2532
naładowany [nawadɔvanɨ]: 2038
nalegał [nalɛgaw]: 2185
nalegali [nalɛgali]: 2100, 2917
nalegały [nalɛgawɨ]: 2100
namierzyła [namʲɛʐɨwa]: 2840
napełnij [napɛwnij]: 2912
napijmy [napijmɨ]: 2418
napisz [napiʂ]: 2474
napiszcie [napiʂtɕɛ]: 2474
naprawiać [napravʲatɕ]: 2764
naprawić [napravidʑ]: 2126
naprawię [napravʲɛ̃ʷ]: 2065
nareszcie [narɛʂtɕɛ]: 2910
narzekała [naʐɛkawa]: 2861
następnych [nastɛ̃mpnix]: 2570
nasza [naʂa]: 2347, 2348
naszych [naʂix]: 2828
naszym [naʂim]: 2537, 2984
naszymi [naʂimi]: 2368
natrafili [natrafili]: 2916
nauczyciel [nautʂɨtɕɛl]: 2650
nauczyciela [nautʂɨtɕɛla]: 2558
nauczyciele [nautʂɨtɕɛlɛ]: 2914
nauczycielkami [nautʂɨtɕɛlkami]: 2541
nauczyłam [nautʂɨwam]: 2251, 2997
nauczyłem [nautʂɨwɛm]: 2251, 2997
nauką [naukɔ̃ʷ]: 2287
naukowcy [naukɔftsɨ]: 2786, 2863
nawet [navɛt]: 2343, 2358, 2573, 2648, 2649, 2651, 2652, 2653, 2654, 2658
nawzajem [navzajɛm]: 2366
nazwa [nazva]: 2507
negatywnie [nɛgatɨvɲɛ]: 2958
niebie [ɲɛbʲɛ]: 2269
niegrzecznie [ɲɛgʐɛtʂɲɛ]: 2775
niejasne [ɲɛjasnɛ]: 2558
niektórych [ɲɛkturix]: 2211, 2260
niektórzy [ɲɛktuʐɨ]: 2284, 2363, 2425, 2426, 2435, 2752, 2866, 2897
nienawidzę [ɲɛnavidʑɛ̃ʷ]: 2585

ENPL

nienawidzi [ɲɛnavidʑi]: 2046
nienawidziłam [ɲɛnavidʑiwam]: 2051
nienawidziłem [ɲɛnavidʑiwɛm]: 2051
nieodpowiednie [ɲɛɔtpɔvʲednɛ]: 2075
nieporozumienie [ɲɛpɔrɔzumʲenɛ]: 2880
niepotrzebnie [ɲɛpɔtʂɛbnɛ]: 2578
niesłusznie [ɲɛswuʂnɛ]: 2865
niespodzianka [ɲɛspɔdʑanka]: 2381
nieszczęśliwe [ɲɛʂtʂɛ̃ɲɕlivɛ]: 2478
nieszczęśliwy [ɲɛʂtʂɛ̃ɲɕlivɨ]: 2946
nieważne [ɲɛvaʐnɛ]: 2879
niewiarygodnie [ɲɛvʲarɨgɔdnɛ]: 2575
niewłaściwymi [ɲɛvwaɕtsivɨmi]: 2999
niezależną [ɲɛzalɛʐnõw]: 2848
niezależny [ɲɛzalɛʐnɨ]: 2830
niezbędne [ɲɛzbɛ̃ndnɛ]: 2914
nikim [nikim]: 2372
nikt [nigd]: 2583
niskie [niskʲɛ]: 2661, 2892
nocą [nɔtsõw]: 2170
noclegu [nɔtslɛgu]: 2034
nocować [nɔtsɔvadʑ]: 2671
nocowałaś [nɔtsɔvawaɕ]: 2505
nocowałeś [nɔtsɔvawɛɕ]: 2505
nosili [nɔsili]: 2983
nowojorskiego [nɔvɔjɔrskʲɛgɔ]: 2244
nudne [nudnɛ]: 2423
nudny [nudnɨ]: 2564
nudzę [nudʑɛ̃w]: 2557
obawiasz [ɔbavʲaʂ]: 2810
obchodzi [ɔpxɔdʑi]: 2847, 2848
obcy [ɔptsɨ]: 2138
obcych [ɔptsɨx]: 2795
obejrzeliśmy [ɔbɛjʐɛliɕmɨ]: 2625
obie [ɔbʲɛ]: 2438, 2443, 2445, 2541
obiecał [ɔbʲetsaw]: 2010, 2185, 2293
obiecasz [ɔbʲetsaʂ]: 2670
obiedzie [ɔbʲedʑɛ]: 2283
obietnic [ɔbʲednits]: 2891
oblodzony [ɔblɔdzɔnɨ]: 2172
obłokach [ɔbwɔkax]: 2127
oboje [ɔbɔjɛ]: 2443, 2635
obronić [ɔbrɔnitɕ]: 2361

obrzydliwa [ɔbʐɨdliva]: 2559
obsadzone [ɔpsadzɔnɛ]: 2542
obsługa [ɔpswuga]: 2943
obu [ɔbu]: 2449
obudź [ɔbudʑ]: 2920
ocean [ɔtsɛan]: 2300
oceanem [ɔtsɛanɛm]: 2304, 2390
ochładzać [ɔxwadzatɕ]: 2022
ochotę [ɔxɔtɛ̃w]: 2105
ochroniarza [ɔxrɔɲaʐa]: 2889
ochronić [ɔxrɔnitɕ]: 2902
ochrony [ɔxrɔnɨ]: 2889
ocieplenia [ɔtɕeplɛɲa]: 2863
oczekiwałam [ɔtʂɛkivavam]: 2381, 2603, 2829
oczekiwałem [ɔtʂɛkivawɛm]: 2381, 2603, 2829
oczekiwali [ɔtʂɛkivali]: 2957
oczekiwaliśmy [ɔtʂɛkivaliɕmɨ]: 2324, 2610
oczekiwałyśmy [ɔtʂɛkivawɨɕmɨ]: 2324
oczywistych [ɔtʂɨvistɨɣ]: 2823
odbierze [ɔdbʲɛʐɛ]: 2391
odbudowywany [ɔdbudɔvɨvanɨ]: 2482
odbyć [ɔdbɨtɕ]: 2339
oddać [ɔddatɕ]: 2998
oddał [ɔddaw]: 2794
oddała [ɔddawa]: 2994
oddzielnej [ɔddʑɛlnɛj]: 2474
oddzwoniłam [ɔddzvɔniwam]: 2114
oddzwoniłem [ɔddzvɔniwɛm]: 2114
odebrać [ɔdɛbratɕ]: 2969
odejść [ɔdɛjɕtɕ]: 2599
odezwał [ɔdɛzvaw]: 2856
odezwę [ɔdɛzvɛ̃w]: 2448
odjechała [ɔdʲɛxawa]: 2186
odkryciu [ɔtkrɨtsiu]: 2865
odkryli [ɔtkrɨli]: 2990
odmówił [ɔdmuviw]: 2393, 2837
odniesiesz [ɔdɲeɕɛʂ]: 2905
odpłacą [ɔtpwatsõw]: 2999
odpocząć [ɔtpɔtʂõntɕ]: 2343
odpoczynku [ɔtpɔtʂinku]: 2343
odpoczywał [ɔtpɔtʂɨvaw]: 2527

odpoczywała   [ɔtpɔtṣɨvawa]: 2527
odpowiedni   [ɔtpɔvʲɛdni]: 2540
odpowiednich   [ɔtpɔvʲɛdnix]: 2919
odpowiedź   [ɔtpɔvʲɛʥ]: 2474
odpowiedzenia   [ɔtpɔvʲɛʣɛɲa]: 2152
odpowiedział   [ɔtpɔvʲɛʥaw]: 2642
odpowiedziałaś   [ɔtpɔvʲɛʥawaɕ]: 2834
odpowiedziałeś   [ɔtpɔvʲɛʥawɛɕ]: 2834
odpowiedzialnej   [ɔtpɔvʲɛʥalnɛj]: 2754
odpowiedzialność   [ɔtpɔvʲɛʥalnɔɕʨ]: 2580
odpowiedzialny   [ɔtpɔvʲɛʥalnɨ]: 2833
odpowiem   [ɔtpɔvʲɛm]: 2395
odprowadzili   [ɔtprɔvaʥili]: 2940
odrzucana   [ɔdʐutsana]: 2950
odrzucić   [ɔdʐutsiʨ]: 2986
odscar   [ɔtstsar]: 2938
odszkodowanie   [ɔtʂkɔdɔvaɲɛ]: 2960
odwiedzić   [ɔdvʲɛʥiʥ]: 2273
odwołane   [ɔdvɔwanɛ]: 2339
odwołany   [ɔdvɔwanɨ]: 2936
odżywianie   [ɔdʐɨvʲaɲɛ]: 2075
of   [ɔv]: 2559
ofiarom   [ɔfʲarɔm]: 2879
oglądanie   [ɔglõndaɲɛ]: 2133
ogniu   [ɔgɲiu]: 2948
ogolił   [ɔgɔliw]: 2352
ogólnie   [ɔgulɲɛ]: 2758
ogród   [ɔgrut]: 2375, 2547
ogrodzie   [ɔgrɔʥɛ]: 2429
ogromny   [ɔgrɔmnɨ]: 2783
ojczysty   [ɔjtʂɨstɨ]: 2589
okazało   [ɔkazawɔ]: 2929
okolicach   [ɔkɔlitsax]: 2781
około   [ɔkɔwɔ]: 2647
określić   [ɔkrɛɕliʨ]: 2833
okropne   [ɔkrɔpnɛ]: 2051, 2887
okularów   [ɔkularuf]: 2220
olgi   [ɔlgi]: 2766
opartych   [ɔpartɨx]: 2885
opiekę   [ɔpʲɛkɛ̃ʷ]: 2913
opiekują   [ɔpʲɛkujõʷ]: 2851
opiekujemy   [ɔpʲɛkujemɨ]: 2850
opinię   [ɔpiɲɛ̃ʷ]: 2178

opinii   [ɔpinii]: 2434
opis   [ɔpiz]: 2662
opisać   [ɔpisaʨ]: 2836
opisywany   [ɔpisɨvanɨ]: 2958
opowiadać   [ɔpɔvʲadaʨ]: 2935
opowiadałam   [ɔpɔvʲadawam]: 2539
opowiadałem   [ɔpɔvʲadawɛm]: 2539
opowiadaniu   [ɔpɔvʲadaɲiu]: 2562
opóźniony   [ɔpuʑɲɔnɨ]: 2939
oprócz   [ɔpruṭʂ]: 2163
opuścić   [ɔpuʨtsiʥ]: 2183
opuścił   [ɔpuʨtsiw]: 2938
opuściła   [ɔpuʨtsiwa]: 2748
opuszczeniem   [ɔpuʂtʂɛɲɛm]: 2183
osiemnastu   [ɔɕɛmnastu]: 2938
oskarżony   [ɔskarʐɔnɨ]: 2865
oskarżyła   [ɔskarʐɨwa]: 2864
oskarżyli   [ɔskarʐɨli]: 2108
oskarżyły   [ɔskarʐɨwɨ]: 2108
ośmiu   [ɔɕmiu]: 2770
osoba   [ɔsɔba]: 2291
ostatnia   [ɔstatɲa]: 2806
ostatnich   [ɔstadniɨ]: 2782
ostrożnie   [ɔstrɔʐɲɛ]: 2172
ostrożniej   [ɔstrɔʐɲɛj]: 2384
ostrzegają   [ɔstʂɛgajõʷ]: 2863
ostrzegał   [ɔstʂɛgaw]: 2862
ostrzegł   [ɔstʂɛgw]: 2004
ostrzeżono   [ɔstʂɛʐɔnɔ]: 2005, 2016
osuszyła   [ɔsuʂɨwa]: 2359
oszczędzać   [ɔʂtʂɛ̃nʥaʨ]: 2543
oszczędzam   [ɔʂtʂɛ̃nʥam]: 2971
otrzymać   [ɔtʂɨmaʥ]: 2699
otrzymać   [ɔtʂɨmaʨ]: 2699
otrzymał   [ɔtʂɨmaw]: 2960
otrzymaniem   [ɔtʂɨmaɲɛm]: 2123
otwarcia   [ɔtfarʨa]: 2136
otwarty   [ɔtfartɨ]: 2405
otwartych   [ɔtfartɨx]: 2402
oznaczało   [ɔznatʂawɔ]: 2213
pabla   [pabla]: 2702
pace   [patsɛ]: 2731
pachnie   [paxɲɛ]: 2565

pacyfik [patsɨfik]: 2304
pacyfista [patsɨfista]: 2291
paczkę [patʂkɛ̃ʷ]: 2699
pagery [pagerɨ]: 2983
pająk [pajõŋk]: 2813
pająkami [pajõŋkami]: 2812
pająki [pajõŋki]: 2810, 2811, 2812
pająków [pajõŋkuf]: 2284, 2810, 2811
pali [pali]: 2196
paliwo [palivɔ]: 2930
paliwową [palivɔvõʷ]: 2930
pamiętaj [pamʲɛ̃ntaj]: 2020
pamiętał [pamʲɛ̃ntaw]: 2019
pamiętałaś [pamʲɛ̃ntawaɕ]: 2029
pamiętałeś [pamʲɛ̃ntawɛɕ]: 2029
pamiętasz [pamʲɛ̃ntaz]: 2523
pan [pan]: 2537
pana [pana]: 2740
parkingowe [parkingɔvɛ]: 2134
parkingu [parkingu]: 2373
paryża [pariʐa]: 2937
pasie [paɕɛ]: 2646
pasują [pasujõʷ]: 2574
pasuje [pasujɛ]: 2494
patrząc [patʂõnts]: 2997
patrzyli [patʂɨli]: 2689
patrzyliśmy [patʂɨliɕmɨ]: 2269
pekinu [pɛkinu]: 2162
pełne [pɛwnɛ]: 2034, 2823
pewien [pɛvʲen]: 2826, 2946
pianina [pʲanina]: 2003
piątku [pʲõntku]: 2398, 2477
pić [pitɕ]: 2151
picia [pitɕa]: 2151, 2849
pięciopiętrowy [pʲɛ̃ntɕɔpʲɛ̃ntrɔvɨ]: 2334
piękną [pʲɛ̃ŋknõʷ]: 2934
piękne [pʲɛ̃ŋknɛ]: 2429
pięknym [pʲɛ̃ŋknɨm]: 2216
pieniądzach [pʲɛɲõndʑax]: 2900
pierwszą [pʲerfʂõʷ]: 2161
piętrami [pʲɛ̃ntrami]: 2334
piętrze [pʲɛ̃ntʂɛ]: 2725
piliśmy [piliɕmɨ]: 2283

piłyśmy [piwɨɕmɨ]: 2283
piosenkarze [pʲɔsenkaʐɛ]: 2752
pisano [pisanɔ]: 2959
pisma [pisma]: 2124
piszesz [piʂeʂ]: 2744
płacą [pwatsõʷ]: 2580
płacić [pwatsidʑ]: 2292
płacił [pwatsiw]: 2344
płaciła [pwatsiwa]: 2344
planach [planax]: 2408
planami [planami]: 2852
planem [planem]: 2537, 2984
planetą [planetõʷ]: 2485
planie [plaɲɛ]: 2615, 2689
płaszcza [pwaʂtʂa]: 2022
pliki [pliki]: 2955
plików [plikuf]: 2954
plusem [plusɛm]: 2776
plusów [plusuf]: 2777
płynnie [pwiɲɲɛ]: 2630
płynny [pwɨnnɨ]: 2573
pobity [pɔbitɨ]: 2973
pobycie [pɔbɨtɕɛ]: 2877
pochwaliłam [pɔxfaliwam]: 2899
pochwaliłem [pɔxfaliwɛm]: 2899
pociągi [pɔtɕõŋgi]: 2604, 2755
pociągu [pɔtɕõŋgu]: 2716, 2734
początku [pɔtʂõntku]: 2088, 2608,
  2718, 2719, 2929
pocztowa [pɔtʂtova]: 2729
poczuła [pɔtʂuwa]: 2192
podatki [pɔdatki]: 2292
podczas [pɔttʂas]: 2549, 2693, 2821
poddawaj [pɔddavaj]: 2981
podejmować [pɔdejmɔvadʑ]: 2683,
  2848
podejrzanego [pɔdejʐanegɔ]: 2790,
  2817, 2840
podejrzany [pɔdejʐanɨ]: 2839, 2958
podejrzewał [pɔdejʐevaw]: 2109
podejrzewani [pɔdejʐevani]: 2866
podejrzliwa [pɔdejʐliva]: 2817
podejść [pɔdejʑdʑ]: 2174
podjąć [pɔdʲõ̃ntɕ]: 2629

podjęta [pɔdʲɛ̃nta]: 2985
podłączyłaś [pɔdwõntʂɨwaɕ]: 2921
podłączyłeś [pɔdwõntʂɨwɛɕ]: 2921
podniesione [pɔdɲɛɕɔnɛ]: 2770
podnosi [pɔdnɔsi]: 2926
podobały [pɔdɔbawɨ]: 2445
podobne [pɔdɔbnɛ]: 2828
podróże [pɔdruʑɛ]: 2235
podróżujecie [pɔdruʑujɛtɕɛ]: 2613
podróży [pɔdruʑɨ]: 2519, 2678, 2852, 2962, 2997
podrzucili [pɔdzutsili]: 2968
podszedł [pɔtʂɛdw]: 2951
podwyższa [pɔdvɨʂʂa]: 2788
podziękować [pɔdʑɛ̃ŋkɔvatɕ]: 2113
podzielona [pɔdʑɛlɔna]: 2909
podziemnym [pɔdʑɛmnɨm]: 2907
poglądy [pɔglõndɨ]: 2434
pogratulować [pɔgratulɔvatɕ]: 2894
pogratulowałam [pɔgratulɔvawam]: 2107, 2895
pogratulowałem [pɔgratulɔvawɛm]: 2107, 2895
pogrzebani [pɔgzɛbani]: 2526
pójdziesz [pujdʑɛz]: 2256
pojechał [pɔjɛxaw]: 2938
pokazała [pɔkazawa]: 2534
pokazałam [pɔkazawam]: 2680
pokazałem [pɔkazawɛm]: 2680
pokłócił [pɔkwutsiw]: 2369
polecenia [pɔlɛtsɛɲa]: 2600, 2601
polecił [pɔlɛtsiw]: 2505
polega [pɔlɛga]: 2891, 2900
polegać [pɔlɛgatɕ]: 2509, 2896
policją [pɔlitsʲõw]: 2993
policjanci [pɔlitsʲantsi]: 2545, 2956
policjantem [pɔlitsʲantɛm]: 2534, 2965
policji [pɔlitsʲi]: 2015, 2667, 2839
policzyli [pɔlitʂili]: 2943
polityka [pɔlitɨka]: 2843
połowa [pɔwɔva]: 2432
połowę [pɔwɔvɛ̃w]: 2794
położył [pɔwɔʑɨw]: 2840, 2988
południa [pɔwudɲa]: 2701

południe [pɔwudɲɛ]: 2707
pomachałam [pɔmaxawam]: 2996
pomachałem [pɔmaxawɛm]: 2996
pomachały [pɔmaxawɨ]: 2996
pomagał [pɔmagaw]: 2040
pomiędzy [pɔmʲɛ̃ndʑɨ]: 2949
pominąć [pɔminõntɕ]: 2992
pomoc [pɔmɔts]: 2113
pomoc [pɔmɔdʑ]: 2293
pomocy [pɔmɔtsɨ]: 2003, 2040, 2041, 2896
pomogłaś [pɔmɔgwaɕ]: 2793
pomogłeś [pɔmɔgwɛɕ]: 2793
pomyłkę [pɔmɨwkɛ̃w]: 2761
pomysł [pɔmɨsw]: 2858
pomyślałabyś [pɔmiɕlawabiɕ]: 2589
pomyślałam [pɔmiɕlawam]: 2858
pomyślałbyś [pɔmiɕlawbiɕ]: 2589
pomyślałem [pɔmiɕlawɛm]: 2858
pomyśleć [pɔmiɕlɛtɕ]: 2139, 2422
pomysły [pɔmɨswɨ]: 2970
ponieść [pɔɲɛɕtɕ]: 2013
ponosi [pɔnɔsi]: 2580
popełnił [pɔpɛwniw]: 2946
popisać [pɔpisatɕ]: 2944
poprawić [pɔpravitɕ]: 2074
poprosić [pɔprɔsitɕ]: 2525
poprosiła [pɔprɔsiwa]: 2006
poprosiłam [pɔprɔsiwam]: 2844
poprosiłem [pɔprɔsiwɛm]: 2844
popsuły [pɔpsuwɨ]: 2949
populacja [pɔpulatsʲa]: 2532
populacji [pɔpulatsʲi]: 2966
popularną [pɔpularnõw]: 2816
popularny [pɔpularnɨ]: 2583
poranne [pɔrannɛ]: 2845
porozumienie [pɔrɔzumʲɛɲɛ]: 2928
poruszać [pɔruʂatɕ]: 2017
poruszanie [pɔruʂaɲɛ]: 2017, 2211
posiadanie [pɔɕadaɲɛ]: 2017
posiłek [pɔɕiwɛk]: 2870, 2873
pośliznął [pɔɕliznõw]: 2673
pospiesznym [pɔspʲɛʂnɨm]: 2767
posprzątać [pɔspʂõntatɕ]: 2980

posprzątam [pɔspʂõntam]: 2807
postaw [pɔstav]: 2912
postęp [pɔstɛ̃mp]: 2037
poszłaś [pɔʂwaʐ]: 2875
poszlismy [pɔʂlismɨ]: 2288
poszło [pɔʂwɔ]: 2454
poszukam [pɔʂukam]: 2780
potencjalny [pɔtɛntsʲalnɨ]: 2984
potrącony [pɔtrõntsɔnɨ]: 2989
potrafi [pɔtrafi]: 2562, 2758
potrzebować [pɔtʂɛbɔvaʥ]: 2233
potrzebowali [pɔtʂɛbɔvali]: 2040
potrzebowały [pɔtʂɛbɔvawɨ]: 2040
potrzebują [pɔtʂɛbujõʷ]: 2039
potrzebuję [pɔtʂɛbujɛ̃ʷ]: 2036, 2041,
    2136, 2139, 2220, 2247, 2253,
    2327, 2422, 2780
potrzebujemy [pɔtʂɛbujɛmɨ]: 2026
potrzeby [pɔtʂɛbɨ]: 2413, 2775
powagi [pɔvagi]: 2820
powalonych [pɔvalɔnɨy]: 2990
poważna [pɔvaʐna]: 2043
poważnie [pɔvaʐɲɛ]: 2410, 2571, 2576
poważniejsza [pɔvaʐɲɛjʂa]: 2608
powiązanie [pɔvʲõnzaɲɛ]: 2791
powie [pɔvʲɛ]: 2010
powiedz [pɔvʲɛʥ]: 2512
powiedziano [pɔvʲɛʥanɔ]: 2016, 2391
powiedzieć [pɔvʲɛʥɛʥ]: 2070
powiedzieliśmy [pɔvʲɛʥɛliɕmɨ]: 2023
powiem [pɔvʲɛm]: 2066, 2070
powieści [pɔvʲɛɕtsi]: 2908
powietrza [pɔvʲɛtʂa]: 2255
powinieneś [pɔviɲɛnɛʐ]: 2680
powinnaś [pɔvinnaʐ]: 2680
powinny [pɔvinnɨ]: 2039
powodowanych [pɔvɔdɔvanɨx]: 2076
powodując [pɔvɔdujõnts]: 2911
powrotem [pɔvrɔtɛm]: 2969
powstrzymać [pɔfstʂɨmaʨ]: 2043,
    2044, 2867
powstrzymał [pɔfstʂɨmaw]: 2112
powstrzymało [pɔfstʂɨmawɔ]: 2110
powstrzymano [pɔfstʂɨmanɔ]: 2183

poza [pɔza]: 2923
pożarze [pɔʐaʐɛ]: 2482
poznać [pɔznaʨ]: 2054, 2502
pozostała [pɔzɔstawa]: 2817
pozwalają [pɔzvalajõʷ]: 2008
pozwól [pɔzvul]: 2013, 2383, 2836
pozwolenie [pɔzvɔlɛɲɛ]: 2245
pozwoliliby [pɔzvɔlilibɨ]: 2012
pozwolono [pɔzvɔlɔnɔ]: 2183
pożyczając [pɔʑɨtʂajõnʥ]: 2085
pożyczał [pɔʑɨtʂaw]: 2028
pożyczała [pɔʑɨtʂawa]: 2028
pożyczyłam [pɔʑɨtʂɨwam]: 2028, 2998
pożyczyłaś [pɔʑɨtʂɨwaʨ]: 2515
pożyczyłem [pɔʑɨtʂɨwɛm]: 2028, 2998
pożyczyłeś [pɔʑɨtʂɨwɛʨ]: 2515
pożyczyliście [pɔʑɨtʂɨliʨtɕɛ]: 2515
pożyczyłyście [pɔʑɨtʂɨwɨʨtɕɛ]: 2515
pozytywny [pɔzɨtɨvnɨ]: 2788
pracą [pratsõʷ]: 2331
pracownika [pratsɔvnika]: 2109
prania [praɲa]: 2039
prasie [praɕɛ]: 2958
prawdy [pravdɨ]: 2098
prawdziwe [pravʥivɛ]: 2498
prawdziwym [pravʥivɨm]: 2914
prawie [pravʲɛ]: 2394, 2581, 2582,
    2583, 2584, 2585, 2632, 2904
prawniczej [pravnitsɛj]: 2732, 2894
prawnik [pravnik]: 2015, 2837
prawnik [pravnig]: 2015
prawnikiem [pravnikʲɛm]: 2904
prędkością [prɛ̃ntkɔɕʨõʷ]: 2749, 2750
prelegent [prɛlɛgɛnt]: 2688
prezydent [prɛzɨdɛnt]: 2024, 2025
problemami [prɔblɛmami]: 2329
problemie [prɔblɛmʲɛ]: 2096
problemów [prɔblɛmuv]: 2080
próbowała [prubɔvawa]: 2043
próbowałam [prubɔvawam]: 2032,
    2176, 2360
próbowałem [prubɔvawɛm]: 2032,
    2176, 2360
próbowali [prubɔvali]: 2945, 2956

próbując [prubujõnts]: 2126
próbuje [prubujɛ]: 2833
procent [prɔtsɛnt]: 2966
produkcji [prɔduktsʲi]: 2941
produkowanych [prɔdukɔvanɨx]: 2550
produktów [prɔduktuf]: 2342
produkty [prɔduktɨ]: 2774
produkuje [prɔdukujɛ]: 2530
promieniowania [prɔmʲɛɲɔvaɲa]: 2888
propozycji [prɔpɔzɨtsʲi]: 2139
prosi [prɔsi]: 2690
prosiłem [prɔsiwɛm]: 2409
prostą [prɔstõʷ]: 2787, 2893
proste [prɔstɛ]: 2297
prosto [prɔstɔ]: 2207
prostsze [prɔstsɛ]: 2600, 2601
prostu [prɔstu]: 2925
protestować [prɔtɛstɔvatɕ]: 2945
prowadzący [prɔvaʣõntsɨ]: 2545
prowadzić [prɔvaʥiʥ]: 2953
przechodząc [pʐɛxɔʣõnts]: 2205
przechodził [pʂɛxɔʥiw]: 2989
przechytrzyła [pʂɛxɨtʂɨwa]: 2925
przeciwsłoneczny [pʂɛtsifswɔnɛtʂnɨ]: 2888
przeczytaj [pʐɛtʂitaj]: 2470
przeczytałam [pʐɛtʂitawam]: 2468
przeczytałaś [pʐɛtʂitawaɕ]: 2456
przeczytałem [pʐɛtʂitawɛm]: 2468
przeczytałeś [pʂɛtʂitawɛɕ]: 2456
przed [pʐɛd]: 2071
przedstawienie [pʂɛtstavʲɛɲɛ]: 2988
przedstawiliśmy [pʂɛtstaviliɕmɨ]: 2366
przedstawiłyśmy [pʐɛtstaviwɨɕmɨ]: 2366
przedyskutowaniu [pʂɛdiskutɔvaɲu]: 2025
przegranego [pʂɛgranɛgɔ]: 2809
przejażdżka [pʐɛjaʂtʂka]: 2337
przejażdżka [pʂɛjaʂtʂka]: 2337
przejdźmy [pʐɛjʥmɨ]: 2941
przejściu [pʂɛjɕtɕiu]: 2736, 2907
przeklinania [pʂɛkliɲaɲa]: 2103
przekroczyłaś [pʐɛkrɔtʂɨwaɕ]: 2268

przekroczyłeś [pʂɛkrɔtʂɨwɛɕ]: 2268
przełom [pʂɛwɔm]: 2981
przełożyć [pʂɛwɔʑɨtɕ]: 2985
przemawiając [pʐɛmavʲajõnts]: 2802
przemocy [pʂɛmɔtsɨ]: 2885
przemokniesz [pʂɛmɔkɲɛʂ]: 2743
przemowa [pʂɛmɔva]: 2899
przemowę [pʂɛmɔvẽʷ]: 2803
przemowy [pʂɛmɔvɨ]: 2805
przemysłem [pʂɛmɨswɛm]: 2341
przenieść [pʂɛɲɛɕtɕ]: 2041
przeniesieniu [pʂɛɲɛɕɛɲu]: 2041
przeniosłam [pʐɛɲɔswam]: 2003
przeniosłem [pʂɛɲɔswɛm]: 2003
przeprosić [pʐɛprɔɕiʥ]: 2097, 2098
przeprosiłam [pʐɛprɔɕiwam]: 2880
przeprosiłem [pʂɛprɔɕiwɛm]: 2880
przeprosiłem [pʐɛprɔɕiwɛm]: 2880
przeprosiny [pʐɛprɔɕinɨ]: 2881
przeprosisz [pʂɛprɔɕiʂ]: 2448
przeprowadzać [pʂɛprɔvaʣaʥ]: 2104
przeprowadzić [pʂɛprɔvaʥitɕ]: 2994
przeprowadziła [pʂɛprɔvaʥiwa]: 2092
przeprowadziliśmy [pʐɛprɔvaʥiliɕmɨ]: 2144
przeprowadzka [pʂɛprɔvatska]: 2629
przerażają [pʂɛraʐajõʷ]: 2811, 2812
przerażające [pʂɛraʐajõntsɛ]: 2810
przerażona [pʐɛraʐɔna]: 2812
przerażony [pʂɛraʐɔnɨ]: 2812
przerwaniu [pʂɛrvaɲu]: 2688
przerwy [pʂɛrvɨ]: 2077, 2696
przesłuchać [pʂɛswuxaʥ]: 2323
przesłuchać [pʂɛswuxatɕ]: 2790
przesłuchiwała [pʂɛswuxivava]: 2992
przestaje [pʂɛstajɛ]: 2563
przestała [pʂɛstawa]: 2915
przestałem [pʐɛstawɛm]: 2727
przestawaj [pʂɛstavaj]: 2935
przestępczości [pʂɛstẽmptsɔtɕsi]: 2782
przestępstw [pʂɛstẽmpstf]: 2885
przestępstwa [pʂɛstẽmpstfa]: 2545, 2820, 2878
przestępstwie [pʂɛstẽmpstfʲɛ]: 2667

przestraszył [pşestraşiw]: 2813
przestrzeń [pşestşɛɲ]: 2945
przeszedł [pşeşedw]: 2025
przeszkadzają [pşeşkadzajõw]: 2079
przeszkadzał [pşeşkadzaw]: 2149
przeszłość [pşeşwɔçtɕ]: 2997
przetłumaczone [pşedwumatşɔnɛ]: 2908
przetrwać [pşetrvatɕ]: 2927
przetworzone [pşetfɔʐɔnɛ]: 2919
przewodnik [pzɛvɔdnik]: 2257
przewodnik [pşevɔdnik]: 2529, 2630
przy [pʂɨ]: 2736
przybrała [pşɨbrawa]: 2756
przyciągnęło [pşitɕõŋgnõwɔ]: 2988
przycisk [pşɨtsisk]: 2035
przyczyną [pşɨtşɨnõw]: 2778
przyczynę [pşɨtşɨnɛ̃w]: 2218
przygody [pşɨgɔdɨ]: 2940
przyjaciel [pʐɨjatɕel]: 2502
przyjaciółkami [pşɨjatɕuwkami]: 2638
przyjaciółkami [pʐɨjatɕuwkami]: 2638, 2718
przyjaźni [pşɨjaʑni]: 2426, 2649
przyjdą [pşɨjdõw]: 2381
przyjdę [pşɨjdɛ̃w]: 2924
przyjechałem [pʐɨjexawɛm]: 2768
przyjedź [pʐɨjetɕ]: 2148
przyjedzie [pşɨjedʑe]: 2418
przyjęła [pşɨjɛ̃wa]: 2660, 2661
przyjścia [pşɨjɕtɕa]: 2110
przykro [pʐɨkrɔ]: 2158, 2179, 2180, 2801
przyleci [pşɨletsi]: 2162
przyleciałam [pʐɨletɕawam]: 2969
przyleciałem [pşɨletɕawɛm]: 2969
przylecimy [pşɨletsimɨ]: 2740
przymierzyć [pşɨmʲeʑɨdʑ]: 2934
przypadkiem [pşɨpatkʲem]: 2760
przypadkowo [pşɨpatkɔvɔ]: 2916, 2956
przypominasz [pşɨpɔminaş]: 2857
przypomnę [pʐɨpɔmnɛ̃w]: 2663
przypomniałaś [pʐɨpɔmɲawaɕ]: 2859
przypomniałeś [pşɨpɔmɲaweɕ]: 2859

przyszedłem [pzɨşedwɛm]: 2618
przyszłam [pzɨşwam]: 2618
przyszliśmy [pşɨşliçmɨ]: 2503
przyszłyśmy [pzɨşwɨçmɨ]: 2503
przywróci [pşɨvrutsi]: 2879
przyzwyczaić [pşɨzvɨtşaitɕ]: 2092
przyzwyczaimy [pşɨzvɨtşaimɨ]: 2089
przyzwyczajona [pşɨzvɨtşajɔna]: 2087, 2091
przyzwyczajona [pʐɨzvɨtşajɔna]: 2088, 2093
przyzwyczajony [pşɨzvɨtşajɔnɨ]: 2088, 2090, 2093
publiczność [publitşnɔʐdz]: 2818
publiczności [publitşnɔçtsi]: 2803
puka [puka]: 2722
pustynią [pustɨɲõw]: 2311
rabunku [rabunku]: 2549
rację [ratsʲɛ̃w]: 2929
rada [rada]: 2240
radę [radɛ̃w]: 2006, 2256, 2525
radiu [radiu]: 2753
rady [radɨ]: 2042, 2247
radziłabym [radʑiwabɨm]: 2007
radziłbym [radʑiwbɨm]: 2007
ramienia [ramʲena]: 2192
ranni [ranni]: 2217
ratują [ratujõw]: 2473
ratusz [ratuş]: 2216
razem [razem]: 2466
razie [raʑe]: 2662, 2663
reakcją [reaktsʲõw]: 2787
reakcja [reaktsʲa]: 2803
ręcznie [rɛntşɲe]: 2764
ręcznikiem [rɛntşnikʲem]: 2359
regionie [regʲɔɲe]: 2341
regionu [regʲɔnu]: 2341
rejs [rejs]: 2733
relacjach [relatsʲax]: 2789
ren [ren]: 2305
reputacji [reputatsʲi]: 2960
reszta [reşta]: 2741
rezygnację [rezɨgnatsʲɛ̃w]: 2806
robiąc [rɔbʲõnts]: 2203

robienia [rɔbʲɛɲa]: 2423, 2585

robin [rɔbin]: 2298

roboty [rɔbɔtɨ]: 2557, 2690

rocka [rɔtska]: 2889

rodzicami [rɔdʑitsami]: 2789, 2851

rodziców [rɔdʑitsuf]: 2797, 2814, 2830, 2900

rodzinę [rɔdʑinɛ̃ʷ]: 2054

rodziny [rɔdʑinɨ]: 2779

rok [rɔg]: 2783

rondel [rɔndɛl]: 2912

rosją [rɔsʲɔ̃ʷ]: 2949

równik [ruvnik]: 2268

rozbite [rɔzbitɛ]: 2073

rozczytaniem [rɔstʂitaɲem]: 2124

rozdawałam [rɔzdavawam]: 2933

rozdawałem [rɔzdavawɛm]: 2933

rozdzielił [rɔzdʑeliw]: 2910

rozmawiają [rɔzmavʲajɔ̃ʷ]: 2365

rozmawiając [rɔzmavʲajɔ̃nts]: 2993

rozmawiał [rɔzmavʲaw]: 2497

rozmowy [rɔzmɔvɨ]: 2025, 2135, 2147, 2153, 2949

różne [ruʐnɛ]: 2690

różnice [ruʐnitsɛ]: 2792

rozpocząłem [rɔspɔtʂɔ̃wɛm]: 2940

rozpoczęłam [rɔspɔtʂɛ̃wam]: 2940

rozrywki [rɔzrɨfki]: 2585

rozsądnych [rɔssɔ̃ndnɨx]: 2555

rozstali [rɔsstali]: 2974, 2975

rozwiązać [rɔzvʲɔ̃nzatɕ]: 2184

rozwiązać [rɔzvʲɔ̃nzadʑ]: 2430

rozwiązaniem [rɔzvʲɔ̃nzaɲem]: 2786

rozwinęła [rɔzvinɛ̃wa]: 2774

ruchliwej [ruxlivej]: 2089

rząd [zɔ̃nt]: 2293

rząd [zɔ̃nd]: 2883

rzadko [zatkɔ]: 2632

rzędzie [zɛ̃ndʑe]: 2723

rzeką [zɛkɔ̃ʷ]: 2195, 2302, 2305

rzeka [zɛka]: 2266

rzucił [zutsiw]: 2843, 2922

rzuciła [zutsiwa]: 2844

rzuciłam [zutsiwam]: 2910

rzuciłem [zutsiwɛm]: 2910

sądu [sɔ̃ndu]: 2960

sądzę [sɔ̃ndʑɛ̃ʷ]: 2246

sądzi [sɔ̃ndʑi]: 2358

samo [samɔ]: 2582, 2622

samobójstw [samɔbujstf]: 2886

samobójstwo [samɔbujstfɔ]: 2946

samochodach [samɔxɔdax]: 2473

samochodów [samɔxɔduf]: 2757, 2911

samolocie [samɔlɔtɕɛ]: 2497, 2552, 2736

samolot [samɔlɔd]: 2939

samopoczucia [samɔpɔtʂutɕa]: 2656

samotna [samɔdna]: 2135, 2377

samotnego [samɔdnɛgɔ]: 2776, 2777

samotny [samɔdnɨ]: 2135

samych [samɨx]: 2348

sandry [sandrɨ]: 2001

sarze [sazɛ]: 2929

sąsiad [sɔ̃ɲɕat]: 2241, 2242

sąsiadem [sɔ̃ɲɕadɛm]: 2369

sąsiadka [sɔ̃ɲɕatka]: 2241, 2242

sąsiadką [sɔ̃ɲɕatkɔ̃ʷ]: 2369

sąsiedniego [sɔ̃ɲɕedɲegɔ]: 2489

ściąganie [ɕtɕɔ̃ŋgaɲɛ]: 2866

sekrecie [sɛkretɕɛ]: 2433

semestrach [sɛmestrax]: 2922

sensu [sɛnsu]: 2115, 2116, 2117, 2569

ser [sɛr]: 2490

serca [sɛrtsa]: 2868, 2869, 2884

serce [sɛrtsɛ]: 2884

siatkówkę [ɕatkufkɛ̃ʷ]: 2200

siebie [ɕebʲɛ]: 2344, 2345, 2348, 2355, 2842, 2907

siedemnastu [ɕedɛmnastu]: 2748

siedmiu [ɕedmiu]: 2870

siedź [ɕetɕ]: 2846

siedzących [ɕedʑɔ̃ntsɨx]: 2584

siedzącym [ɕedʑɔ̃ntsɨm]: 2552

siedzenia [ɕedʑɛɲa]: 2140

siedziałam [ɕedʑawam]: 2497, 2736

siedziałem [ɕedʑawɛm]: 2497, 2736

sięgnął [ɕɛ̃ŋgnɔw]: 2841

siostrze [ɕɔstʂɛ]: 2894

skałę   [skawɛ̃ʷ]: 2910
skaleczyła   [skalɛtşɨwa]: 2200
skandal   [skandal]: 2333
skandalem   [skandalɛm]: 2956
skargę   [skargɛ̃ʷ]: 2860
skarżył   [skarzɨw]: 2166
składa   [skwada]: 2871, 2872
składał   [skwadaw]: 2870
sklepów   [sklɛpuf]: 2402, 2405
skomplikowana   [skɔmplikɔvana]: 2598
skomplikowane   [skɔmplikɔvanɛ]:
    2600, 2601
skończeniu   [skɔntşɛniu]: 2072
skończyło   [skɔntşɨwɔ]: 2713, 2964
skończysz   [skɔntşɨş]: 2963, 2965
skontaktować   [skɔntaktɔvatɕ]: 2146,
    2544, 2665, 2678
skontaktuje   [skɔntaktujɛ]: 2447
skórę   [skurɛ̃ʷ]: 2888
skradzionego   [skradʑɔnɛgɔ]: 2219
skradzionych   [skradʑɔnɨx]: 2549
skrzynka   [skşɨnka]: 2729
skutkach   [skutkaɣ]: 2863
słabo   [swabɔ]: 2419
śledztwo   [ɕlɛtstfɔ]: 2545
słońcu   [swɔntsu]: 2742
słonecznego   [swɔnɛtşnɛgɔ]: 2888
słów   [swuf]: 2251
słowa   [swɔva]: 2463
słownictwa   [swɔvnitstfa]: 2250
służbowej   [swuzbɔvɛj]: 2519, 2678,
    2962
słyną   [swɨnõʷ]: 2294
słyszał   [swɨşaw]: 2198
słyszeć   [swɨşɛtɕ]: 2158, 2179
słyszysz   [swɨşɨş]: 2687
smakowała   [smakɔvawa]: 2283
śmiali   [ɕmʲali]: 2838
śmiechu   [ɕmʲɛxu]: 2043
śmieci   [ɕmʲɛtsi]: 2919
śmierć   [ɕmʲɛrtɕ]: 2813
śmiesznych   [ɕmʲɛşnɨx]: 2562
smutna   [smudna]: 2800
smutny   [smudnɨ]: 2797, 2800

śni   [ɕni]: 2102
spada   [spada]: 2532
spadek   [spadɛk]: 2782, 2783
specjalizuje   [spɛtsʲalizujɛ]: 2904
specjalnie   [spɛtsʲalɲɛ]: 2759
specjalnych   [spɛtsʲalnɨx]: 2953
spędzasz   [spɛ̃dzaş]: 2918
spędził   [spɛ̃dʑiw]: 2126
śpiąc   [ɕpʲõnts]: 2963
spieszę   [spʲɛşɛ̃ʷ]: 2740
spieszyć   [spʲɛşitɕ]: 2413
spieszyłam   [spʲɛşɨwam]: 2141
spieszyłem   [spʲɛşɨwɛm]: 2141
spieszysz   [spʲɛşɨş]: 2362
spłonął   [spwɔnõw]: 2947
spodziewało   [spɔdʑɛvawɔ]: 2421
spokojnej   [spɔkɔjnɛj]: 2797
sporty   [spɔrtɨ]: 2679
spotkać   [spɔtkadʑ]: 2491, 2492
spotkania   [spɔtkaɲa]: 2106
spotykać   [spɔtɨkatɕ]: 2047
spowodował   [spɔvɔdɔvaw]: 2486
spowodowała   [spɔvɔdɔvawa]: 2340
spóźni   [spuʑni]: 2636
spóźniasz   [spuʑɲaş]: 2681
spóźnił   [spuʑniw]: 2824
spożywczych   [spɔʑɨftşɨx]: 2342
sprawą   [spravõʷ]: 2915
sprawa   [sprava]: 2959
sprawcą   [spraftsõʷ]: 2958
sprawdzać   [spravdzatɕ]: 2331
sprawdzaliśmy   [spravdzaliɕmɨ]: 2034
sprawdzałyśmy   [spravdzawɨɕmɨ]: 2034
sprawdzić   [spravdʑitɕ]: 2383
sprawia   [spravʲa]: 2011, 2211, 2544,
    2815
sprawiają   [spravʲajõʷ]: 2815
sprawie   [spravʲɛ]: 2545, 2790, 2953
sprawiła   [spraviwa]: 2075
sprawiłam   [spraviwam]: 2010, 2397
sprawiłem   [spraviwɛm]: 2010, 2397
sprawiono   [spravʲɔnɔ]: 2014
sprawy   [spravɨ]: 2297
spróbować   [sprubɔvatɕ]: 2350

spróbowałam [sprubɔvavam]: 2567
spróbowałem [sprubɔvavɛm]: 2567
spróbuj [sprubuj]: 2033, 2035
spróbuję [sprubujɛ̃ʷ]: 2512
spróbujmy [sprubujmɨ]: 2825
sprzątana [spʃɔ̃ntana]: 2559
sprzątanie [spʃɔ̃ntaɲɛ]: 2053
sprzątaniu [spʃɔ̃ntaɲiu]: 2040, 2053
sprzedaż [spʃɛdaʃ]: 2788
sprzedaży [spʃɛdaʒɨ]: 2724, 2783, 2932
środę [ɕrɔdɛ̃ʷ]: 2707
środkami [ɕrɔtkami]: 2322
środkowej [ɕrɔtkɔvɛj]: 2310
środowisko [ɕrɔdɔviskɔ]: 2270
stację [statsʲɛ̃ʷ]: 2930
stanami [stanami]: 2949
stanie [staɲɛ]: 2281, 2361
stanowią [stanɔvʲɔ̃ʷ]: 2966
stany [stanɨ]: 2307
starości [starɔɕtsi]: 2797
starszymi [starʃɨmi]: 2851
startowym [startɔvɨm]: 2646
statku [statku]: 2733
stawał [stavaw]: 2564
stawania [stavaɲa]: 2167
stawić [staviʨ]: 2987
stoicie [stɔiʨɛ]: 2203
stoisz [stɔiʃ]: 2203
stoisz [stɔiz]: 2599
stół [stuw]: 2041
stolicą [stɔlitsɔ̃ʷ]: 2299, 2309
stolik [stɔlik]: 2742
stołu [stɔwu]: 2041
stopni [stɔpɲi]: 2751
stopnie [stɔpɲɛ]: 2326
stosunek [stɔsunɛg]: 2788
stosunkach [stɔsunkax]: 2718
stosunku [stɔsunku]: 2649, 2817
stracił [stratsiw]: 2179, 2750, 2906
straciła [stratsiwa]: 2640
strajkują [strajkujɔ̃ʷ]: 2755
straszne [straʃɲɛ]: 2633, 2810, 2811, 2897

straszny [straʃnɨ]: 2467
strażacy [strazatsɨ]: 2947, 2948
stresująca [stresujɔ̃ntsa]: 2758
strony [strɔnɨ]: 2155, 2156, 2157, 2794
strzelać [stʃɛlaʨ]: 2841
strzelili [stʃɛlili]: 2956
studenci [studɛntsi]: 2966
studzienki [studʑɛnki]: 2844
sucho [suxɔ]: 2260
sugestia [sugestʲa]: 2240
sugestię [sugestʲɛ̃ʷ]: 2787
sugestii [sugestii]: 2555
sukces [suktsɛs]: 2905
supermarket [supɛrmarkɛt]: 2387
swetry [sfɛtrɨ]: 2902
świadoma [ɕvʲadɔma]: 2820, 2821
świadomy [ɕfʲadɔmɨ]: 2820
świadomy [ɕvʲadɔmɨ]: 2821
świetne [ɕfʲɛdnɛ]: 2970
świeżego [ɕfʲɛʒɛgɔ]: 2255
swoimi [sfɔimi]: 2851
swoje [svɔjɛ]: 2940
syn [sɨn]: 2628
syna [sɨna]: 2534
sypialnię [sɨpʲalɲɛ̃ʷ]: 2547
sytuacja [sɨtuatsʲa]: 2598
szalona [ʃalɔna]: 2689
szalony [ʃalɔnɨ]: 2689
szalonymi [ʃalɔnɨmi]: 2889
szczegół [ʃtʃɛguw]: 2992
szef [ʃɛf]: 2583
szefa [ʃɛfa]: 2834
szeptaliśmy [ʃɛptaliɕmɨ]: 2147
szeptałyśmy [ʃɛptawɨɕmɨ]: 2147
sześć [ʃɛʑʥ]: 2265
sześcioma [ʃɛɕtɕɔma]: 2249
sześciuset [ʃɛɕtsiusɛd]: 2486
sześćset [ʃɛɕtɕɔsɛd]: 2770
sześćset [ʃɛɕtɕɔsɛt]: 2773
szkocja [ʃkɔtsʲa]: 2315
szkoda [ʃkɔda]: 2057, 2373, 2809
szkodliwymi [ʃkɔdlivimi]: 2888
szliśmy [ʃliɕmɨ]: 2172

szłyśmy [şwiçmi]: 2172
szpiegiem [şpʲɛgʲɛm]: 2109
sztuki [ştuki]: 2832
szukać [şukadʐ]: 2915
szukają [şukajõʷ]: 2545
szukałam [şukawam]: 2464
szukałaś [şukawaç]: 2495
szukałem [şukawɛm]: 2464
szukałeś [şukawɛç]: 2495
szukaliście [şukaliçtɕɛ]: 2495
szukaliśmy [şukaliçmi]: 2206
szukałyście [şukawiçtɕɛ]: 2495, 2495
szukaniu [şukaniu]: 2905
szwecja [şvɛtsʲa]: 2301
tacy [tatsi]: 2587
tajemnica [tajemnitsa]: 2484
tajfunu [tajfunu]: 2936
tajlandii [tajlandii]: 2309
tajwanu [tajvanu]: 2312
taksówka [taksufka]: 2553
taksówki [taksufki]: 2118
tamta [tamta]: 2370
tamtejszym [tamtejşim]: 2213
tamten [tamtɛn]: 2684
tankować [tankɔvatɕ]: 2727
taty [tati]: 2856
temat [tɛmat]: 2323
temperaturze [tɛmpɛratuzɛ]: 2751
tenisowego [tɛnisɔvɛgɔ]: 2895
terenowym [tɛrɛnɔvim]: 2241
tlenku [tlɛnku]: 2871
tłum [twum]: 2988
tłumy [twumi]: 2831
toaletowego [tɔalɛtɔvɛgɔ]: 2931
toaletowy [tɔalɛtɔvi]: 2982
tolerancyjnych [tɔlɛrantsijniɣ]: 2819
toreb [tɔrɛp]: 2238
tornado [tɔrnadɔ]: 2990
tournée [tɔurnéɛ]: 2752
transportu [transpɔrtu]: 2322
trening [trɛnink]: 2981
trenować [trɛnɔvatɕ]: 2138
trudne [trudnɛ]: 2090, 2154, 2211, 2950

trudność [trudnɔʑdʐ]: 2125
trudności [trudnɔçtsi]: 2131, 2401, 2948
trwa [trva]: 2336
trwał [trvaw]: 2564
trwało [trvawɔ]: 2290
trzaskającego [tşaskajõntsɛgɔ]: 2199
trzema [tşɛma]: 2771
trzydzieści [tzʲdʑɛçtsi]: 2326, 2327
trzydziestego [tzʲdʑɛstɛgɔ]: 2708
trzydziestoletni [tşʲdʑɛstɔlɛdni]: 2335
trzymać [tzʲmatɕ]: 2032
trzymała [tzʲmawa]: 2433
turnieju [turɲeju]: 2895
turyści [turiçtsi]: 2435
turystyka [turistika]: 2341
twardego [tfardɛgɔ]: 2954
twoimi [tfɔimi]: 2080, 2789
tworzyć [tfɔzʲtɕ]: 2954
tydzień [tidʑɛɲ]: 2342, 2691, 2711
tygodni [tigɔdni]: 2336, 2570
tygodniowy [tigɔdɲɔvi]: 2342
tyle [tilɛ]: 2619
tylnym [tilnim]: 2723
tylu [tilu]: 2384
typowe [tipɔvɛ]: 2824
tysiąca [tiçõntsa]: 2486
tysięcy [tiçɛntsi]: 2749, 2770, 2772
tytuł [tituw]: 2502
ubezpieczeniowej [ubɛspʲɛtşɛɲɔvej]: 2773
ubrał [ubraw]: 2352
ubrany [ubrani]: 2579
ucichła [utsixwa]: 2959
ucichnie [utsixɲɛ]: 2957
uciec [utɕɛts]: 2925, 2972
uczniem [utşɲɛm]: 2277
uczniów [utşɲuv]: 2471
uda [uda]: 2927
uderzyłam [udɛzʲwam]: 2717
uderzyły [udɛzʲwi]: 2844
ugasić [ugasitɕ]: 2947
ugryzienia [ugrizɛɲa]: 2173, 2174
ukończyła [ukɔɲtşiwa]: 2371

ukryć [ukritɕ]: 2956
ulicę [ulitsɛ̃ʷ]: 2205, 2988, 2989
ulubiona [ulubʲɔna]: 2052
umarł [umarw]: 2514
umiejętności [umʲɛjẽndnɔɕtsi]: 2074
umierają [umʲɛrajõʷ]: 2897
umieścić [umʲɛɕtsitɕ]: 2797
umożliwia [umɔʐlivʲa]: 2017
uniwersytet [univɛrsitet]: 2853
uniwersytetu [univɛrsitetu]: 2243, 2244
uniwersytety [univɛrsiteti]: 2966
upadniemy [upadɲɛmi]: 2172
upalna [upalna]: 2011
upewnij [upɛvnij]: 2744
uprzejmą [upʂɛjmõʷ]: 2877
uprzejmością [upʂɛjmɔɕtɕõʷ]: 2857
usiadłam [uɕadwam]: 2676
usiadłem [uɕadwɛm]: 2676
usiądziesz [uɕõɲʥɛʂ]: 2362
usługi [uswugi]: 2460, 2860
usłyszał [uswiʂaw]: 2147
usłyszała [uswiʂawa]: 2798
usłyszeć [uswiʂɛtɕ]: 2590
uśmiechnij [uɕmʲɛxnij]: 2995
uśmiechów [uɕmʲɛxuf]: 2995
uspokój [uspɔkuj]: 2991
uspokojeniem [uspɔkɔjɛɲɛm]: 2948
ustawić [ustavitɕ]: 2232
uszkodzenie [uʂkɔʥɛɲɛ]: 2784
uszkodzone [uʂkɔʥɔnɛ]: 2769
utworzyła [utfɔʐiwa]: 2953
uv [uf]: 2888
uważnie [uvaʐɲɛ]: 2470
uzupełnienie [uzupɛwɲɛɲɛ]: 2961
użycia [uʐitɕa]: 2983
używasz [uʐivaʂ]: 2115, 2374
vedą [vɛdõʷ]: 2153
vladimirowi [vladimirɔvi]: 2070
wadze [vaʣɛ]: 2756
wakacji [vakatsʲi]: 2112
walia [valʲa]: 2315
walizek [valizɛk]: 2238
walutą [valutõʷ]: 2296

warte [vartɛ]: 2121
warto [vartɔ]: 2118, 2119, 2120
warzywa [vaʐiva]: 2375
wąska [võnska]: 2546
waszyngtonie [vaʂinktɔɲɛ]: 2321
ważne [vaʐɲɛ]: 2683
ważny [vaʐnɨ]: 2916
wciąż [ftɕõnz]: 2778, 2863
wdowa [vdɔva]: 2514
weekendem [vɛɛkɛndɛm]: 2653
wegetarianin [vɛgɛtarʲanin]: 2285
wejść [vɛjʑʥ]: 2364
wejść [vɛjɕtɕ]: 2668
wejściem [vɛjɕtɕɛm]: 2920
wesela [vɛsɛla]: 2785
weszlaś [vɛʂlaɕ]: 2191
wiadomościami [vʲadɔmɔɕtɕami]: 2804
widocznie [vidɔtʂɲɛ]: 2948
widokiem [vidɔkʲɛm]: 2547
widziane [viʥanɛ]: 2195
więć [vʲẽntɕ]: 2119, 2366
wieczoru [vʲɛtʂɔru]: 2342, 2382, 2856
wiedział [vʲɛʥaw]: 2442
wiedzieli [vʲɛʥeli]: 2066
wieki [vʲɛki]: 2531, 2692
większą [vʲẽŋkʂõʷ]: 2436
większej [vʲẽŋkʂej]: 2260
większość [vʲẽŋkʂɔʑʥ]: 2424, 2428, 2550
większy [vʲẽŋkʂɨ]: 2610
wieku [vʲɛku]: 2748, 2938
wielką [vʲɛlkõʷ]: 2547
wielki [vʲɛlki]: 2316, 2813
wielkiego [vʲɛlkʲɛgɔ]: 2658
wielkiej [vʲɛlkʲej]: 2726
wielkim [vʲɛlkim]: 2956
wielkimi [vʲɛlkimi]: 2744
wiemy [vʲɛmi]: 2575
wierzy [vʲɛʑɨ]: 2791
wierzyć [vʲɛʑiʥ]: 2016
wierzył [vʲɛʑiw]: 2016, 2929
wierzyła [vʲɛʑiwa]: 2016
więzienia [vʲẽɲʑɛna]: 2273, 2865

więzieniu [vʲɛ̃ɲʑeniu]: 2272, 2731, 2916
wieży [vʲeʐɨ]: 2831
wiń [viɲ]: 2881
wina [vina]: 2347, 2348, 2480, 2882
winą [vinõʷ]: 2885, 2886
wini [vini]: 2882
winić [vinitɕ]: 2347, 2348
winić [vinidʑ]: 2883
winię [viɲɛ̃ʷ]: 2885
winien [viɲen]: 2881
winisz [viniʂ]: 2513
winisz [viniz]: 2883
winna [vinna]: 2881
winy [vinɨ]: 2784, 2880, 2898
wiodło [vʲɔdwɔ]: 2976
wioząca [vʲɔzõntsa]: 2553
wizy [vizɨ]: 2123
wizytówce [vizɨtuftsɛ]: 2762
wizytówki [vizɨtufki]: 2933
wkurzona [fkuzɔna]: 2798
władze [vwadʑɛ]: 2778, 2865
włamali [vwamali]: 2121
włamywacze [vwamɨvatʂɛ]: 2073
właściciele [vwaɕtsitɕelɛ]: 2945
własne [vwasnɛ]: 2848
własnego [vwasnɛgɔ]: 2373
własny [vwasnɨ]: 2372
włochy [vwɔxɨ]: 2832
włos [vwɔs]: 2224
wobec [vɔbɛdʑ]: 2818
wobec [vɔbɛts]: 2819
wodą [vɔdõʷ]: 2912
wodoru [vɔdɔru]: 2871
wojnie [vɔjnɛ]: 2291
wołabym [vɔwabɨm]: 2063
wolności [vɔlnɔɕtsi]: 2776
wolnych [vɔlnɨx]: 2734
wpada [fpada]: 2970
wpadł [vpadw]: 2085
wpadliśmy [fpadliɕmɨ]: 2907
wpadły [vpadwɨ]: 2844
wpadłyśmy [vpadwɨɕmɨ]: 2907
wracają [vratsajõʷ]: 2738

wracam [vratsam]: 2720
wrażeniem [vraʐɛnɛm]: 2805
wrócą [vrutsõʷ]: 2999
wrócę [vrutsɛ̃ʷ]: 2027, 2165, 2711
wrócisz [vrutsiz]: 2033
września [vʐɛɕna]: 2804
wrześniu [vʐɛɕniu]: 2691
wschodniej [fsxɔdɲej]: 2306
wsiadła [fɕadwa]: 2186, 2741
wsiadło [fɕadwɔ]: 2741
wsiedliśmy [vɕedliɕmɨ]: 2716
wsiedliśmy [fɕedliɕmɨ]: 2734, 2735
wskazał [fskazaw]: 2984
wspięli [fspʲɛ̃ʷli]: 2073
wspierać [fspʲeratɕ]: 2952
współczuć [fspuwtʂutɕ]: 2042
współpracy [fspuwpratsɨ]: 2928
wstawać [fstavadʑ]: 2090
wstawałam [vstavawam]: 2701
wstawałem [fstavawɛm]: 2701
wstawania [fstavaɲa]: 2090
wstrzymane [fstʂɨmanɛ]: 2977
wstydzą [fstɨdʑõʷ]: 2814, 2815
wszechświecie [fʂɛxɕfʲetɕɛ]: 2536
wszedłeś [fʂɛdwɛɕ]: 2191
wszyscy [vʂɨstsɨ]: 2033, 2706
wszystkie [fʂɨstkʲɛ]: 2034, 2232, 2269, 2315, 2404, 2499, 2779, 2902, 2994
wszystkim [fʂɨstkim]: 2824
wszystkimi [fʂɨstkimi]: 2852
wtedy [vtedɨ]: 2830
wtedy [ftedɨ]: 2841, 2842
wtyczka [ftɨtʂka]: 2004
wtyczki [ftɨtʂki]: 2005
wybacz [vɨbatʂ]: 2114
wybaczyć [vɨbatʂɨtɕ]: 2878
wybiegł [vɨbʲegw]: 2202
wybuchł [vɨbuxw]: 2972
wychodź [vɨxɔtɕ]: 2743
wychowali [vɨxɔvali]: 2962
wychowuje [vɨxɔvujɛ]: 2377
wyczerpana [vɨtʂɛrpana]: 2561
wyczerpany [vɨtʂɛrpanɨ]: 2561
wydają [vɨdajõʷ]: 2235

wydałam   [vɨdawam]: 2458
wydałem   [vɨdawɛm]: 2458
wydaliśmy   [vɨdaliɕmɨ]: 2412
wydarzył   [vɨdaʑɨw]: 2189
wydarzyło   [vɨdaʑɨwɔ]: 2480
wyglądał   [vɨglõndaw]: 2410
wyglądała   [vɨglõndawa]: 2288
wyglądało   [vɨglõndawɔ]: 2686
wygra   [vɨgra]: 2421
wygrał   [vɨgraw]: 2421
wygrania   [vɨgraɲa]: 2895
wyjął   [vɨjõw]: 2208
wyjaśnić   [vɨjaɕnitɕ]: 2598
wyjaśnienie   [vɨjaɕɲɛɲɛ]: 2558
wyjaśnione   [vɨjaɕɲɔnɛ]: 2484
wyjazdem   [vɨjazdɛm]: 2799
wyjdź   [vɨjtɕ]: 2142
wyjdziesz   [vɨjdʑɛʑ]: 2083
wyjeżdżał   [vɨjɛʑdʑaw]: 2710
wyjściu   [vɨjɕtsiu]: 2207
wykładzie   [vɨkwadʑɛ]: 2389
wykształcenie   [vɨkʂtawtsɛɲɛ]: 2913,
    2914
wykupione   [vɨkupʲɔnɛ]: 2932
wykwalifikowana   [vɨkfalifikɔvana]:
    2657
wykwalifikowany   [vɨkfalifikɔvanɨ]:
    2657
wylądować   [vɨlõndɔvadʑ]: 2647
wylądował   [vɨlõndɔvaw]: 2647
wymarzonej   [vɨmaʑɔnɛj]: 2905
wymigać   [vɨmigatɕ]: 2924
wymyślać   [vɨmɨɕlatɕ]: 2993
wynagrodzenia   [vɨnagrɔdzɛɲa]: 2660,
    2661
wynagrodzenie   [vɨnagrɔdzɛɲɛ]: 2622,
    2770, 2892
wynaleźli   [vɨnalɛʑli]: 2295
wyniki   [vɨniki]: 2332
wyniku   [vɨniku]: 2990
wyniosłeś   [vɨɲɔswɛʑ]: 2923
wypadek   [vɨpadɛg]: 2410, 2486, 2784,
    2898, 2954, 2955
wypadkiem   [vɨpatkʲɛm]: 2019

wypadków   [vɨpatkuv]: 2781
wypełniając   [vɨpɛwɲajõnts]: 2744
wypisałam   [vɨpisawam]: 2773
wypisałem   [vɨpisawɛm]: 2773
wypracowały   [vɨpratsɔvawɨ]: 2928
wypracowanie   [vɨpratsɔvaɲɛ]: 2823
wyprane   [vɨpranɛ]: 2039
wyprzedzić   [vɨpʂɛdʑitɕ]: 2150
wypuściły   [vɨpuɕtsiwɨ]: 2865
wyrwanych   [vɨrvanɨx]: 2990
wyrzuć   [vɨʐutɕ]: 2919
wyścigi   [vɨɕtsigi]: 2679, 2757
wysiadał   [vɨɕadaw]: 2673
wysłać   [vɨswatɕ]: 2020, 2620
wysłałam   [vɨswawam]: 2699
wysłałem   [vɨswawɛm]: 2699
wysokości   [vɨsɔkɔɕtsi]: 2486, 2749
wysp   [vɨzb]: 2312
wyspie   [vɨspʲɛ]: 2721
wystarczą   [vɨstartʂõʷ]: 2327, 2328
wystarczające   [vɨstartʂajõntsɛ]: 2594
wystarczyły   [vɨstartʂɨwɨ]: 2902
wystartować   [vɨstartɔvatɕ]: 2939
wystartował   [vɨstartɔvaw]: 2646
wystartowaliśmy   [vɨstartɔvaliɕmɨ]:
    2749
wystartowaniem   [vɨstartɔvaɲɛm]: 2968
wystawę   [vɨstavɛ̃ʷ]: 2084
występu   [vɨstɛ̃mpu]: 2818
wyższe   [vɨʂʂɛ]: 2292
wzięli   [vʑɛ̃ʷli]: 2290, 2524
wzrosła   [vzrɔswa]: 2884
wzrosło   [vzrɔswɔ]: 2770
wzrosły   [vzrɔswɨ]: 2380
wzrost   [vzrɔst]: 2781, 2885, 2886
zaangażowana   [zaangaʑɔvana]: 2333
zaatakowany   [zaatakɔvanɨ]: 2973
zaatakuje   [zaatakujɛ]: 2361
zabawny   [zabavnɨ]: 2562
zabierał   [zabʲɛraw]: 2298
zabili   [zabili]: 2956
zabójca   [zabujtsa]: 2916
zabójcy   [zabujtsɨ]: 2915
zabrałaś   [zabrawaɕ]: 2155

zatłoczony [zadwɔtşɔnɨ]: 2584, 2605, 2735

zatrzasnęliśmy [zatşasnɛ̃ʷliçmɨ]: 2364

zauważyłaś [zauvaʑɨwaç]: 2193

zauważyłeś [zauvaʑɨwεç]: 2193

zawalić [zavalitç]: 2684

zawału [zavawu]: 2868

zawieszenia [zavʲεşεɲa]: 2955

zawodowym [zavɔdɔvɨm]: 2923

zazdrosny [zazdrɔsnɨ]: 2816

zbudowania [zbudɔvaɲa]: 2977

zbudzone [zbudzɔnε]: 2945

zdał [zdaw]: 2394

zdało [zdawɔ]: 2945

zdań [zdaɲ]: 2470

zdaniem [zdaɲεm]: 2746, 2747

zdarzył [zdaʑɨw]: 2325

zdążył [zdõnʑɨw]: 2972

zdecydował [zdεtsɨdɔvaw]: 2992

zdecydowała [zdεtsɨdɔvawa]: 2994

zdejmij [zdεjmij]: 2920

zdenerwować [zdεnεrvɔvatç]: 2759

zdenerwowało [zdεnεrvɔvawɔ]: 2987

zdenerwowany [zdεnεrvɔvanɨ]: 2044, 2349, 2802

zdobyłem [zdɔbɨwεm]: 2923

zdołali [zdɔwali]: 2947

zdrowia [zdrɔvʲa]: 2329

zdrowiem [zdrɔvʲεm]: 2329

zdrowotną [zdrɔvɔdnõʷ]: 2913

zdzierstwo [zdzεrstfɔ]: 2943

żebyś [zɛ̃biç]: 2028, 2065, 2067, 2344

żebyś [zɛ̃biʑ]: 2854

zepsucia [zεpsutça]: 2954

zepsuł [zεpsuw]: 2706

zerwali [zεrvali]: 2974, 2975

zgadnąć [zgadnõntç]: 2926

zgadzam [zgadzam]: 2434

zginął [zginõw]: 2948

zgubili [zgubili]: 2538

zgubiliście [zgubiliçtçε]: 2493

zgubiliśmy [zgubiliçmɨ]: 2780

zgubiłyście [zgubiwɨçtçε]: 2493

zidentyfikowania [zidɛntɨfikɔvaɲa]: 2677

zielony [zɛlɔnɨ]: 2035

ziemi [zɛmi]: 2267, 2840

ziemię [zɛmʲɛ̃ʷ]: 2844, 2988

zimna [zimna]: 2901

zjednoczone [zʲεdnɔtşɔnε]: 2307

zjednoczonego [zʲεdnɔtşɔnεgɔ]: 2314

zjednoczonym [zʲεdnɔtşɔnɨm]: 2315

zjednoczonymi [zʲεdnɔtşɔnɨmi]: 2949

zjedzenia [zʲεdzεɲa]: 2393

złe [zwε]: 2324

źle [zlε]: 2454, 2513, 2577

złego [zwεgɔ]: 2535, 2656

złodziej [zwɔdzεj]: 2677

złodzieje [zwɔdzεjε]: 2121

złote [zwɔtε]: 2327

złożyć [zwɔʑɨtç]: 2860

złożyłam [zwɔʑɨwam]: 2806

złożyłem [zwɔʑɨwεm]: 2806

złym [zwɨm]: 2281

zmarnowałam [zmarnɔvawam]: 2127

zmarnowałem [zmarnɔvawεm]: 2127

zmęczenia [zmɛ̃ntşεɲa]: 2658

zmianę [zmʲanɛ̃ʷ]: 2850, 2851

zmienia [zmʲεɲa]: 2487

zmieniłaś [zmʲεɲiwaç]: 2582

zmieniłeś [zmʲεɲiwεç]: 2582

znacie [znatçε]: 2353

znaczenia [znatşεɲa]: 2440, 2671

znajdują [znajdujõʷ]: 2307

znajduje [znajdujε]: 2300, 2316, 2317, 2319, 2320, 2321

znajdź [znajtç]: 2930

znał [znaw]: 2959

znalałeś [znalawεç]: 2493

znalazł [znalazw]: 2535

znalazła [znalazwa]: 2549, 2640, 2934

znalazłam [znalazwam]: 2197

znalazłaś [znalazwaç]: 2493

znalazłem [znalazwεm]: 2197

znalazłyście [znalazwɨçtçε]: 2493

znalezienie [znalεzεɲε]: 2950

znalezieniem [znalɛʐɛɲɛm]: 2122, 2125, 2131, 2401
znalezieniu [znalɛʐɛɲiu]: 2206
znaleźliście [znalɛʑliɕtɕɛ]: 2493
znaleźliśmy [znalɛʑliɕmɨ]: 2742
znamy [znamɨ]: 2476
znane [znanɛ]: 2832
znieczulenie [zɲɛtʂulɛɲɛ]: 2821
zniszczeń [zniʂtʂɛɲ]: 2340
zniszczona [zniʂtʂona]: 2554
zniszczyć [zniʂtʂɨtɕ]: 2999
znosić [znosidʑ]: 2978
zoo [zɔɔ]: 2523, 2739
zorganizowaliśmy [zɔrganizɔvaliɕmɨ]: 2894
zorganizowana [zɔrganizɔvana]: 2577
zostać [zɔstadʑv]: 2917
zostanie [zɔstaɲɛ]: 2666
zostawię [zɔstavʲɛʷ]: 2664
zostawiła [zɔstaviwa]: 2496
zostawiłam [zɔstaviwam]: 2146
zostawiłem [zɔstaviwɛm]: 2146
zrelaksować [zrɛlaksɔvatɕ]: 2349
zrelaksujesz [zrɛlaksujɛʂ]: 2362

zrób [zrup]: 2203, 2846
zróbcie [zruptɕɛ]: 2203
zrobił [zrɔbiw]: 2065, 2409, 2879, 2958
zrobiła [zrɔbiwa]: 2065
zrobiłaś [zrɔbiwaɕ]: 2072
zrobiłeś [zrɔbiwɛɕ]: 2072
zrobiona [zrɔbʲɔna]: 2330
zrozumiała [zrɔzumʲawa]: 2558
zszokowany [sʂɔkɔvanɨ]: 2804
zupę [zupɛ̃ʷ]: 2849
zużyjesz [zuʐɨjɛʂ]: 2931
zużył [zuʐɨw]: 2982
związku [zvʲɔ̃nsku]: 2927, 2976
zwolnienie [zvɔlɲɛɲɛ]: 2156
zwolnił [zvɔlniw]: 2177, 2637
zwolniłam [zvɔlniwam]: 2150
zwolniłem [zvɔlniwɛm]: 2150
zwrócił [zvrutsiw]: 2960
zwyczaje [zvɨtʂajɛ]: 2828
żyć [ʐɨtɕ]: 2026, 2062
żyje [ʐɨjɛ]: 2893
żyjemy [ʐɨjɛmɨ]: 2487